JN221999

昭和女子大学女性文化研究叢書　第14集

北京行動綱領から30年

——達成された成果と残された課題——

●

昭和女子大学女性文化研究所編

御茶の水書房

刊行に寄せて

昭和女子大学女性文化研究所長　武川恵子

　昭和女子大学女性文化研究所は、大学院・大学における人文科学・社会科学・自然科学の諸領域の女性文化研究を促進し、内外の女性文化の創造と発展に寄与することを目的として、本学創立65周年（1986年）を記念して設立されました。「女性文化」は「女性文化の帆を張りて」と校歌にも謳われる本学建学の精神の基盤であり、当研究所は、時代のニーズに即した学際的な研究を積み重ねてまいりました。

　日本の女性に関わる政策は、国連の取組と軌を一にし、女性団体・女性有識者の活動に支えられて、歩みを進めてまいりました。当研究所も正にその中にあって、1995年に開催された国連第4回世界女性会議と北京女性NGOフォーラムに当たっては、その準備段階から北京での参加、採択された北京行動綱領を受けての活動まで、当時の諸先輩方が、この機に焦点を当てて精力的に取り組みを行ってきたことが、当時の紀要その他の記録の中にも残されています。

　2025年は、北京での第4回世界女性会議から30年を迎え、国連でも、また、内外の女性団体等でも、この30年の歩みを総括する動きが活発です。30年と言えば一世代に当たります。北京を経験して世界中の志を同じくする人々との連携の下にジェンダー平等に向けて歩もうと気持ちを新たにした世代も、自分達の達成できたこと、達成できなかったこと、その要因を振り返り、あと一頑張り自分達で取り組むべきこと、次の世代に託すことを考える良き節目の機会と言えるでしょう。

　本当に残念なことですが、ジェンダー平等を巡るこの30年の歩みは、諸外国と比べて日本は極めて遅く、大きく差が開いてしまいました。もう一つの「失われた30年」かもしれません。当研究所が坂東眞理子本学総長の寄贈した基金により行っている顕彰事業である女性文化研究賞を昨年受賞された落合恵美子氏が「近代の伝統化」という言葉で課題提起されているように、

明治以降の近代化の中で形成されてきた制度や社会の在り様を日本の伝統と誤解し墨守しようとしたために、必要な制度の改変や政策の導入が妨げられたことも、その要因の大きなものとして挙げられるでしょう。明治維新の先達は、日本を近代国家にするために果敢に欧米の制度を採り入れた訳ですが、その欧米では 1975 年の国際婦人年以降、さらには 1995 年の北京会議以降も加速してジェンダー平等政策を推進し、近代以降を伝統と誤解して変われない日本を、ジェンダー後進国と評価しています。そして、今や、ジェンダー分野で日本を置き去りにして進んでいるのは、欧米だけではありません。

諸外国も、自然にジェンダー平等が進んできたのではなく、思い切った政策の導入によってジェンダー平等を進めてきました。その道のりでは、もちろん、様々な反対がありましたが、理解しあう人々の連携によって障害を乗り越えてきた訳です。

「近代の伝統化」といった誤解を解き、社会に必要な政策を実証的な研究によって明らかにすることは、大学・大学院を始め教育・研究機関の果たすべき役割です。しかし、それだけでは十分ではありません。研究機関は、研究成果を広く社会に還元し、メディアや実務家とも連携して、社会の制度や現状の歴史的な成り立ちや課題、さらには求められる変化の選択肢について科学的な理解を広める必要があります。

本叢書第 14 集では、北京行動綱領が採択されてからのこの 30 年の達成された成果と課題を、総論として俯瞰的観点から論じるとともに、綱領に盛り込まれた 12 の重大問題領域から 8 つのテーマを取り上げて論じています。本叢書が、この 30 年の日本のジェンダー平等の進展と残された課題について考える一助となることを願うとともに、当研究所として、本叢書の内容を始め、社会の制度や現状の課題について積極的に社会に発信し、次世代により良き社会を引き継ぐため、メディアや実務家とも連携できることを期待しています。

北京行動綱領から 30 年
—— 達成された成果と残された課題 ——

目　次

目　次

昭和女子大学女性文化研究叢書　第 14 集

北京行動綱領から30年

——達成された成果と残された課題——

総 説　北京会議から30年
——達成された成果と残された課題——

はじめに

　30 年前、1995 年 9 月の北京は世界中から集まった約 48,000 人の NGO 等の女性たちと世界 189 か国の政府代表と国際機関等の代表、アイスランドのフィンボガドゥティル大統領、パキスタンのブット首相、アメリカのヒラリー大統領夫人など、そうそうたる有力な女性たちが集まり熱気に包まれていた。（いつもは晴天に恵まれる初秋の北京が時ならぬ大雨に見舞われたのは、世界中から強い陰の気を持つ女性たちが参集したからだと陰陽師が言ったとかいううわさが飛び交っていた）。日本からも野坂官房長官（男女共同参画担当）が政府間会議に首席代表として参加し、8 月 30 日から並行して懐柔で行われた NGO フォーラムには約 5,000 人が参加した。

　筆者もその 4 か月余り前は総理府男女共同参画室長として、行動綱領の国連最終案を議論するため、例年より長く 3 週間の会期であったニューヨーク国連本部で開催された婦人の地位委員会（CSW）に政府代表団の一員として参加していた。その後埼玉県副知事に異動し、北京には政府代表団の一員としてではなく、NGO として参加し、豪雨の中懐柔でワークショップを行った。この稿はそうした自分の個人的な体験をもとに、当事者の目線も交えて第 4 回世界会議の成果文書である北京宣言、北京行動綱領の位置付けとそれ以降の日本における女性を取り巻く状況の変化について書かせていただいた。

1. 北京宣言と行動綱領

(1) 第4回世界女性会議

　国連は 1975 年を国際婦人年とし、第1回の世界会議をメキシコ・シテイで開催した。そこで世界行動計画を採択し、1976 年から 1985 年を「国連婦人の 10 年」と宣言した。1980 年にコペンハーゲンで「婦人の 10 年」中間年会議、1985 年「国連婦人の 10 年」ナイロビ世界会議と回を重ねてきた。

　そして 1995 年の第4回世界女性会議は「女性の地位向上のためのナイロビ将来戦略」の進捗状況をレビューし、今後取り組むべき重要課題を議論するという目標をもとに開催された。9月4日開会した政府間会議では9月15日に全会一致で北京宣言と北京行動綱領が採択されて終了した。またそれに先立つ8月 30 日から懐柔で NGO フォーラムが開催され 5,000 以上のワークショップが開催された。

(2) 北京宣言

　北京世界会議で採択された北京宣言では「女性及び女児がすべての人権及び基本的自由を完全に享受することを保障し」「これらの権利及び自由の侵害に対し効果的な行動を取る」。「女性及び女児に対するあらゆる形態の差別を撤廃するために必要なあらゆる措置をとり，男女平等と女性の地位向上及びエンパワーメントに対するあらゆる障害を除去する」と宣言した。

　この宣言は国際連合憲章、世界人権宣言その他の国際人権文書、殊に「女子に対するあらゆる形態の差別の撤廃に関する条約」及び「児童の権利に関する条約」並びに「女性に対する暴力の撤廃に関する宣言」及び「開発の権利に関する宣言」などあらゆる人権及び基本的自由の不可侵、不可欠かつ不可分な部分として，女性及び女児の人権の完全な実施を保障するものであるとしている。1985 年のナイロビにおける世界女性会議以降に開催された国連の会議は「女性の権利は人権である」と宣言したウィーンの世界人権会議

(1993 年)、持続可能な開発における女性の役割を強調したリオの環境開発会議（1992 年）、性と生殖に対する女性の権利を確認したカイロ人口会議（1994 年）などである。これら 90 年代前半の主要な国連会議の成果をひき継いだ北京女性会議は、「女性の人権」の視点に立脚し、その確立に向けて具体的な道筋を示そうとした歴史的イベントであり、女性の地位向上を力強く求めたのが北京宣言だった。性差による権力構造を可視化する「ジェンダー」概念にもとづいて、国家制度や経済構造、伝統や慣習など、女性の人権確立を妨げるあらゆる要因を除くなどの目標達成の指針は行動綱領に託された。

（3）北京行動綱領

　北京宣言と同時に採択された行動綱領では冒頭の「使命の声明」の中で、この行動要領は女性のエンパワーメントを目標としてあげ、「男性と女性の平等に基づくパートナーシップが、人間中心の「持続可能な発展の条件」としている。これは 2015 年以採択された SDGs の目標を先取りしている先見性に富む認識であった。

　こうした先進性から北京宣言、北京行動綱領は現在に至るまで「女子に対するあらゆる差別の撤廃に関する条約」と並んでジェンダー平等と女性のエンパワーメントを推進する最重要文書とされている。

　女性の地位向上及び女性と男性の平等の達成は、人権の問題であり、社会正義のための条件であって、女性の問題として切り離して見るべきではないとして「女性の権利は人権である」という考えが随所に反芻されている。

　北京行動綱領は、あらゆる領域におけるジェンダー視点の主流化と女性の地位向上とエンパワーメントを推進するための包括的な行動計画とされ、12 項目が最重要領域として挙げられた。12 の項目は貧困、教育、健康、女性に対する暴力、意思決定への参加、武力紛争、女性の人権、メディア、環境、女児、そして女性の地位向上のための制度的な仕組みである。条約のような拘束力はないとはいえ、国際的に合意されたこの行動計画は、政府を動かすうえで重要な基盤となった。国連婦人の地位委員会（CSW）は、この 12 の各重大問題領域の実施状況を検討し、その達成の速度を上げるため、1996

年以来、合意結論や勧告を採択してきた。行動綱領は、こうした合意結論や勧告とともに、21 世紀における男女平等、開発、平和の達成に向けた更なる前進を目指した取組の基礎となるものである。

（4）行動綱領のフォローアップ

北京会議の後は女性にかかわる世界会議は開かれていないが、2000 年には国連特別総会「女性 2000 年会議」が開催され、北京プラス 5 の成果文書が採択された。2005 年と 2010 年、2015 年には国連女性の地位委員会（CSW）が特別会合を開催した。2020 年には北京プラス 25 として CSW は各国、各地域の包括報告を求めており、各国政府代表の一般演説が行われるはずだったが、コロナパンデミックのために、事務総長の政治宣言だけを発表して終わった。また 5 月にはメキシコ・シテイ、7 月にはパリで Generation Equality Forum（ジェンダー平等世代フォーラム）が開かれるはずであったが、それも延期された。

2025 年は北京プラス 30 として国連は各国、各地域、国連機関などに進捗状況の報告を求めているが、9 月末現在日本政府はまだ報告を公表していない（2024 年 11 月 18 日公表）。

（5）行動綱領の達成された分野

UN Women は 2020 年 3 月にこの 25 年に北京行動綱領が 5 つの重要な成果を上げた分野として、次の 5 分野を上げるとともに残された課題も指摘している。
1）女児・少女の人権の重要性についての理解。行動綱領は 12 の重要分野の一つを女児としている。女性の就学機会は上昇しているが職業上の男女の segmentation の克服につながっていない。

それでも北京行動綱領は、女性・少女の権利を世界が理解する上で大きな転換点となり、女性・少女の能力を十分引き出すこと（エンパワーメント）が持続可能な開発を達成する上で欠かすことができない、という新しい考え方を生み出した。
2）あらゆる政策と施策におけるジェンダー視点の反映。女性・ジェンダー

政策では定着してきたが、それ以外の分野では十分に取り入れられていない。

3）女性に対する暴力の根絶　DV、レイプ、セクハラ等に関する立法や制度の整備は進んでいるが根絶までは至っていない。サイバー暴力という新たな形態も登場している

4）環境保護・気候変動活動における女性のリーダーシップ。SDGs に示されている社会、経済、環境の相互依存性への理解が深まり、女性のリーダーシップの役割が重要になっている。

5）女性のリーダーシップの増大。各国でクオータ制等が導入され女性の政治参加が急速に進展した。1995 年以来国会議員に占める女性の割合は倍増したが、依然として約 19％にとどまっている。

　筆者の私見だが、平和、安全保障についての女性の役割の認識、間接差別についての理解、LGBTQ や SOGI についての理解などもこの 30 年の間に確実に進展している。とくに EU における理論と実践の進展は進化し、「取締役のどちらかの性が 4 割を下回らず、6 割を上回らない企業の株式上場を認めない」EU 指令や、「立候補者の性が均等から外れる度合いに応じて政党助成金を減らす」フランスのパリティ法、君主制の国々で王位の継承権を男子優先から出生順に変えたことなどが実行されている。

　このように進展がみられる分野・地域のある一方で、なお残る課題、新たな重要問題もある。例えば「女性の 2 極化」が進み、大統領、首相、CEO などトップに就く女性が現れる一方で、多くの女性はいまだに十分な教育機会、能力発揮の機会に恵まれていない。

　グローバル化の中で「貧困の女性化」も国内のみならず、世界的規模で広がっている。

　新たな国際紛争はやまず、ウクライナ、パレスチナなどの戦争・紛争地域での女性に対する暴力、アフガニスタンにおけるタリバンのような女性の人権を否定する過激主義の台頭など世界各地でまだまだ女性にかかわる課題は解決されていない。

2. 日本における女性の地位向上への取り組みと課題

（1）日本への影響

　日本の女性たちにとっても、北京会議、北京宣言・北京行動綱領は大きな影響を与えた。

　1993 年自民党単独政権が倒れ、細川内閣、羽田内閣、村山内閣の連立政権に移り、政治改革、社会改革の機運が高まっていた。こうした機運の中で総理府に男女共同参画室、男女共同参画審議会が設置され、北京会議の国内対応に当たった。地方自治体からも多くの女性や女性団体が NGO フォーラムに参加し、世界の女性の熱気に触れるとともに、自分たちでもワークショップを主催した。世界の女性のエネルギーと情熱に接した女性たちは、帰国後その熱気を日本各地域に持ち込み、北京 JAC をはじめとする NGO を各地で立ち上げ、自治体の女性関係条例づくりの機運を盛り上げた。

　筆者が埼玉県副知事をつとめていた 1996 年 4 月「世界みらい会議」を開催し、アイスランド大統領、NGO フォーラム事務局長などを招き、全国の女性グループが参加した。

　政府も 1997 年、12 年ぶりに雇用機会均等法を改正し、男女共同参画社会基本法を制定し（1999 年）、省庁再編成の中で男女共同参画局が内閣府の中に新設し（2001 年）総理を議長とし、閣僚、有識者をメンバーとする男女共同参画会議が設置された。

　男女共同参画基本法に基づき基本計画が策定され（2000 年）、その後 2005 年、10 年、15 年、20 年と基本計画は 5 年ごとに策定され、政府施策のよりどころとなっている。

　一方で、第一次安部内閣のころには激しいジェンダーバッシングなどのバックラッシュがあり、またコロナパンデミックなどもあり、状況の改善には曲折があった。

　現在の第 5 次基本計画には 2020 年の現状と目標を明らかにしている。

(2) 法の制定・改正と行政の対応

　北京の世界会議の熱気のもと男女共同参画社会基本法、配偶者からの暴力の防止と被害者の支援に関する法律、等が成立した以後も女性関係の立法、法律の制定と行政の取り組みが行われた。

1) 職業にかかわる法律制度の進展

　まず「職業生活における女性の活躍を推進する法律」(女性活躍推進法) が、2015 年に 10 年の時限立法で成立した。女性の個性と能力が十分に発揮できる社会を実現するため、国、地方公共団体、民間事業主 (一般事業主) の各主体において女性の活躍推進に関する責務等を定めた。

　この法律において、301 人以上の労働者を常時雇用する事業主に対しては、女性の活躍を推進するための男女の賃金、勤続年数、管理職の格差等の情報を公表し、その格差を解消するための「一般事業主行動計画」の策定・届出が義務付けられている。

　2019 年に法改正が行われ、その対象が労働者数 101 人以上 300 人以下の事業主に対しても拡大され、令和 4 年 (2022 年) 4 月 1 日から施行されている。

2) 育児休業制度の整備

　また 1991 年に制定された育児休業法は 95 年以降介護休業も加えられ、1999 年、2002 年、2005 年、2010 年、2017 年、2021 年と改正が次々と行われ、働く女性が出産育児および介護で退職することを防ぐとともに、育児に (及び介護にも) 父親がかかわることを可能とする制度となっている。現在の育児休業制度は出生後事由があれば子が 2 歳になるまで休業を請求することができ、子が 6 歳になるまで短時間勤務の取得が可能であり、さらに年間 5 日の子の看護休業が取得できる、求めに応じ所定外労働は免除される。パパ・ママ育休プラスで父親の育児休業により育児休業は延長が可能とされ、父親は出産後 8 週間以内に 4 週間の休業を取得することができる。法違反に対する企業名の公表制度と過料の創設などの罰則も設けられた。

また育児休業に併せて 2001 年の「待機児童ゼロ作戦」、2013 年「待機児童解消過速化プラン」、2017 年「子育て安心プラン」、2021 年「新子育て安心プラン」など数次の保育所の増設、定員の増大が図られた結果、2023 年には地域差、保育園による差はみられるが待機児童は 2,631 人にまで減少した。

　こうした育児休業の充実と保育所増設・出生児の減少により出産育児により女性労働力率が低下するいわゆる M 字型カーブはほぼ解消された。これはこの 30 年における大きな変化である。育児休業法制定の主たる目的は少子化対策、出生率の上昇であったが、結果として女性の就労継続に大きく貢献したが、合計特殊出生率は 1.20 と低下を続けている。

3）政治における男女共同参画

　2018 年には「政治分野における男女共同参画推進法」が成立した。

　衆議院、参議院及び地方議会の選挙において、政党等の政治活動の自由を確保しつつ、男女の候補者の数ができる限り均等となることを目指して行われるものとし、男女がその個性と能力を十分に発揮できるようにする。家庭生活との円滑かつ継続的な両立が可能となるようにすることとしている。しかし政党等に所属する男女のそれぞれの公職の候補者の数について目標を定める等、自主的に取り組むよう努めるものとしているだけで罰則は定められていない。のちに見るように政治の分野は衆議院議員はじめ女性の進出が極めて低調である。知事、市町村長などの首長、市区町村議員なども増えてはいるが東京都特別区を除いて低調である。

4）配偶者からの暴力に関する立法

　配偶者からの暴力の防止と被害者の支援に関する法（DV 防止法）は、2001 年（平成 13 年）4 月に成立し、2001 年 10 月から施行（一部は 2002 年 4 月 1 日から施行）された。

　この法律は配偶者からの暴力の防止と被害者の保護を目的としたものであり、支援施設として、相談支援センター、婦人相談所を設置することとし、民間のシェルターにも委託できることとなった。そして保護命令の規定が新

設され、裁判所は被害者の申立により、加害者に 6 ヶ月間の接近禁止命令や 2 週間の住居からの退去命令を出すことができる旨、定められた。退去命令に違反した場合は、1 年以下の懲役または 100 万円以下の罰金に処せられる。

2004 年（平成 16 年）第一次法改正では、「配偶者からの暴力」の中に、身体的暴力の他、言葉や態度による精神的暴力も含まれることになった。また、保護命令の対象も、「元配偶者」まで拡大された。

2007 年（平成 19 年）第二次法改正では、保護命令制度の拡充として、生命等に対する脅迫を受けた被害者も保護命令の対象としたこと、電話や面会の強要、乱暴な言動等に対しても保護命令の対象としたこと、被害者の親族に対しても、保護命令の対象となったこと、などが加えられた。

2013 年（平成 25 年）第三次法改正では、適用対象を、事実婚を含む配偶者や元配偶者からの暴力及びその被害者としていたが、この改正で、同居する交際相手からの暴力及びその被害者に拡大した。それに伴い法律名は、これまでの「配偶者からの暴力の防止及び被害者の保護に関する法律」から、「配偶者からの暴力の防止及び被害者の保護等に関する法律」と「等」を入れたものとなった。

2019 年（令和元年）の第四次改正では、児童虐待と配偶者からの暴力は密接な関連があることから、福祉事務所、児童相談所を新たに被害者の保護のための関連機関として明記し、相互に連携を図りながら協力することを努力義務と定めた。

2023 年（令和 5 年）5 月の第五次改正では、保護命令の拡充と保護命令違反の厳罰化が規定され、申立ができる被害者について、配偶者から、「自由、名誉、財産」に対する加害の告知による脅迫を受けた者が追加となったこと、接近禁止命令の発令要件として、「更なる身体に対する暴力又は生命・身体・自由に対する脅迫により、心身に（筆者注：改正前は「身体に」であった）重大な危害を受けるおそれが大きいとき」が加わったこと、被害者と同居する未成年の子への電話等の禁止命令を創設したこと、接近禁止命令等の期間を 6 か月から 1 年間に伸長したこと、保護命令違反に対しては、2 年以下の懲役または 200 万円以下の罰金と厳罰化されたこと、など強化された。

家庭内暴力についての法律は整備されつつあるが、いわゆる「デート DV」の被害対策はまだ十分ではない。「DV 防止法」の対象となるのは、あくまでも「同居する」配偶者（元配偶者）、交際相手、であり、同居には至らない「デート DV」は強力な規制法がないので、今後の課題である。

　家庭内暴力以外のセクハラ、パワハラなどの職場における女性に対する暴力に対しても法律によって禁止、防止が規定されるようになっている。またレイプなどの性暴力についてものちに見るように対象が拡大され、罰則も強化された。

5）刑法、民法改正

　2017 年に刑法と刑事訴訟法の一部が改正され、それまで強姦罪とされていた犯罪が強制性交罪となり、さらに 2023 年に改正されて不同意性交罪とされ、罰則も懲役 3 年から 5 年に引き上げられた。また親告要件が外され、時効も延長された。

　不同意性交の状態をもたらす原因として、「暴行」や「脅迫」のほかにも、「障害」、「アルコール」、「立場による影響力」などがあげられている。また改正前の刑法では、13 歳未満の人に対して性的行為をした場合、「暴行」や「脅迫」などがなく、その人が同意をしているように見える場合であっても、一律に、強制性交等罪や強制わいせつ罪によって処罰することとされていたが、23 年の法改正では、この年齢が「16 歳未満」に引き上げられた。

　また近時、スマートフォン等を用いた下着等の盗撮事案などが多数発生しており、その被害は深刻なものとなっている。23 年の法改正では、こうした行為に厳正に対処できるようにするため、正当な理由なく、人の性的な部位や下着を撮影する行為などを処罰する規定が設けられた。

　また家族の在り方に関する民法の改正も行われている。2013 年に婚姻外の子の相続分を婚姻内の子の相続分の半分とする民法 900 条の但し書きが違憲とされた最高裁の判決を受け民法の一部が改正され、親の婚姻上の地位のいかんにかかわらず、子の相続分は平等となった。

　2016 年には離婚後女性の再婚禁止期間を 6 か月から 100 日に短縮されたが、

2022 年にはさらなる改正が行われ、婚姻の解消等の日から 300 日以内に子が生まれた場合であっても、母が前夫以外の男性と再婚した後に生まれた子は、再婚後の夫の子と推定することとし、女性の再婚禁止期間を廃止した。

これまでは夫のみに認められていた嫡出否認権を、子及び母にも認めた。嫡出否認の訴えの出訴期間を 1 年から 3 年に伸長した。

この民法改正にかかわる経緯と課題は、この本の第 7 章の武川論文が詳細に分析しているので参照されたい。

また婚姻年齢が男性 18 歳、女性 16 歳であったものを 18 歳にそろえ共通にした。

6）経済分野における女性の活躍

経済分野において女性が活躍できるようにしようという取り組みは、政府および民間企業など各主体によって進んでいる。

2003 年に 2020 年までにあらゆる分野の指導的地位の 30％を女性にという目標が男女共同参画本部で決定され、第 2 次男女共同参画基本計画以来、計画に盛り込まれてきたが達成できず、2020 年の第 5 次計画においては「2030 年までのできるだけ早い時期に 30％」とされた。

民間企業の中でも 30％クラブという女性の管理職や役員を増やそうという自主的な取り組みが行われている。EU においては取締役のどちらかの性が 40％を下回らず 60％を上回らないと株式の上場を認めないという EU 指令が導入されているが、イギリス起源のこの活動は企業が自主的に目標を宣言し、そのための取り組みをするという活動である。

また外資ファンドなどを中心に上場企業の役員に女性がゼロあるいは少ない場合、株主総会で人事案に否決票を投じるという動きもあり、役員の登用は顕著に進んでいる。

2012 年の第 2 次安倍内閣発足以降、「すべての女性の輝く社会づくり」がうたわれ、2014 年には総理を本部長とする「すべての女性が輝く社会づくり本部」が設置された。女性活躍推進法の制定を受け「女性活躍加速のための重点方針」が 2015 年から毎年作成され、2021 年からは女性版骨太の方針

として毎年の政府予算の概算要求に反映することを求めている。

　2024年の女性版骨太の方針では、「企業等における女性活躍の一層の推進」、「女性の所得向上・経済的自立に向けた取組の一層の推進」、「個人の尊厳と安心・安全が守られる社会の実現」、「女性活躍・男女共同参画の取組の一層の加速化」の4つの柱を立て、女性役員30％を目指す、リスキリングの推進などを企業に求めている。

　国際的対応としては2019年3月にG20が日本で開催され、3月23日・24日にWAW！という国際イベントと、W20というイベントが合同開催され、マララ・ユサフザイさんがスピーチに立ち、3,000人以上が参加した。6月には女性政治指導者サミットが衆議院主催で行われるとともに、G7やAPECという経済の話を議論するハイレベルの国際会議においても、女性活躍が首脳レベルの重要テーマだと認識されるようになっている。

　女性が就業を継続し、管理職・役員をめざす女性の活躍を支援する機運は確実に上昇している。

　一方で女性就業者の53.6％が非正規社員など不安定な雇用状況にあり、女性の低収入、社会保険等の各種の不利益につながっている。これは1970、80年代の高度経済成長期の「男性稼ぎ手モデル」が現実と乖離しているにもかかわらず、所得税、社会保険等の制度の改革が遅れているからである。

7）環境問題

　行動綱領は重要問題領域の一つに、環境保護・気候変動における女性のリーダーシップの重要性を明記している。2015年に制定されたSDGsの17分野の目標でもジェンダー平等が挙げられている。

　世界的にみれば気候変動による被害を受けるのは、ぜい弱な立場の女性のほうが深刻だという認識も共有されつつある。パリ条約におけるCO_2削減目標の合意の形成や批准に当たっても多くの女性、女性団体が活動をしている。

3. 残された課題

　このように日本政府も法律や制度、キャンペーンなどで女性の地位向上に
取り組んでおり、地方自治体、女性団体、そして近年では企業も女性の活躍
を支援する活動を行っている。3〜5年程度の期間では変化や結果は十分に
は見えないが、30年という期間になるとそれなりの変化が見えてくる。も
ちろん変化のすべてが北京行動綱領の目指すものではなく、まだまだ不十分
なものも多いが状況を概観してみよう。

　別項に見るジェンダー・ギャップ指数を参考としてあげている。世界各国
の女性の地位の向上の歩みが著しい中で日本の変化が緩やかなのでランキン
グが低下している。またジェンダー・ギャップ指数には取られていないが、
日本型の税・社会保険制度など女性の能力を発揮することを困難にしている
状況についても残された課題は多い。その中で筆者が問題と考える課題を以
下の10分野にまとめてみた。

(1)　女性の非正社員・職員の多さ。日本の雇用者は解雇規制など多くの法
　　律によって保護されており、研修、昇給、昇進の機会も均等になりつつあ
　　る。しかし女性の過半数（54%）が非正規社員であり、賃金格差、福利厚
　　生の差も大きい。

(2)　女性の就業率が高くなり、従来の「男は仕事、女は家庭」という性別
　　役割分担の下での専業主婦というライフスタイルは減少し、女性のM字
　　型カーブも見られなくなったが、家事育児の責任は女性が担うべきだとい
　　う意識は残っている。女性の非正規社員比率の多さ、所得税の配偶者特別
　　控除、社会保険制度の3号被保険者制度と相まって「年収の壁」として女
　　性の経済的自立を困難にしている。

(3)　無償のケアワークの評価と再配分。家事、育児、介護をはじめとする
　　主として女性が担ってきた家庭内、あるいは地域・社会におけるケアワー
　　クをはじめとする公益的活動を正当に評価することが必要である。なかで
　　も介護・保育などの労働の報酬の確立と、家庭・地域でのケアワークの再

配分に取り組まなければならない。

(4) 生涯における所得の男女格差を縮小するためには、女性が適当な有償労働（decent work）を継続できるようにするとともに、離婚の際の養育費の徴収、相続の際の寄与分などの評価が必要である。

(5) アンコンシャスバイアス（無意識の偏見）、間接差別などの存在。いまだに女性の適性、能力についての偏見があり、それが(1)や(2)のような現実に影響しており、私立大医学部の入試における差別のように法律には抵触しない差別を生んでいる。

(6) 政治の分野における女性議員や首長などの少なさに対し、法律はできたが実効性の乏しい努力義務を課しただけであり、クオータ制、政党助成金による規制は行われていないので女性の参画は低調なままである。

(7) 選択的夫婦別姓制度については、1996 年 2 月法制審議会の答申後も十分な検討が行われていない。筆者が男女共同参画局長のころに導入した旧姓の通称使用は多くの女性によって活用されているが、同時に多くの不便・弊害ももたらしている。

(8) 明治時代に新たに制定された皇室典範による男系の男子による皇位継承については、有識者会議等でも結論が出ていない。差別撤廃条約を批准する過程で欧州の王室が王位継承権を出生順に改めている中で検討が必要である。

(9) 選択議定書の批准。1999 年女子差別撤廃条約の実効性を高めるために選択議定書が採決されたが、日本は「個人通報制度」「調査制度」の手続きが合意に至らず批准していない。

(10) LGBTQ など 2 分化できない生を生きる人たちの存在、課題に認識が深まったが、DE ＆ I（ダイバーシテイ、エクイティ、インクルージョン）をいかに進めていくか、具体的な方策が必要となっている。

参考　ジェンダー・ギャップ指数

　　世界経済フォーラムは毎年各国から得られるデータをもとにジェンダー・ギャップ指数を発表している、日本は世界 146 か国中 118 位（2024 年）とさ

れている。それは下図に見るとおり、（2024.6.12）政治参画、経済参画、教育、健康の 4 分野のうち特に平等度が低いのは政治と経済の分野である。

　政治参画では国会議員の男女比、閣僚の男女比、最近 50 年における行政府の長の在任年数の男女比が指標とされている。国会のうち衆議院議員では女性比率が 10.1％、参議院では 23.1％となっている。女性閣僚は岸田内閣では 0 ～ 5 人、女性総理はまだ誕生していない。

　経済参画では労働参加率、同一労働の賃金の男女格差、勤労所得の男女比、管理職比率、専門技術職の男女比などが指標とされているが、女性の管理職比率は 14.8％、賃金格差は 77.8％と OECD 各国のうちでは最も格差が大きい。

　健康については出生時性比、健康寿命の男女差が指標となっている。日本においては健康寿命の延伸に関心が向けられるようになったが平均寿命は男性 81.1 歳、女性 87.1 歳で、健康寿命は男性 72.7 歳、女性 75.4 歳となっている。いずれも女性のほうが長いが、平均寿命と健康寿命の差が女性のほうが長いので問題視されている。

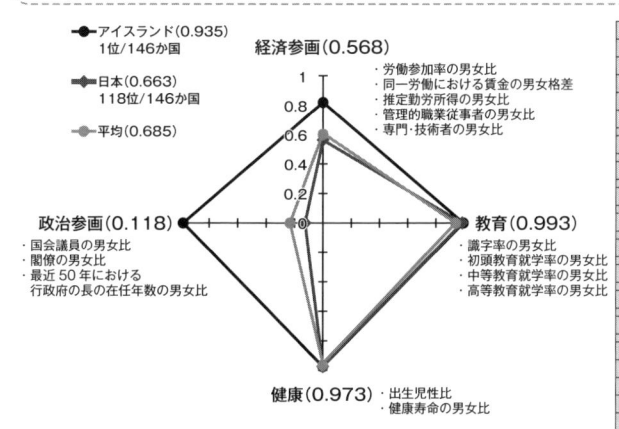

図　ジェンダー・ギャップ指数　2024 年

出所：内閣府男女共同参画局
　　　（https://www.gender.go.jp/international/int_syogaikoku/int_shihyo/index.html アクセス日 2024.10.9）

教育の分野では識字率、中等教育・高等教育就学率の男女差が指標とされている。日本では中等教育まではやや女性の進学率が高いが、4年制大学進学率は男性59.7％、女性53.4％と差がある。短大進学率は女性6.7％、男性0.9％と女性が高いので両者を足せばほぼ同程度である。しかし大学院進学率は男性14.2％、女性5.6％となっている。大学院進学率の差は、男性は理工科系が多いが女性は人文系、教育系が多いことの影響が大きい。また欧米では大学に進学しても中退する割合が多く、中退率は男性のほうが高いが、日本では進学者がそのまま卒業する割合が高いなどの状況がある。教育分野では世界的にみて中程度にとどまっている。ジェンダー・ギャップ指数にはカウントされていないが、日本は男女とも他のOECD諸国に比べ大学院進学率が低く、社会人の学習時間も少ない。女性たちがより政治、経済の分野で活躍するためにも、教育の面でSTEMをはじめとする社会的ニーズの大きい分野で学び、文理を問わず専門的に高い知識技術を身に着け、研究・開発を担う人材として発展していくことが不可欠である。

参考文献 (著者アルファベット順)

法務省「刑法及び刑事訴訟法の一部を改正する法律」2023年 https://www.moj.go.jp/keiji1/keiji12_00198.html　最終アクセス日2024.10.9

法務省民事局「民法等の一部を改正する法律（父母の離婚後等の子の養育に関する見直し）について」2024年 https://www.moj.go.jp/MINJI/minji07_00357.html 最終アクセス日2024.10.9

国際連合「『国連婦人の十年：平等，発展，平和』の成果の見直し及び評価するための世界会議（ナイロビ，1985年7月15日〜26日）報告」（国連出版物販売番号　E. 85. IV. 10）

国際連合「世界人権会議：ウィーン宣言及び行動計画（国連事務総長ブトロス・ブトロス＝ガーリによる開会の辞を収録）」1993年　chrome- extension: //efaidnbmnnnibpcajpcglclefindmkaj/https://www.unic.or.jp/files/Vienna.pdf　最終アクセス日2024.10.9

国際連合広報センター「女性の地位向上のための戦略　1985年−2000年」（第2刷）1987年　chrome-extension://efaidnbmnnnibpcajpcglclefindmkaj/https://www.unic.or.jp/files/print_archive/pdf/woman/woman_2.pdf 最終アクセス日2024.10.9

国際連合広報センター「世界社会開発サミット：コペンハーゲン宣言及び行動

計画（1995 年 3 月 6 日〜 12 日）」（邦語訳）1998 年 chrome-extension:/files/ summit//efaidnbmnnnibpcajpcglclefindmkaj/https://www.unic.or.jp.pdf 最終 アクセス日 2024.10.9

内閣府男女共同参画局「第 5 次男女共同参画基本計画——すべての女性が輝く 令和の社会へ——（令和 2 年 12 月 25 日閣議決定）」https://www.gender.go. jp/about_danjo/basic_plans/5th/index.html 最終アクセス日 2024.10.9

内閣府男女共同参画局「男女共同参画白書」https://www.gender.go.jp/about_ danjo/whitepaper/index.html 最終アクセス日 2024.10.9

内閣府男女共同参画局「第 4 回世界女性会議　行動綱領（総理府仮訳）」https:// www.gender.go.jp/international/int_norm/int_4th_kodo/index.html 最終アク セス日 2024.10.9

内閣府男女共同参画局「配偶者からの暴力の防止及び被害者の保護等に関する 法律（配偶者暴力防止法）」2024 年　https://www.gender.go.jp/policy/no_ violence/e-vaw/law/index2.html 最終アクセス日 2024.10.9

内閣府男女共同参画局「ジェンダー・ギャップ指数」https://www.gender.go.jp /international/int_syogaikoku/int_shihyo/index.html アクセス日 2024.10.9

内閣府男女共同参画局「国連特別総会『女性 2000 年会議』（2000 年 6 月 5 日〜 10 日）のアドホック全体会合に関する報告書（2000 年 9 月公表）から（総理 府仮訳）」https://www.gender.go.jp/international/int_standard/int_un_seiji/ index.html 最終アクセス日 2024.10.9

認定 NPO 法人国連ウィメン日本協会「北京行動綱領がもたらした 5 つの画期的 成果（抄訳）」2020 年 https://www.unwomen-nc.jp/?p=1388　最終アクセス日 2024.10.9

総理府『ナイロビから北京へ：10 年の歩み（昭和 61 年度〜平成 7 年度）』1996 年

総理府男女共同参画参画室『第 4 回世界女性会議及び関連事業等報告書』資料 1 「北京宣言及び行動綱領（総理府仮訳）」1996 年

第1章　北京宣言・行動綱領から見た国際協力
——タンザニア Sakura Girls Secondary School の取り組み——

今井章子

1.　はじめに

　1995 年の第 4 回女性会議で成果文書として採択された「北京宣言」は「女性の権利は人権である」ことを、そして同時に出された「行動綱領」は「ジェンダー主流化」を、国際社会がコミットすべき規範として示した。以来、5 年ごとに国連女性の地位委員会（CSW）や UN Women において、実施状況の検討と評価（レビュー）が行われ、報告書は「北京＋X」のタイトルで発表されている。2000 年のレビューである「北京＋5」は、国連特別総会「女性 2000 年会議」にて行われ、日本政府の首席代表は岩男壽美子・慶応大学教授（当時）であった。

　その岩男は、2016 年、タンザニア連合共和国北部に、女性リーダー育成のための女子中学校を設立した。校名に日本語を配した「さくら女子中学校 Sakura Girls Secondary School」（以下、SGSS）は、開校から 5 年目の 2020 年にはアルーシャ州有数の進学校となり、今ではタンザニア全国から志願者がやってくる。この学校が当初構想した目標の多くを 5 年程度で達成した背景には、岩男が明確に持っていた「女子のエンパワメント」ビジョンがある。長年日本のジェンダー政策推進に関わった岩男のビジョンには、北京綱領が示す原則や行動計画との間に強い関連性があることが推察されるものの、岩男が執筆した SGSS の設立趣意書やその他の文書からは、明示的にはその関連性は窺えない。また SGSS の運営支援を行う日本の一般社団法人「キリマンジャロの会」においても、学校の取り組みと北京綱領等の国際的な規範とを関連付ける実証研究はいまだ手つかずである。本稿の目的は、この学校に

込められたジェンダー・エンパワメントの理念、教育目標、教育手法、実践と成果を、北京行動綱領の「B. 女性の教育と訓練」に照らして、検証・考察するものである。

「さくら女子中学校」は、キリマンジャロの麓にあるアルーシャ州バンガタ村に建設された全寮制の前期中等教育（Oレベル：Ordinary Level）校で、日本や米国の個人支援者、企業や団体からの寄付、および政府開発援助によって2016年1月に開校した。2024年8月現在の在籍生徒数（第6期）は、第1学年（Form 1）36人、第2学年（Form 2）45人、第3学年（Form 3）71人、第4学年（Form 4）41人の合計193人である。

学校の趣意は、将来タンザニアやアフリカ諸国の女性リーダーとして活躍する人材の育成を中等教育の段階から始めること、そして高いポテンシャルと学修意欲を持ちながら就学機会に恵まれない女子にその機会を提供することにあった。

SGSSの年間の学費と寮費は、約300万シリング（約16万円）[1] で、この学校に進学できるのは比較的経済力がある家庭の子女であるが、全生徒のうち、開校当初は約4割、現在は約2割の生徒が、日本の支援企業や個人支援者からの奨学金で就学している。学修意欲が高いが教育機会に恵まれない女子、特にマサイ族のようにタンザニアの中でも疎外されがちな女子に対し、奨学金を付与している。学修意欲を持って就学している限りは奨学金が打ち切られることはなく、SGSSを卒業して後期中等教育（Aレベル：Advanced Level）に進んだ後も一部の生徒には奨学金が継続されている。

なお、タンザニアの女子教育の現状、SGSSプロジェクトの概要と教育の特徴と学修結果については、今井（2023）を参照されたい。

2. 北京宣言・行動綱領と開発アプローチ

北京行動綱領とSGSSとの比較に入る前に、国際協力・開発援助におけるジェンダー・エンパワメントについて概観する。多くの政府文書や先行研究において論じられている通り、70年代から北京行動綱領が採択された95年

にかけて、いくつかのアプローチが生まれている。

　1960 年代までの主要な考え方は、国家主導のインフラ開発によって経済成長が実現すればトリクルダウンが起こり、その成果は徐々に女性を含む弱者にも及ぶというものであった。ここでの女性の役割は「子どもを育てる母、家庭を守る妻とみなされ、女性は開発事業の恩恵を受ける受益者、援助の対象者である」と限定的に定義されていた（男女共同参画会議苦情処理専門調査会 2004）。

　その後 70 年代に入ると、女性が開発事業からの便益を公平に享受できるよう意図して支援を設計すべきとの考え方へと発展した。この「開発における女性」の役割を重視する WID（Women in Development 下線筆者）アプローチにより、国連女性調査訓練研修所（INSTRAW 1975 年）、国連婦人開発基金（UNIFEM 1976 年）などが設立され[2]、途上国の政府機関や女性 NGO に対する直接的な支援が促進された。しかし、「WID アプローチ」では「女性」をめぐる課題が数ある開発分野の一つに閉じられる傾向があり、「女性問題を従来の政策から切り離して取り扱っても、期待された成果を上げられない」と指摘されるようになった。

　このため 80 年代に入ると、「男女の不平等な関係や性別役割分業、女性を従属的・不利な立場にしている社会的制度・慣行・構造」を変革すべきとする「ジェンダーと開発」（Gender and Development 下線は筆者）の考え方が提唱され、90 年代の冷戦終結以降のグローバル化、民主化の潮流の中で、「GAD アプローチ」が急速に広まった。

　GAD アプローチが色濃く反映された 95 年の北京行動綱領は「あらゆるレベルの権力及び意思決定の分担における女性及び男性の間の不平等に対処するに当たり、政府その他の行為者は、決定がなされる前に、それが女性及び男性それぞれに与える影響の分析が行われるように、すべての政策及び計画の中心にジェンダーの視点を据える、積極的で目に見える政策を促進すべきである」（パラグラフ 189、下線は筆者）と述べ、国際政策文書として初めて「ジェンダー主流化」が明文化されている。

　田中（2016：38-39）は、「ジェンダー主流化アプローチ」は、「どのよう

な政策もジェンダーに中立ではありえない。（中略）農業、保健・医療、教育、雇用、環境、災害、貧困、ガバナンス、平和構築など、これまでに開発課題とされてきた領域はジェンダー平等と不可分であり、これらの領域での開発を効果的に進めるためには、ジェンダー平等を進めるための分析・計画・実施・評価という政策過程の制度が必要」であると述べている。また、田中は、アマルティア・センの定義する「ケイパビリティ」をジェンダー課題に援用し、女性が自ら「価値があると思う」ことを自由に自律的に選択し実現させようとする機能を拡大させる「ケイパビリティ・アプローチ」がきわめて重要であると指摘している（田中 2016：44）。

3. 開発協力におけるジェンダー分野の実績

北京行動綱領の「ジェンダー主流化アプローチ」は、援助実績にどのように表れているだろうか。OECD（経済協力開発機構）─DAC（開発援助委員会）加盟国全体の二国間援助実績報告（2011-2022）によると、OECD が定めた「ジェンダー平等政策マーカー（gender equality policy marker）」の定義に基づき「ジェンダー分野」と分類された二国間援助の総額は、2011 年以降順調に増加し、2022 年には総額 641 億米ドルであった。そのほとんど（583 億米ドル）は「Significant」案件で、これは援助案件の主たる政策目標の達成に付随して統合的にジェンダー平等やエンパワメントが期待できるものを指す。このタイプの案件には多様な政策目標にジェンダー分野が絡んでいることから、「ジェンダー主流化」が浸透しつつあることが示唆される。翻って、ジェンダー平等やエンパワメントの改善を第一義の目的とする「Principal」案件は、このうち 4% に過ぎず、しかもその割合は 2011 年以降ほとんど増えていない。WID アプローチに難点があるとしても、だからといって女性を対象とする支援が不要というわけではない。自然災害の激化や戦争・内紛の頻発により、劣後した状況に追い込まれる女性は今後ますます増える可能性があることから、人道支援や緊急援助の分野での「Principal」案件の拡充が求められている。

　各国の二国間 ODA 全体に占めるジェンダー分野の割合をみてみると、オランダが 84% で最も高く、アイルランド、カナダ、アイスランド、スウェーデン、スイスも 70% 以上、日本は 58% であった（DAC 平均は 43%）。しかし、Principal 案件の割合は、オランダ（28%）、スペイン（20%）、アイルランド（16%）を除くと、多くが 10% 前後もしくはそれ以下となっており、日本は 4% に過ぎなかった。

　2010 年以降の日本のジェンダー分野における援助実績総額は年々順調に延びており、コロナ禍前は 100 億米ドルを超える年もあった。分野別には、教育、農林水産、保健分野が多いものの、これらが全体に占める実績額の割合はごく少ない。例えば 2021 年実績は、教育分野で 1.1%、農林水産が 3.3%、保健分野が 9.3% であった（外務省 2022）。ここでも Principal 案件より Significant 案件が多いことが裏付けられている。

　タンザニアに対する日本の援助実績の 1969 年以降の累計は、円借款 3 億 4,600 万米ドル、無償資金協力 29 億 7,200 万米ドル、技術協力 8 億 6,700 万米ドルとなっている。1990 年代、タンザニアは日本の重点援助国の一つであった。当時のタンザニアが東アフリカにおいて指導的な役割を担っており、産業の構造改革を行い、政治的にも民主化を進めていたことなどから、日本は、デンマーク、スウェーデン、オランダ、英国等と共にタンザニアの主要なドナーであり、1996 年には 1 位（1 億 600 万ドル）の援助供与国であった。しかし近年の傾向を見ると、米国、英国、スウェーデン、カナダ、韓国と並ぶ主要ドナーではあるものの、実績は漸減し 2020 年は約 5,500 万米ドルであった。

　日本政府の対タンザニア事業展開計画（2020）では、「持続可能な経済成長と貧困削減に向けた経済・社会開発の促進」の基本方針（大目標）の下、(1) 貧困削減に向けた経済成長、(2) 経済成長と貧困削減を支えるインフラ開発、(3) 国民すべてに対する行政サービスの改善の 3 分野を重点分野としている。この文言からはジェンダー方針が窺えないが、外務省の ODA 案件検索システムによると、2001 年以降のタンザニアに対する ODA 案件総数 409 件のうち、案件名称に「女子」を含む案件は 51 件あり[3]、そのすべてが教育関

係（女子寮建設もしくは女子中学校の拡張計画）であった。サブサハラにおける女子生徒の安全確保はいまだに大きな課題であり、学校が遠く通学路が安全でないために女子が通学を断念するケースも多い。タンザニアにおける日本の支援が、女子の継続的就学に欠かせない教育インフラ整備に集中していることは興味深い。

4. Sakura Girls Secondary School の取り組みと北京行動綱領との関連

　以上の政府間の開発協力を踏まえつつ、国際間の市民協力によって運営されている SGSS の取り組みを、北京行動綱領との関連から考察する。

　北京行動綱領の 12 の重大問題領域の一つ、「B. 女性の教育と訓練」（パラグラフ 69 〜 88）においては、教育への平等なアクセス、女子の完全なる識字率達成、女子に対する偏見を排した質の高い教育、女子に対する職業・技術訓練、理数系の学問への女子の参加促進を、国際機関・各国政府・非政府組織などのパートナーシップを活かして推進すべきことが示されている。表 1-1 は各パラグラフに関連する SGSS の取り組みを一覧にしたものである。

4-1) 検証の方法

　SGSS の設立趣意を反映したプロジェクト・デザイン・マトリックス[4] の上位目標は、「タンザニアにおけるジェンダーギャップの改善と地域社会の意識改革。全人教育の端緒となる生徒中心・対話型授業の指導をタンザニアに普及させる」ことである。この目標を達成するため、①理数系（STEM）教育の強化、②女性リーダー育成（リーダーシップ）育成と全人教育、③生徒中心・対話型授業の導入が主たる活動に設定されている。また、SGSS の創立から 5 年間の立ち上げ時期には JICA 草の根技術協力パートナー型事業に採択され、官民での④パートナーシップが大きな効果を発揮した。本稿では、①〜④について、北京行動綱領と関連づけつつ、SGSS の成果と課題について検証・考察する。

表 1-1　北京行動綱領「B. 教育と訓練」戦略目標と SGSS の取り組み

行動綱領　B 女性の教育と訓練	SGSS での取り組み
戦略目標 B. 1. 教育への平等なアクセスを確保すること	
80 政府により取るべき行動	非政府団体のため該当せず
戦略目標 B. 2. 女性の中の非識字を根絶すること	
81 政府，国内，地域及び国際機関，二国間及び多国間援助機関，並びに非政府機関によりとるべき行動	中等教育のため該当せず
戦略目標 B. 3. 職業訓練，科学技術及び継続教育への女性のアクセスを改善すること	
82 使用者，労働者及び労働組合の協力を得た政府，国際機関，女性団体及び青年団体を含む非政府機関，並びに教育機関により取るべき行動	
(a) 雇用機会の増大を図る目的で，女性，特に若い女性及び労働市場に再参入する女性に向けた，変わりゆく社会経済情況のニーズに応じる技能を提供するための教育，訓練及び再訓練政策を開発し，実施すること。	コンピューティング科目の導入 日本の専門家による特別授業 生徒中心・対話型授業の開発
(b) 教育制度において，少女及び女性のためのノン・フォーマル教育の機会を認知すること。	リーダーシップ教育・全人教育 国際理解教育における女性リーダーシップ開発
(c) 職業訓練，科学技術における訓練計画及び継続教育計画の利用可能性及び利益に関する情報を女性及び少女に提供すること。	中等教育のため該当せず
(d) 失業女性のために，自営業及び起業手腕の開発を含む雇用機会を高め，拡大するであろう新たな知識及び技能を身につけさせる教育・訓練計画を企画すること。	中等教育のため該当せず
(e) 職業訓練及び技術訓練を多様化し，科学，数学，工学，環境科学技術，情報技術及び先端技術並びに管理訓練のような分野の教育及び職業訓練における少女及び女性のアクセスと継続を増大すること。	理数系科目の強化 理科実験室、実験道具の拡充（40 台）
(f) 食糧及び農業調査，普及及び教育計画における女性の中心的役割を促進すること。	学校の農園での農作物栽培 日本の専門家による農業指導
(g) 教育課程及び教材の改訂を奨励し，支援的な訓練環境を促進し，また，科学及び数学の教員に科学技術と女性の生活との関連に対する感性を養わせることを目的にした，彼らのための複数の学問領域にわたる課程の開発を含め，女性と男性による非伝統的な職業から本格的な職業選択を行う訓練を促進するための積極的な施策を講じること。	理数系科目の強化 コンピューティング科目の導入 理数系科目における生徒中心・対話型授業の開発 日本の学術プロジェクト（水資源）へのオンサイト協力
(h) 技術分野及び科学分野，特に未参入または参入不足の分野への女性のよりよいアクセス及び参加を保障するために，教育課程及び教材を開発するとともに積極的な施策を策定し，実施すること。	理数系科目の強化 生徒中心・対話型授業の開発 日本の専門家による科学技術の特別授業
(i) 女性にあらゆる見習制度のプログラムへの参加を奨励するための政策及び計画を開発すること。	中等教育のため該当せず
(j) 所得創出機会，特に草の根レベルの女性団体を通じた，経済的意思決定への女性の参加及び生産，販売，経営及び科学技術への女性の寄与を増大するため，農業，漁業，工業，商業及び美術工芸に携わる女性のための技術，管理，農業普及，及び販売の訓練を増やすこと。	中等教育のため該当せず

(k) 殆ど，又は全く教育を受けていない成人女性，障害を持つ女性，合法的移住女性，難民女性及び避難民女性の労働機会を改善するために，あらゆる適切なレベルにおいて質の高い教育及び訓練へのアクセスを彼らに保障すること。	中等教育のため該当せず

戦略目標 B. 4. 非差別的な教育及び訓練を開発すること

83 政府，教育当局その他教育・学術訓練により取るべき行動

(a) 勧告を作成するとともに，出版社，教員，公共団体及び父母団体などすべての当事者と協力して，教員養成を含むあらゆる教育段階に向けて，ジェンダーに関する固定観念のない教育課程，教科書及び教材を開発すること。	日本から，目指す校風、教師の心得、生徒中心・対話型授業、校則、懲罰、奨学金に関する、教員向け基本原則（以下「ガイドライン」）を提供
(b) 上記パラグラフ 29 で定義した家庭における，また，社会における女性と男性の地位，役割及び寄与に関する意識を高める，教員及び教育者のための研修計画及び教材を開発し，これに関連して，少女と少年の間の平等，協力，互いへの尊敬及び責任分担を就学前の段階以降継続して促進するとともに，殊に少年が自らの家庭内のニーズの処理，家庭への責任と扶養家族を世話する責任と分担に必要な技能を習得させるための教育基準を開発すること。	日本から「ガイドライン」を提供近隣学校教員も含む教員研修を実施
(c) ジェンダーに配慮した授業への効果的な戦略を提供するため，教育の過程における自らの役割に関する意識を高める，教員及び教育者のための研修計画及び研修教材を開発すること。	
(d) あらゆる段階に女性教員を配置することの重要性に鑑み，また，少女を学校に引き寄せ踏み止めさせるために，女性教員・教授に男性教員・教授と同等な可能性と平等な地位を保障するための行動を取ること。	
(e) 平和的な紛争解決の訓練を導入し促進すること。	社会科における生徒中心・対話型授業（ロールプレイング）NHK 教育 DVD を提供
(f) 教育における政策・方針決定へのアクセスを得る女性，特にあらゆる教育段階において，また科学・技術分野のように伝統的に男性支配の学問分野において，女性教員の割合を増加させるために積極的な施策を取ること。	日本から「ガイドライン」を提供
(g) あらゆる教育段階，特に大学院レベルにおけるジェンダーの研究及び調査を支援し開発して，大学のものを含む教育課程，教科書及び教材の開発，並びに教員養成にそれらを適用すること。	日本から「ガイドライン」を提供
(h) 学生として，また，市民社会における成人としての双方で，指導的役割を引き受けるよう奨励するために，すべての女性のための指導者訓練及び機会を開発すること。	日本から「ガイドライン」を提供生徒中心・対話型授業の実施教員による校内での FD 活動NHK 教育 DVD を提供
(i) 多国語使用に十分配慮して，特にマスメディアと連携し，一般大衆，特に親たちに，子どものための非差別的教育及び少女と少年による家族的責任の平等な分担の重要性を認識させる，適切な教育及び情報プログラムを開発すること。	NHK 教育 DVD を提供

(j) 特に，高等教育機関に対して，とりわけ大学院及び研究科の法学，社会学及び政治学の教育課程に国連の諸条約に示されている女性の人権に関する研究を加えるよう奨励することにより，あらゆる教育段階にジェンダーの側面を組み込む人権教育計画を開発すること。	中等教育のため該当せず
(k) 適当な場合，女性の健康問題に関する学校教育プログラム内の，リプロダクティブ・ヘルス教育を阻む法律上・規制上の，及び社会的な障害を除去すること。	該当なし
(l) 親たちの指導及び支援と教育職員及び教育機関の協力の下に，自らの責任に対する少女及び少年の意識を高め，彼らがそうした責任を取るのを助けるため，そのような教育及びサービスが個人の開発や自尊心に対して持つ重要性とともに，望まない妊娠，性感染症，特にHIV／AIDSの蔓延，及び性的暴力・虐待といった現象を避ける緊急の必要性を考慮して，少女と少年のための教育計画の作成及び総合的なサービスの創設を奨励すること。	日本の専門家によるリプロダクティブ・ヘルスに関する特別授業 日本の日用品メーカーによる講演と生理用品の寄付
(m) 教育機関及びコミュニティ施設内に，利用しやすいスポーツ・レクリエーション施設を提供して少女及びあらゆる年齢の女性のためのジェンダーに配慮したプログラムを確立・強化し，コーチ，訓練及び管理を含む，また国内，地域及び国際レベルの参加者としての，スポーツ及び身体活動のすべての分野における女性の地位向上を支援すること。	サッカー等の課外スポーツ時間の確保 首都のスタジアムで開催されるLadies First（女性のスポーツ大会）見学への生徒派遣
(n) 先住民女性及び少女の教育を受ける権利を認め，支援し，適切な教育計画，教育課程及び教材を可能な限り先住民の言語で開発することや，これらの過程への先住民女性の参加を規定することによって，先住民女性のニーズ，願望及び文化に敏感に応じる教育への多文化的アプローチを促進すること。	マサイ族出身生徒の受け入れ 社会科における生徒中心・対話型授業 国際理解教育の導入
(o) 先住民女性の芸術的，精神的及び文化的活動を認め，尊重すること。	
(p) 男女の平等，並びに文化的，宗教的及びその他の多様性が教育機関において尊重されるよう保障すること。	日本から「ガイドライン」を提供
(q) 例えばラジオ番組，カセット，移動設備のような手頃な料金の適切な技術及びマスメディアの利用により，農村女性及び農業女性のための，教育，訓練及び関連の情報プログラムを促進すること。	NHK教育DVDを提供
(r) 特に農村女性の潜在能力を開花させるために，保健，零細企業，農業及び法的権利に関するノン・フォーマル教育を彼らに提供すること。	中等教育のため該当せず
(s) 妊娠中の少女及び若い母親のフォーマル教育へのアクセスを阻むあらゆる障害を除去し，必要な場合，保育その他の支援サービスの提供を支援すること。	日本の専門家によるリプロダクティブ・ヘルスに関する特別授業 日本の日用品メーカーによる講演と生理用品の寄付
戦略目標B.5.教育改革の実施に十分な資源を配分し，監視すること	
84 政府によりとるべき行動	市民団体のため該当せず
85 政府，並びに適当な場合，民間及び公共機関，財団，研究機関及び非政府機関により：	

(a) サービスが行き届いていない人々に特に重点を置きつつ、少女及び女性並びに少年及び男性が平等の原則に基づいてその教育を修了できるようにするため、必要な場合には、民間及び公共機関、財団、研究機関並びに非政府機関から追加の資金提供を動員すること。	日本からの寄付金（学校運営資金および奨学金供与） JICA 草の根技術協力パートナー型への採択（期間：開校後 5 年間）
(b) すべての少女及び女性の機会を促進するために、数学、科学及びコンピュータ技術におけるプログラムのような特別プログラムに対する資金提供を行うこと。	プログラミング科目の導入 日本の専門家による特別授業 日本からの PC 寄付（40 台） コンピュータによる学習システム Racheal の導入
86 世界銀行、地域開発銀行、二国間援助機関及び財団を含む多国間開発機関により取るべき行動	市民団体のため該当せず
87 世界レベルにおける国際機関及び政府間機関、特に国連教育科学文化機関（UNESCO）により取るべき行動	市民団体のため該当せず
戦略目標 B. 6. 少女及び女性のための生涯教育及び訓練を促進すること	
88 政府、教育機関及び地域社会により取るべき行動	
(a) 女性及び少女が地域社会及び国に生活し、そこに寄与し、そこから利益を得るために必要な知識及び技術を継続的に習得できるようにする広範な教育・訓練計画の利用可能性を確保すること。	後期中等教育課程（A レベル）に進学した卒業生に奨学金を供与。 SGSS に A レベルを設立することを計画。
(b) 母親が自らの学校教育を継続することができるよう、育児への支援及びその他のサービスを提供すること。	未着手
(c) 人生のあらゆる段階における女性の活動の変遷を容易にする、生涯学習のための柔軟な教育・訓練及び再訓練計画を作成すること。	未着手

出典：第 4 回世界女性会議・行動綱領（総理府仮訳。1995）と SGSS の各種報告文書より筆者作成。

4-2）SGSS における①「理数系教育の強化」

　戦略目標 B. 82（a, e, g, h）は、科学技術系を学ぶための教育課程や教材の開発とそれらへのアクセスの確保を求めている。SGSS の教育の特徴を、これらのパラグラフを切り口に考察する。

　一般のタンザニアの中学校では、英語、数学、化学、物理、公民、体育、芸術などから学校ごとに最低 7 つ以上の教科を選択して授業が行われる。1 クラスあたり 60 ～ 100 名が長机に着席し、教科書も複数名による共用である。従って、授業スタイルは教員主導とならざるを得ず、教員が重要事項を板書し、それを生徒が書き写して暗記するのが一般的だ。物理・化学・生物のテストでは、多くの生徒たちは実験経験のないまま、暗記した知識をもとに解答することになるため、理解力よりも暗記力に強い生徒の方が評価される傾向にある。

　SGSS にとって理数系教育の強化は構想段階からの最優先事項で、「理数系に強い女性の育成は女性の活躍のための戦略であ」り、「卒業生には現地に不足する医療従事者、技術者、科学者などとして活躍することが期待されている」（キリマンジャロの会 2014）。まず、教育課程において理数系の科目を充実させ（数学、化学、物理、生物）、国語（スワヒリ語）、英語、地理、歴史、公民を合わせて計9科目を教えることとした。また、暗記力ではなく理解度を高めるため、一人に1冊の教科書、理科実験に必要な専用教室、理科実験道具の確保が重視され、理科実験室は、日本企業の支援により、早くも校舎設計段階から組み込むことができた。同じく寄付金によって、実験道具も十分な数を整備し、随時、補充が続けられ、理系科目においては自ら実験道具を用いて学習することが標準となっている。

　パラグラフ82(a) および85(b) に関連するコンピューティング教育については、課程科目のほかに、日本からの支援により多くの数理や科学技術を学ぶノン・フォーマル教育を実施してきた。たとえば、日本の NGO の寄付によりこれまで累計約80台のコンピュータが届けられ、学習システム Rachel を導入したほか、年に数回、日本から渡航するプログラミングの専門家による特別授業が行われている。

　パラグラフ82 (f) の関連では、農業国タンザニアでは食糧確保のための農学、食育が重視されており、SGSS では日本から農業専門家が毎年渡航し、ボランティアで自然農法による校内農園の整備を指導している。2016年から2017年にかけては、日本企業や支援者からの寄付で、学校農園の土地が確保・拡充された。

　女子に対する理数系科目の強化という SGSS の特徴が、現地で歓迎されている理由は、タンザニア特有の進路決定・キャリア形成事情がある。タンザニアでは、初等教育修了時、前期中等教育2年次（Form 2）、前期中等教育修了時（Form 4）、後期中等教育（Aレベル：Advanced Level）修了時に、政府による国家学力試験が課され、一定の成績を収めなければ課程修了が認められない。特に Form 4 での国家学力試験は、どの科目の組み合わせで受験するかによって、進学する高校が決まり、さらに理系文系トラックとともに

履修科目も確定する。この履修科目のコンビネーションは、さらに大学の進学要件にもなっている。たとえば、医学部に進学するためには、PCB（物理・化学・生物）、パイロットになるには PGM（物理・地理・数学）のコンビネーションで課程修了していることが求められる。つまり中学卒業時点での受験科目コンビネーションが、将来の進学先や職業選択に直結しているのである。表 1-2 は、国家学力試験で用いられる 3 科目のコンビネーション一覧と、SGSS 2023 年度 Form 4（5 期生）の選択生徒数である。

表 1-2　国家試験や A レベルでの科目コンビネーションと 5 期生の選択状況

○理系コンビネーション	人数	○文系コンビネーション	人数
PCM：物理・化学・数学	3	HGL：歴史・地理・英語	7
PCB：物理・化学・生物	12	HGK：歴史・地理・スワヒリ語	—
PGM：物理・地理・数学	1	HKL：歴史・スワヒリ語・英語	1
EGM：経済・地理・数学	—	KLF：スワヒリ語・英語・フランス語	—
CBG：化学・生物・地理	1	ECA：経済・商業・会計	—
CBA：化学・生物・農業	—	HGE：歴史・地理・経済	3
CBN：化学・生物・食品と栄養	—	Hgli：歴史・地理・英文学	3

注：人数は SGSS 第 5 期生が国家試験出願時に選択した科目群の人数。
出典：出典：タンザニア政府データに基づきキリマンジャロの会作成。

4-3）SGSS における②「女性リーダー育成（リーダーシップ）・全人教育」

　SGSS は、「女性リーダー育成」を推進するために、従来のタンザニアの教育スタイルを「一気に」先駆的なものに刷新するという目標を掲げて発足したが、SGSS の教員たちにとって、「ジェンダー主流化」はとまどいの元であったようだ。もともと男尊女卑の感覚が残っている土地柄に加え、教員は生徒よりも「偉く」「上位に」位置する人間であるとの「固定観念」が根強いからである。

　そこで岩男が中心となって数々の「ガイドライン」を作成し浸透を図った（一般社団法人キリマンジャロの会 2017）。この対応は、教材の開発について述べたパラグラフ 83 の実践といえよう。その一つ、「Toward building foundation for sustainable school」は、女性リーダー育成のモデル校となるための中心的な概念と教育手法を説明する文書で、生徒中心・対話型授業、

全人教育（健康教育、食育・環境保全教育、国際理解教育）についてその意義と手法を説明している。ほかにも、「Regulations」（学則・校則）では SGSS における教員、保護者、生徒の在り方を、「Punishment」（懲罰）では「体罰はいかなる理由があろうと厳禁」であると規定、「Active learning」（対話型授業の手引き）では、「グループワークの活用」「誤答を責めず、失敗から学ぶことの重要性」「教師中心型との相違点からみた生徒中心型の効用」などが述べられている。そして全文書を通じて、このガイドラインの遵守が「日本型」の押し付けになってはならないと繰り返されており、「あくまでも試案であるので、SGSS の教員たちが主体的に考えてほしい」と述べられている。

　しかし、ロバート・ハイフェッツが言うように、習慣、風習、信念に基づく行動は容易には変えられない（ハイフェッツ 2016）。新しい価値観を取り入れるには、その感覚に自分を自ら適応（adapt）させなければならず、非常に時間のかかる実践である。このガイドライン文書が、日本の支援者（ドナー）からの「圧力」による「規定集」と解釈されるようでは、真の定着は望めない。タンザニアの教員たちが「自ら」のリーダーシップによって「非差別的な教育を開発」する方向へ向かうよう、そして日本側も柔軟性を欠いた押し付けをしていないか、自問しながら対話を繰り返す必要があった。このため岩男自身が何度も渡航して教師陣と対話を重ねたほか、日本や米国の支援者に声をかけ、ロールモデルとなる人々に SGSS を応援訪問してもらい、その都度、特別講義や特別授業を行った。著名人や研究者のみならず、社会人、日本からインターンシップで SGSS に滞在する高校生や大学生にもワークショップを実施してもらっている。これらの特別授業は、教員たちにとって、生徒中心型手法に自らを「適応」させる機会ともなったようである。

　パラグラフ 83（m）では、女性に対するスポーツ・レクリエーションを奨励している。2019 年、オリンピアンの高橋尚子氏が SGSS を訪問、女性アスリートとしての経験を講演した。JICA の支援で毎年ダルエスサラームの本格的な競技場で開催される、女性のための競技大会 Ladies First には、毎年生徒を派遣し、多種目のスポーツ大会を見学する機会を作っている。

また、アルーシャ州でも安全なバンガタ村で寮生活を送る SGSS の生徒た
ちは、これまで幸いにも性犯罪や望まない妊娠に見舞われたことはないが、
リプロダクティブ・ヘルスと自己決定の意識の醸成（83 k, s）は非常に重要
であり、日常的に意識付けや注意喚起が行われている。2022 年には日本の
日用品メーカーの役員団が SGSS を訪問、生理用品の開発技術についてワー
クショップを開いたほか、2024 年には、JICA 海外協力青年隊 OG で保健衛
生の専門家がリプロダクティブ・ヘルスの授業を行った。

　SGSS の生徒や教員を日本に招聘し、「非差別的な」学校生活を体験して
もらうことも行っている。2023 年には Mariko Bando Sakura Fellowship（坂
東真理子基金サクラ・フェローシップ）により、昭和女子大学附属中学高等
学校に 2 名の生徒が 3 か月間滞在、クラスメイトの家庭にホームステイした。
青山彩子・警察庁長官官房審議官、宇宙飛行士の山崎直子氏など女性リーダー
との対話や、科学技術分野で博士課程に在籍するタンザニア人留学生との懇
談のほか、大学病院の最新医療機器見学、大企業の製造ライン見学なども経
験した。母国への帰国後は、クラスメイトたちに自らの意志でキャリアを拓
くことの意義を講演するなど、早くも適応的なリーダーシップを発揮してい
る。来日の機会があること自体が、この学校の魅力の一つとなっている。

　SGSS ではリーダーシップ開発の前提として、内発的成長のための全人教育
を重視している。インフォーマルな取り組みとして、教育専門家として足掛
け 6 年間、SGSS に駐在した笹瀬正樹の報告書を以下に引用する（笹瀬 2023）。

　　日本の学校では、「保健・体育」「道徳」の授業を通じて健全な心と体の
　育成を促進させたり、「音楽」や「美術」の授業を通じて豊かな感性を
　身につけさせたりと、児童・生徒を全面的かつ調和的に育成しようとす
　る教育、いわゆる「全人教育（全人的な教育）」を目指している。（中略）
　　一方、タンザニアでは、国家試験の受験教科数が決まっており、学校
　はそれに合わせて、実施する教科を学校毎に選択でき、基本的に教員数
　が多い主要教科で授業時間割が構成されることが多い。仮に、学校が「体
　育」を選択していても、国家試験で問われる問題は「スポーツのルール

に関すること」などのように知識中心であるため、体育の教員が教室内でルールを説明し、生徒がノートに書き写す授業が行われる。さらに、公立校では、生徒数が年々増加していること、教員不足などの理由から、教科書の知識以外の内容に触れる余裕がないことも多いため、学校教育が「知識の伝達」に偏りがちである。

　さくら女子中学校では（中略）「全人教育」の学習として、日本の支援者からの協力のもと、学校のカリキュラムの中で「環境教育」「食育」「国際理解教育」「体育」と、様々な分野を学んでいる。

　（中略）意欲的な先生の指導のもと、毎朝の「ラジオ体操」や、週2回の体育を欠かさず、自由時間にはバレーボールやバドミントン、大縄跳びをして遊んだり、日頃から運動を愉しむ雰囲気ができている。

　パラグラフ83（i）(q) では、ラジオ番組などマスメディアの活用が示唆されている。SGSS では日本の放送番組や映画の DVD を活用し、理数系教育や国際理解、情操教育に役立てている。以下はその報告からの引用である（古谷 2020）。

　　日本から一般財団法人・放送番組国際交流センター（JAMCO）やNHK インターナショナルが保有する番組を含む日本の放送番組（623番組）を教材として加え、授業に活用した。科学分野では特に「電気分解」、「酸とアルカリ」、生物分野では特に「血液の流れ」、「食べ物の消化」等、「実際に作業や実験が難しいもの」、「目で見るのが難しいもの」で映像教材を活用している。

　　また、日本文化の授業においては、その導入部で日本を紹介するDVD を上映することで、まだ見たこともない日本の生活、慣習等を実感してもらうことで、生徒達の興味を喚起することができた。10分から15分程度の短時間の番組は、授業に導入するにあたって扱いやすく、使用頻度が高い。（例／ 10 Minute of Science, Wonderful Science）。

　　加えて、対日理解のツールとしても非常に有効である。日本文化に関

する番組はもちろんのこと、理数科の番組でも映像が日本で作られていることから常に日本の服装や建物などが映る為、生徒はそれらを興味深そうに観ている。

4-4) SGSS における ③「生徒中心・対話型授業」

SGSS「ガイドライン」では「生徒中心・対話型授業」は「教授法に関するもので、重視している理数科目に限らず、全人教育や躾全般にも適用される」とし、この手法が、あらゆる当事者があらゆる科目で実践すべき SGSS 教育の根幹であることが強調されている。タンザニアの教育現場ではほとんどなじみのない手法であるが、岩男は女性リーダーの育成にはこの手法が欠かせないと考えていた。パラグラフ 82（a, g, h）「新しい教育手法・内容の開発」、83 の「すべての当事者と協力して，教員養成を含むあらゆる教育段階に向けて、ジェンダーに関する固定観念のない教育課程、教科書及び教材を開発」(a)、「平和的な紛争解決の訓練を導入」(e)、「すべての女性のための指導者訓練及び機会を開発」(h)、先住民女性の参加と多文化的アプローチ (n) の実践である。

　例えば地理の授業ではマップワークを取り入れ、ある地域の地図を見ながらそこから読み取れる地勢、その土地が持つ課題や可能性についてグループ討論し発表したり、人権の授業では女性の財産権について寸劇を作らせたり、化学の授業では救急車出動時の医療従事者の役割を演じさせ、医療品に使われている化学物質とその効用について学習する。教員たちからの報告によれば「講義型よりも生徒たちの理解度が高い」「学んだことの定着率が高い」などの効果を感じるという。

　この手法は、SGSS 教員同士の連帯感やファカルティ・ディベロップメントにも寄与してきた。2019 年からは、さらに拡大し、近隣の学校教員たちを対象に、教育学の大学研究者を招いて研究会を開催している。毎回、参加教員からの肯定的なフィードバックがあり、これが SGSS の教育ブランドとして認知度を高めているのみならず、SGSS プロジェクトの PDM 上位目標（生徒中心・対話型授業の指導をタンザニアに普及）推進にも寄与している。

4-5）これまでの成果と課題

　①②③の教育手法の成果はどうであったか。SGSS では 2019 年に最初の 4 年生が国家学力試験を受け、23 年まで 5 回の成績が公表されている。図 1-1 は科目別 GPA の推移である。

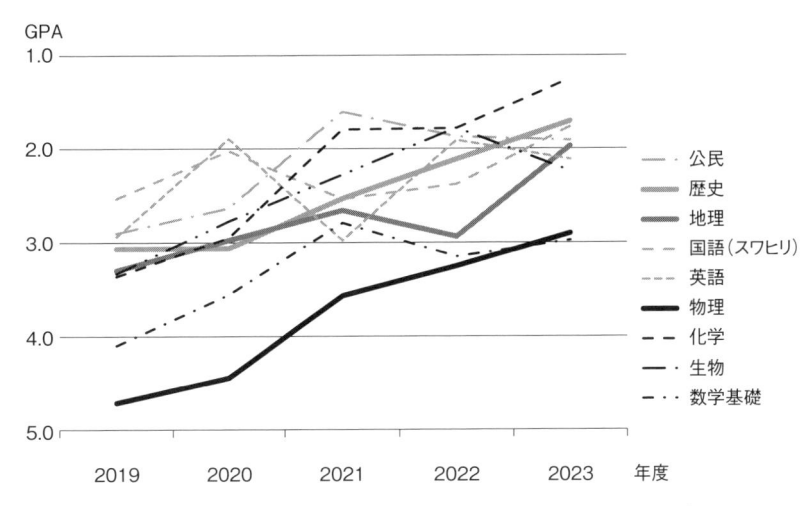

図 1-1　SGSS における科目別 GPA の推移（2019 年〜 2023 年）

出典：タンザニア政府データに基づき筆者作成。

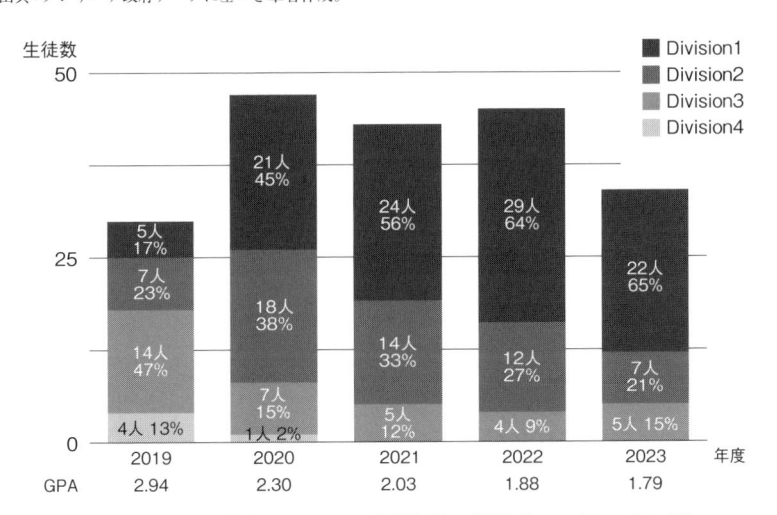

図 1-2　SGSS の成績別 Division 取得者数の推移（2019 年〜 2023 年）

出典：タンザニア政府データに基づきキリマンジャロの会作成。

GPA は 1 から 5 で表示され、数値が小さくなるほど好成績である。2019年当時は、理数系強化を標ぼうしつつも、物理 4.7（アルーシャ地区 222 校中 153 位）、化学 3.4（55/224 位）、生物 3.3（44/224 位）、基礎数学 4.1（34/224位）とあまり振るわなかったが、2023 年には、物理 2.9、化学 1.3、生物 2.3、基礎数学 2.9 とかなりの上昇を見せた[5]。

図 1-2 は 2019 年から 22 年までの SGSS における国家試験結果の推移である。Division とは成績帯のことで 1 が最高レベル、4 が最低で 0 は不合格であるが、SGSS 生は当初から Div. 0 はいなかった。全国平均では約半数が Div. 4 で、後期中等教育（高校課程）が射程に入る Div. 3 の成績帯に入る生徒は受験者の 2 割以下である。これに対し、SGSS は第 2 期生の受験時点（2020年）で、ほぼ全員が高校課程進学レベルをクリアする水準に達していた。

タンザニアにおいて、前期中等課程（O レベル）を終えて国家学力試験を受けた女子のうち、後期中等課程（いわゆる高校課程、A レベル）や専門学校に進学するのは約 27% である。しかし SGSS では、2017 年度の 2 期生以降、全員が A レベルもしくは専門学校に進学し、2023 年度卒業生の進路内訳は、文系高校 41%、理系高校 50%、理系専門学校 9% であった。

4-6）SGSS における④「パートナーシップ」

パラグラフ 85（a）には、「必要な場合には，民間及び公共機関，財団，研究機関並びに非政府機関から追加の資金提供を動員すること」とあるが、SGSS が開校後わずか 5 年で構想時の理念をおおむね達成した背景に「官民パートナーシップ」がある。

SGSS の校舎と寮の建設には、外務省草の根無償協力・人間の安全保障資金が充てられ、開校後の学校運営に関しては、JICA 草の根技術協力事業パートナー型（「女性リーダー育成のための理数科目強化と全人教育のモデル校開設プロジェクト」）に採択されたことが大きく奏功した。

開発協力における「市民参加」の意義と考え方については外務省や JICA の資料に詳しいが、大まかにいえば、「担い手」の多様化を通じて、途上国と日本とのつながりを強化し、日本の地域創生や途上国の地域国際化を促進

しようとするものである。

　その一つである「草の根技術協力事業」とは「国際協力の意志のある日本の NGO/CSO、地方公共団体、大学、民間企業等の団体が、これまでの活動を通じて蓄積した知見や経験に基づいて提案する国際協力活動を、JICA が提案団体に業務委託して JICA と団体の協力関係のもとに実施する共同事業」で、パートナーシップを組む NGO の実績によっていくつかの枠組みに分かれる。一般社団法人「キリマンジャロの会」が採択されたのは、「開発途上国の支援において既に豊富な経験と実績を有している団体を対象」とする「パートナー型」であった。「パートナー型」では、JICA との協働により「自らの経験や強みを活かし、より開発途上国の課題解決に寄与する事業を展開することが期待され」、「①日本の団体が主体的に行う、人を介した技術協力」で、「②相手国実施機関（カウンターパート）との協働」であり、かつ「③開発途上国の地域住民の生活改善・生計向上に裨益する」プログラムを、「1) 人員の派遣、2) 機材の供与、3) 技術研修の実施」を通して遂行することが求められている。

　SGSS は採択により 5 年間で総額約 5,000 万円の事業運営資金を獲得し、日本から教育専門家や調整員を常駐させるとともに、現地での教育や通信連絡に不可欠なインターネットや COVID など感染症対策の消毒備品を整備したほか、先に述べた、先駆的授業手法を近隣学校に定着させるための研究会などを実施した。採択期間中の JICA、キリマンジャロの会、Sakura Vision, Tanzania（現地の学校法人）との関係性は図 1-3 の通りである。

　SGSS を構想し支援する一般社団法人「キリマンジャロの会」は、創立時、代表理事の岩男をはじめ、萩原なつ子、田中由美子、広中和歌子らジェンダー専門家が理事として参画しており、この分野ですでに「豊かな経験と実績」を持った集団であることには違いなかったが、理事もメンバーも全員が手弁当で活動に従事する無償ボランティア団体であり、SGSS への支援はすべて募金によってまかなっていることから、財政基盤は決して盤石ではなかった。JICA との協働により、毎年、予算執行状況をチェックしあい、PDM の達成度を確認しながら事業運営をすすめたことで、開発援助のノウハウが蓄積

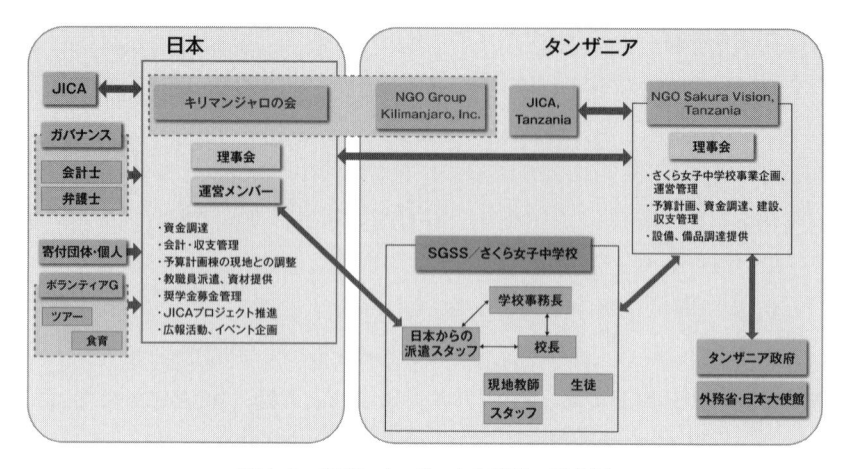

図1-3　SGSSプロジェクト運営の概念図

出典：キリマンジャロの会。

され、企業や個人支援者に対する信用を維持できるなど、「キリマンジャロの会」自体の能力構築も着実に進んだ。

　このような国際機関・各国政府・ビジネス界・市民社会の間の「パートナーシップ」は、特に90年代後半から顕著となった。これにはいくつかの背景が考えられる。

　一つは、環境や格差・人権をめぐる社会課題が地球規模に広がり、しかも複雑化・構造化したため、各国政府だけの機能では対応しきれなくなくなったことがある。予算的にもたとえば、年間500億ドルかかるといわれる温暖化対策に国連加盟国の拠出金だけで取り組むことは非現実的である。

　さらにグローバルな社会課題の主因はビジネス活動であるという点も重要だ。国境を超える産業部門の活動が、清廉な空気、淡水、森林等を「外部化」と称して汚染し破壊し続けたり、格差・貧困を拡大させ、人々の教育や医療へのアクセスが改善されないなどの問題に対し、その解決を政府部門の責任と役割のみにゆだねることは限界がある。こうした地球規模課題への対応に民間部門を巻き込むことを模索したコフィ・アナン国連事務総長（当時）は、その理論化を政治哲学者ジョン・G・ラギーにゆだねた。ラギーは、「過去300年にわたりグローバル・パブリック・ドメイン（国際公共空間）を動か

　してきた主権国家は、多国籍企業や市民団体などの多様なアクターたちが影響力を増したため、その存在感が埋没している」とし、アクターが主権国家以外にも広がる「新しいグローバル・パブリック・ドメイン」では、ビジネス界や市民セクターをグローバル・ガバナンスに巻き込んだ取り組みが不可欠であるとして、国連加盟国政府ではない民間部門を参加させる「国連グローバルコンパクト」を初めて成立させた。以来 20 年余を経て、今ではビジネス界の SDGs 推進プラットフォームとなっている。ラギーが道を開いたパートナーシップの考え方は、2000 年に策定された MDGs のゴール 8、2015 年の SDGs ゴール 17 にも組み込まれている。

　OECD も 2021 年、DAC 各国政府が NGO などの市民組織（Civil Society Organizations。以下 CSO）を独自のアクターとして認知し、開発のアクターに積極的に含めるよう求める「市民社会勧告」を出した。2022 年、日本政府は全世界の市民団体に 2 億 4,200 万米ドルの援助を行い、このうち 9.1%が途上国の CSO に向けられた。しかし、日本の二国間援助総額に占める CSO を通じた援助割合は 1.2% に過ぎず、DAC 各国の平均 15% に比して最下位レベルである（経済開発協力機構 2024）。採択案件数で見てみると、開発途上地域で活動する外国 NGO や教育機関、医療機関のみを対象とする「草の根・人間の安全保障」での採択件数は、2010 年台初頭は 1000 件以上あったが、徐々に減少し、2023 年度は 500 件余であった。日本国内の CSO や自治体等を対象とする「草の根」案件の採択数は年間 150 件前後で推移している。

　日本政府のタンザニアにおける CSO 連携について、外務省および JICA 公式ホームページで公開されている国別実績を見ると、海外の CSO に対する援助案件数（草の根・人間の安全保障案件）は 2010 年度に 15 件であったが、2020 年度以降大幅に減少し 2023 年度は 3 件のみであった。日本の CSO に対する案件（日本 NGO 連携案件）は、過去 15 年間で 3 件とさらに少ないが、これにはタンザニアの社会問題に対するノウハウを持つ団体がそもそも少ないことも関係していると思われる。

4-7) SGSS の今後の課題

①全人教育によるケイパビリティの拡張

　これまで述べたように、SGSS は、PDM で定めた学業成績や上位校とし
ての認知指標を早期に達成したが、そのためには課内外のかなりの時間を受
験科目の学習に充てる必要があった。Form 4 になると深夜すぎまで勉強し、
朝は 5 時に起床するといった生活時間を送っている。国家学力試験結果はタ
ンザニア政府公式 HP ですべて公開され、学校ごとの平均点ランキングが入
学志願者数を左右することから、本人の将来の扉を開くためにも、学校経営
上も、猛勉強のループから離脱しにくい構造となっている。

　このためスポーツの体験や十分な睡眠などヘルス面の配慮が時に後回しに
なることは否めない。日本でもいわゆる難関校の受験生ともなれば仕方のな
いこととして見過ごされる傾向にあるが、多くのタンザニアの学校には音楽、
芸術、体育の科目もないため、生徒たちは「PCB 科目でいい点をとって医
者になる、さもなければ将来の展望が開けない」といった狭義のエリート意
識に陥り、失敗を恐れる強迫観念にとらわれる傾向がある。さまざまな体験
による全人教育によって、生徒自らが「価値があると思う」ことを自律的に
選択できるような「ケイパビリティ」をいかに高めていくかが今後の課題で
ある。

②A レベルの必要性

　SGSS の先駆的な教育によって「女性リーダー」を輩出するには、中学 4
年間だけでは不十分である。また、国際社会や日本に対する理解を深め、将
来日本の大学に進学する道を開くことは SGSS 構想の一つでもある。2023
年政府開発協力大綱でも「知日派・親日派」の人材育成の重要性が述べられ
ており、すみやかに後期中等教育（A レベル）課程を新設し、6 年間の一貫
した中等教育を実現することが望まれる。

③持続的な支援基盤の確立

　学校が有名になればなるほど全国から経済力のある家庭の子女が集まる傾
向があるが、学修意欲と可能性が高いにもかかわらず経済的事情により就学
を断念しかねない女子にも教育機会を与えることが、SGSS の設立趣意であ

ることから、日本からの奨学金がそうした生徒にも安定的に提供されるよう支援基盤を拡充する必要がある。

　奨学金のための募金活動を安定化させることはもちろんだが、全員がボランティアで活動する「キリマンジャロの会」の組織強化も重要だ。日本では定年退職後の世代や Z 世代を中心に社会貢献活動への関心や参画意欲が増えつつあり、シニア世代を中心に構成される「キリマンジャロの会」も、若い世代をできるだけ包摂し、支援人材を拡充することが急務である。特に、タンザニアに駐在し、教育現場の日常に潜む様々な障壁をタンザニア人とともに乗り越える、参与型の国際協力人材を派遣し続けるためには、「現場専門家」養成の恒常化が、支援母体として喫緊の課題である。

5.　まとめ

　本稿では、女性リーダー育成を目指す SGSS の設立にあたり、2014 年以降に作成された理念や教育方針に関わる各種文書において、明示的には示されていなかった北京行動綱領（1995）との関連性を、SGSS の実績をもとに実証的に振り返った。推察した通り、日本のジェンダー・エンパワーメントを推進した岩男が SGSS に託した考え方と、北京綱領やその後のジェンダー政策の理念はかなり合致しており、タンザニアにありながら、SGSS はジェンダー平等の国際潮流を早くに取り込んで、支援体制やプロジェクトデザインがなされてきたことが分かった。

　また、GAD アプローチに基づく北京行動綱領が規範とした「ジェンダー主流化」は、その後の開発援助に順調に取り入れられているものの、一方で、ジェンダー平等やエンパワメントそのものを政策目標とする Principal 案件は伸び悩んでいる。GAD アプローチも WID アプローチも、いずれか一方に収れんされるものではないことは多くの専門家が指摘するところであるが、特にジェンダー間の教育格差が大きいタンザニアにおいては、教育の機会および教育の質の格差解消に向け、Principal 案件により多くのリソースが注がれるべきであろう。

また、グローバル・パブリック・ドメインのアクターが多様化する中、国際機関や政府と、CSO とのパートナーシップが一層求められており、その意味で OECD が「市民社会勧告」で述べた DAC 各国による CSO 連携強化はさらに推進されるべきである。CSO との連携が DAC 平均に遠く及ばない日本が、開発協力に関わるアクターを多様化し、様々な集団の専門性を生かしてコレクティブインパクトを出していくことは、国内外で進む分断の緩和と国際社会の連帯にも大きく寄与するだろう。

謝辞

　　本研究は、「女性問題図書目録刊行会」からの助成を受けてまとめることができました。ここに御礼申し上げます。また、本稿における SGSS に関するデータや記述の多くは、2018 年から足掛け 6 年にわたり SGSS に駐在した教育専門家・笹瀬正樹氏、および 2024 年より駐在している登尾紗衣氏による「キリマンジャロの会」への業務報告、定例会報告、ブログ記事等の記録に負うところが大きく、その献身的な活動に心より敬意と感謝を申し上げます。

注

1）2016 年以降、タンザニアの公立中学の学費は無償、寮費は高くても年間約 45 万シリング（約 2 万 5000 円）程度である。

2）これらはその後、2010 年に、国連事務局国連女性の地位向上部、ジェンダー問題特別顧問室を含む 4 機関が統合され、UN Women（ジェンダー平等と女性のエンパワーメントのための国連機関）となった。

3）ちなみに「ジェンダー」「女性」「女児」の検索語でのヒット数は 0 件であった。この検索方法では significant 案件はカウントされない。また OECD マーカーや日本政府によるジェンダー分類に関わらずキーワードのみによる検索結果である点に留意が必要である。

4）PDM とは、上位目標（最終的なゴール）、プロジェクト目標（上位目標に到達するために当該プロジェクトで達成すべき目標）、アウトプット（プロジェクトによって生み出される成果）を、成果を図るための指標、指標となるデータの入手手段とともに一覧表にまとめたもので、いわば、プロジェクトの「設計図」である。SGSS の PDM は紀要 51 号に掲載。

5）政府の公表基準の変更により 2022 年以降は学校単位での順位は非公表となっている。2021 年度のアルーシャ地区での順位は、物理 20/224 位、化学 6/226 位、生物 16/227 位、基礎数学 10/227 位であった。

引用文献（著者姓アルファベット順）

男女共同参画会議苦情処理・監視専門調査会（2004）「男女共同参画の視点に立った政府開発援助（ODA）の推進について」
https://www.gender.go.jp/kaigi/danjo_kaigi/kujou/hku04s.html　2024/8/31 アクセス

古谷公文（2020）「日本の放送番組を利用したタンザニアでの女子中等教育と対日理解の促進」第 28 回 JAMCO オンライン国際シンポジウム「発展途上国における教育コンテンツの役割と新たな可能性」放送番組国際交流センター
https://www.jamco.or.jp/jp/symposium/28/3/　2024/8/31 アクセス

外務省・平成 25 年度 NGO 研究会「ジェンダーと NGO」（2004）『ジェンダーハンドブック』第 1 部第 1 章「ジェンダー主流化の概要」（梶房大樹）
https://www.mofa.go.jp/mofaj/gaiko/oda/files/000178746.pdf　2024/8/31 アクセス

一般社団法人キリマンジャロの会（2014）「さくら女子中学校設立趣意書」（岩男壽美子）

経済開発協力機構（2024）OECD Development Assistance Committee DAC Network on Gender Equality, "Latest data on official development assistance （ODA）for gender equality and women's empowerment"
https://web-archive.oecd.org/temp/2024-03-07/73550-development-finance-for-gender-equality-and-women-s-empowerment.htm　2024/8/31 アクセス

経済開発協力機構（2024）Development Co-operation Profiles, Japan
https://www.oecd.org/en/publications/development-co-operation-profiles_2dcf1367-en/full-report/component-28.html#section-d1e23804-169e3f801b 2024/8/31 アクセス

国連第 4 回世界女性会議・行動綱領（1995）「B. 教育と訓練」（総理府仮訳）
https://www.gender.go.jp/international/int_standard/int_4th_kodo/chapter4-B.html　2024/8/25 アクセス

Ruggie, J. Gerald（2004）"Reconstituting the Global Public Domain: Issues, Actors, and Practices." Harvard Kennedy School Faculty Research Working

Paper.　https://scholar.harvard.edu/files/john-ruggie/files/_reconstituting_
the_global_public_domain.pdf　2024/8/25 アクセス

田中由美子(2016)『「近代化」は女性の地位をどう変えたか タンザニア農村のジェ
ンダーと土地権をめぐる変遷』新評論 東京

参考文献（著者姓アルファベット順）

独立行政法人国際協力機構 国別実績一覧「タンザニア」
https://www.jica.go.jp/activities/schemes/partner/kusanone/country/
project/tanzania.html　2024/8/31 アクセス

外務省（2017, 2020）国別開発方針方針「タンザニア」
https://www.mofa.go.jp/mofaj/gaiko/oda/files/000072421.pdf
https://www.mofa.go.jp/mofaj/gaiko/oda/files/000072422.pdf　2024/8/31 ア
クセス

外務省（2010-22）　開発協力白書・ODA 白書関連資料集
https://www.mofa.go.jp/mofaj/gaiko/oda/shiryo/hakusyo.html　2024/9/10
アクセス

ハイフェッツ, ロナルド・A.、マーティ・リンスキー 著・野津 智子訳（2018）『新
訳 最前線のリーダーシップ―何が生死を分けるのか』英治出版 東京

今井章子（2023）「事例報告：タンザニアにおける女子中学校の設立と運営―グ
ローバル社会におけるジェンダーエンパワメント」昭和女子大学女性文化研
究所紀要第 51 号

国連特別総会「女性 2000 年会議」（2000）　「北京宣言及び行動綱領実施のため
の更なる行動とイニシアティブ」（総理府仮訳）
https://www.gender.go.jp/international/int_norm/int_un_initiative/index.
html　2024/8/25 アクセス

日本政府（2005）「ジェンダーと開発（GAD）イニシアティブ」資料 3-5
https://www.gender.go.jp/kaigi/senmon/kihon/wg/kokusai/pdf/ko-s1-3-5.
pdf　2024/8/31 アクセス

日本政府（2016）「女性活躍のための開発戦略」資料 8-2
https://www.gender.go.jp/kaigi/renkei/ikenkoukan/68/pdf/shiryou_8-2.pdf
2024/8/31 アクセス

第2章　女性の生涯に亘る「教育・訓練」の継続的な学習の仕組み

1.　はじめに

　筆者らは、本研究所叢書第12集において、「21世紀の女性の高等教育とリーダーシップの醸成」と題し、女性の高等教育の課題と展望について考察し、自身と世界を考慮に入れた変革および女子大学による最先端の知識・技術教育提供の重要性を確認した（志摩ら 2021, Shima 2021）。

　本章では、この問題意識を継続・発展させ、高等教育および修了後や就業において等、生涯に亘る知識および技術の習得も含めて、フォーマル教育だけでなく、伝統的な知識・技術などのインフォーマルな方法による学習の仕組みや支援サービスへのアクセス、人材養成について調査を行い、その結果に基づき検討・考察する。

　1995年第4回世界女性会議北京宣言の第27項には「女児および女性のために基礎教育，生涯教育，識字および訓練，並びに基礎的保健医療（プライマリー・ヘルスケア）の提供を通じて，持続する経済成長を含め，人間中心の持続可能な開発を促進する」ことが示されており、行動綱領「第Ⅳ章　戦略目標および行動　B 女性の教育と訓練」の第73パラグラフには、「女性は若いときに習得したものにとどまらず、その後も継続して知識および技術を習得することから恩恵を得られるべきである。このような生涯学習の概念には、フォーマル教育および訓練において得る知識および技術とともに、ボランティア活動、無償労働および伝統的な知識などのインフォーマルな方法で行われる学習が含まれる」（総理府仮訳）ことが述べられている。

　この行動綱領にも示されている、生涯学習に関する諸概念について確認す

る。赤尾（2015：1）の整理によると、フォーマル学習（formal learning）とは、学校教育での授業場面のような定型教育（formal education）に対応した学習であり「定型学習」と和訳される。これに対し、ノンフォーマル学習（non-formal learning）とは、学校教育以外の成人学級や職員研修といった非定型型教育（non-formal education）に対応した学習をさし、「非定型型学習」と和訳される。日本では、公民館での学級・講座、企業等における研修がその典型例となり、これらは学歴にはならない。一方、インフォーマル学習（informal learning）とは、家庭教育のような不定形教育（informal education）に対応した学習と、まったく教育に対応しない学びを包含し、「不定形学習」と和訳される。無意図的な学習、偶発的な学習（incidental learning）を含めて、人間の生涯を通して量的にも質的にも最も大きな割合を示していると赤尾（2012）は述べる。本章では、特にノンフォーマル学習とインフォーマル学習に焦点を当て、その重要性を考察する。

　2024 年 146 か国中のジェンダーギャップ指数（GGI）は、フィンランドは 2 位（上位）、タイは 65 位（中位）、日本は 118 位の（下位）であった。表 2-1 に示すように、経済参画、教育、健康、政治参加の 4 つの指標のうち、本稿の中心となる「教育」は、他の指標に比べて各国の数値に大きな違いはなく、日本は特に経済参画と政治参画の数値が低いことが課題とされている。本研究では、フィンランドやタイの状況を通して、生涯に亘る教育・訓練の継続的な学習に関する日本の仕組みに向けたあり様を検討する。その際、フィ

表 2-1　本研究の対象国のジェンダーギャップ指数（GGI）と副指数（2024 年）

	GGI	経済参画	教育	健康	政治参画
フィンランド	0.875	0.796	1.000	0.970	0.734
タイ	0.720	0.772	0.985	0.977	0.147
日本	0.663	0.568	0.993	0.973	0.117
リトアニア	0.793	0.760	0.995	0.980	0.440
エストニア	0.774	0.777	1.000	0.979	0.340
ラトヴィア	0.773	0.755	1.000	0.975	0.363
スウェーデン	0.816	0.794	1.000	0.963	0.506

出典：世界経済フォーラム（2024）Global Gender Gap Report 2024。

ンランドの近隣諸国のバルト 3 国のリトアニア（GGI 11 位）、エストニア（29 位）、ラトヴィア（30 位）のほか、スウェーデン（5 位）についても図表に示し参考にする（表 2-1）。これらの国々を事例に、女性の生涯に亘る「教育・訓練」「制度的な仕組み」について、女性への積極的な取り組み状況等の現状と課題を明らかにする。その際、政治への参画、スタートアップ等起業家育成支援、EU の枠組みとの関連等の点も考慮に入れて検討する。

　筆者らは、女性の高等教育と女子大学の役割について関心を持ち、これまで、女性文化研究所主催で「Women can change the world 女性は世界を変える」と題する第 1 回シンポジウムを 2014 年 12 月に開催、以後、第 2 回 2016 年 2 月、第 3 回 2019 年 12 月、第 4 回 2021 年 2 月、第 5 回 2021 年 12 月（独立行政法人日本学生支援機構からの助成金を得て開催）を企画・運営してきた。

　昭和女子大学 100 周年特別講座「昭和女子大学の未来とビジョンを語る大会議」では、「女性のリーダーシップ育成」に関するセッションで、変化の激しい現代の女性を取り巻く環境を踏まえて、人生を切り拓くためのリーダーシップについてとりあげた。

　これらの背景との関連から、1995 年に北京で開催された第 4 回世界女性会議から 30 年の経過を目前に、本章のテーマは、北京行動綱領「第 4 章 戦略目標および行動」の「B 女性の教育と訓練」に関連している。そのうちの特に前述したパラグラフ 73 に示されている「女性は，若いときに習得したものにとどまらず，その後も継続して知識および技術を習得することから恩恵を得られるべきである」やパラグラフ 80（d）「平等な教育・訓練機会，並びに教育行政および教育の政策・方針決定への女性の完全かつ平等な参加を保障するために，ジェンダーに配慮した教育制度を作り上げること」（総理府仮訳）という内容は、検証すべき各国共通の課題である。加えて、他の戦略目標である「H 女性の地位向上のための制度的な仕組み」や「K 女性と環境」においても、教育の機会均等、教育への女性のアクセスを促進・増大し、それによって、彼らの知識、技能および環境に関する決定への参加の機会を高めることが示されており、これらも「女性の教育と訓練」に関連している。

　1990 年にタイのジョムティエンで開催された「万人のための教育世界会

議」を嚆矢とし、世界教育フォーラム（2000 年、2015 年）、Education 2030 ハイレベル会合（2015 年）、グローバル教育 2030 会合（2018 年）などが開催され、教育は、国家や地域の経済開発において重要な役割を果たし、人間一人ひとりが自らの才能と能力を十分に伸ばし、尊厳をもって生きていく道を開くためのものであり、人間の安全保障の実現の基礎となることが確認されている。関連して、北京宣言・行動綱領採択後の 30 年の間に国連は、2000 年にミレニアム開発目標（MDGs）、MDGs が達成できなかったものへの到達を目指す持続可能な開発目標（SDGs）の行動計画「持続可能な開発のための 2030 アジェンダ」、「北京＋25 包括的レビューのためのガイダンスノート」などを採択してきた。特に MDGs は途上国の開発目標を定めたものであったが、SDGs は、先進国を含むすべての国に適用される普遍性が特徴とされた。SDGs の目標 4 には「すべての人々への包括的かつ公正な質の高い教育を提供し、生涯学習の機会を促進する」が掲げられており、前述の行動綱領の延長線上に位置づけられる。

　2025 年 3 月開催予定の第 69 回国連女性の地位委員会（CSW69）では、北京宣言と行動綱領の履行と第 23 回国連特別総会の結果の検討と評価が焦点とされている。このレビューには、行動綱領の実施、ジェンダー平等と女性のエンパワーメントの達成、および持続可能な開発のための 2030 アジェンダの完全実現に向けた現在の課題の評価が含まれる予定である。

2. 生涯に亘る教育システムの構築とその背景
——フィンランドを例として——

(1) フィンランドの男女平等と教育に関わる背景

　2003 年にアイスランドが GGI 指数のランキングで 1 位となってから、フィンランドは 2 位〜4 位を推移している。1809 年からフィンランド大公国としてロシア帝国の支配下にあったフィンランドでは、1878 年に男女平等の世襲権の成立、1901 年に女性の大学入学許可制の廃止、1906 年には、男女共に完全な参政権を得た。独立国家フィンランドの成立は、1917 年のことであるから、国家成立前から男女平等にかかわる歩みは始まっていたのであ

る。独立後の 1926 年には、ミーナ・シッランパーが、女性初の社会問題担当の副大臣として登場している[1]。

　19 世紀のフィンランドの住民は、圧倒的に地方で農業を営んでおり、家族経営の農場では、男女が共に働いていた。ロシア帝国内の他の多くの地域とは異なり、早くに農奴解放が進んでいたロシア帝国内フィンランドでは、皇帝によって、女子の教育では、学校教育の補完としての農業教育が推進されていた。ブローベリらによると（Broberg et.al, 1973：2）、女子に向けての教育は、当初から職業・訓練教育であったが、現在では「女子（女性）の教育」という言葉は、ほとんど使われることがないことが指摘されている。

　ジェンダー平等のための諮問評議会（TANE）は、第 2 次世界大戦後の 1972 年に設立、男女平等法は 1987 年に制定され、1990 年には、世界で女性最初の国防大臣にエリサベト・レーン[2]が指名された。2000 年には、タルヤ・ハロネン[3]が、女性の初めての大統領として選出された。まさに、大統領の権限が縮小された時期に登場したハロネン大統領が 2 期 12 年を務めていた期間の 2003 年 4 月 17 日―6 月 24 日、短期間ではあるが、アンネリ・ヤーッテーンマキ[4]が女性初の首相に、2010 年にはマリ・キビニエミ[5]が二人目の女性首相となり、ハロネン大統領の時代に、国家元首と首相が共に女性という時期を築いた。2019 年には、サンナ・マリン[6]が首相となり、COVID-19 に加えて 2022 年 2 月のロシアによるウクライナの侵攻に直面した。サンナ・マリン首相は、スウェーデン初の女性首相マグダレーナ・アンディション[7]と NATO 加盟申請を共同発表した（2022 年 5 月）。

　図 2-1[8]に示したように、2000 年以降、フィンランドの女性大臣比率は 50％以上を維持し、女性の国会議員の割合も 45％以上で、EU 全体と比べると極めて高い。また、女性の地方議会／地方自治体議員の割合は、EU との比較では高いが、フィンランドの GGI 指数で、政治参画が 73.4（2024 年）と高い値を示している背景が、国政レベルでの女性の政治参画であること示している（図 2-1）。フィンランドにとってタルヤ・ハロネンが最初の女性大統領として登場したことは、その後の政界に進出する女性を後押しする一つのロールモデルとなったと考えても間違いない。

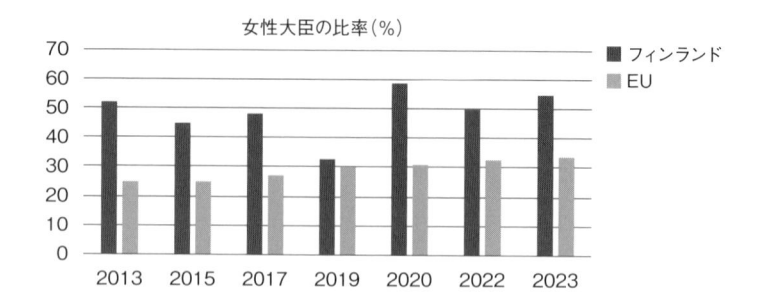

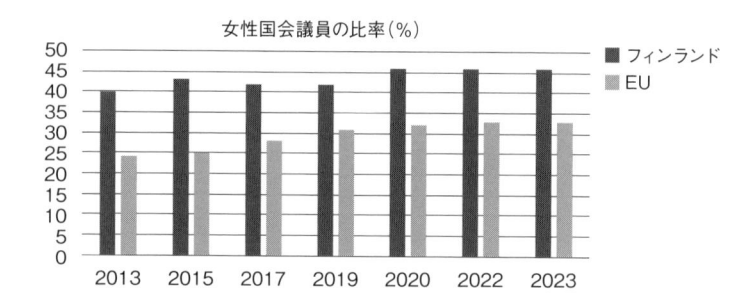

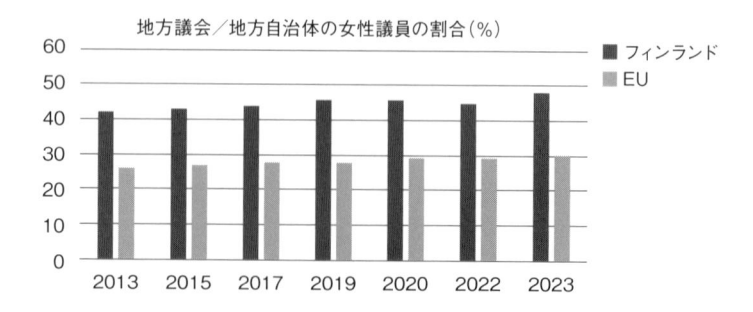

図2-1 フィンランドの女性大臣および女性国会議員、地方議会／地方自治体議員の比率(%)

出典：European Institute for Gender Equality のウェブサイト，Gender Equality Index, Finland のデータより筆者作成。〈https://eige.europa.eu/gender-equality-index/2023/country/FI：最終アクセス日：2024年9月11日〉

　ところで、フィンランドは、総人口 5,626,414 人（2024 年推定）で、9 割以上がフィンランド人であるが、公用語は 2 つあり、フィンランド語話者は 85.9%、スウェーデン語話者は 5.2% いる[9]。2 か国語の公用語の背景には、フィンランドが 1323 年から 1809 年までの 500 年近くスウェーデン王国領であったことに由来する。近年は、移民の流入も著しい。

　19 世紀に遡ることのできる成人の教養教育（adult liberal education）は、多額の公的資金に支えられ、教育施設と政府との強い結びつきがあった。このような成人の教養教育施設は多様であったが、ノンフォーマルであり、その中には、例えば、成人教育センター Adult Education Centres (*Kansalaisopisto*)、Folk High School (*Kansanopisto*)、Study Centres (*Opintokeskus*)、Summer Universities (*Kesayliopisto*) などがあった。そこから、一定の人々を対象とする初級スキルや仕事に関連するスキルの提供に展開するものもあった。成人教育[10] への参加は、個人にはほとんど経済的負担がない。例えば、2017 年の幼少期から成人までの生涯に亘る教育への公的負担は、GDP の 8.4% と見積もられ、その内のおよそ 4 分の 1 が、フォーマルな教育システムの政治教育の費用を除く、成人教育が使途である。（OECD 2020：33）これは北欧諸国の中で最も高い割合である。

（2）北京行動綱領後のフィンランド政府の動向

　フィンランド政府は、北京行動綱領を受けて、その指針を政策に反映させるために中央機関と非政府組織の密な協力から手を付けた。2001 年に実施された行政改革は、ジェンダー平等の支援の仕組みを国が主導するためであった。そこで法律制定や政策を準備するために成立したのが、Gender Equality Units、Ombudsman for Equality、Council for Gender Equality の三者体制であった[11]。この他、フィンランド女性協会連合（NYTKIS）などは、1999 年以来、女性のジェンダー平等を支援している。

　北京行動綱領を受けて 1999 年に政府によって作成され、UN Women に提出された国別報告書によると、フィンランドの成果や挑戦（Achivements and challenges）についての全体像は、次のようである。2003 年の 20 ～ 64

歳の女性の 74.5％ が中等教育まで受けているが、男性は 71.5％ である。大学レベルの卒業生も同様に男性より女性が多い。例えば、2001 年に大学を修了した者は、女性が 59％、同年の大学院学位の取得者は女性が 46％ だが、1975 年の 15％ からは 3 倍に上昇している[12]。

　成人教育の統計では、18 ～ 64 歳のおよそ半数である約 180 万人が、成人教育に参加している。成人のために特別に作成された教育と訓練の場には女性の 5 分の 3 が参加、男性の比率より上回っている。このような男女間の参加率の差異は、過去 20 年以上続いてきた。

　高学歴者は、男女それぞれの分野に分かれており、技術教育分野では 80％ 以上が男性、他方で、医療や社会福祉の教育分野では、89％ が女性である。また、教育、サービス、芸術分野でも女性がおよそ 7 割を占めており、圧倒的に多い。

　1999 年 1 月 1 日から発効した教育法制の全面改革は、教育の平等と平等な教育サービスを確かなものとすると同時に、学生の権利として安全な学習環境を与えることも含まれている。ジェンダーおよび地域間の平等は、2006 年に採用された基礎教育の必修科目（コア・カリキュラム）の土台として尊重されるものである。

　フィンランドの基礎教育は、性別にとらわれない考え方に基づいており、全ての職業訓練や警察、裁判官、教師などの専門職向け OJT（On the Job Training）でも、ジェンダー要素の義務化を NGO が求めてきた。ジェンダー平等においても、NGO の存在は重要な要素であろう。

（3）フィンランドの生涯に亘る継続的な職業・技術訓練教育（VET）

　欧州職業訓練開発センター（CEDEFOP）のウェブサイトの各国の制度で示されたフィンランド・エストニア・スウェーデン・ラトヴィアの制度が図 2-2 である。例えば、スウェーデンやエストニアの制度と見比べると、フィンランドは、高度の職業教育や専門家教育の位置づけが非常に柔軟で、修了後に高等教育制度での学位取得を目指すことも可能である。

　フィンランドのフォーマル、ノンフォーマルな成人教育が提供しているの

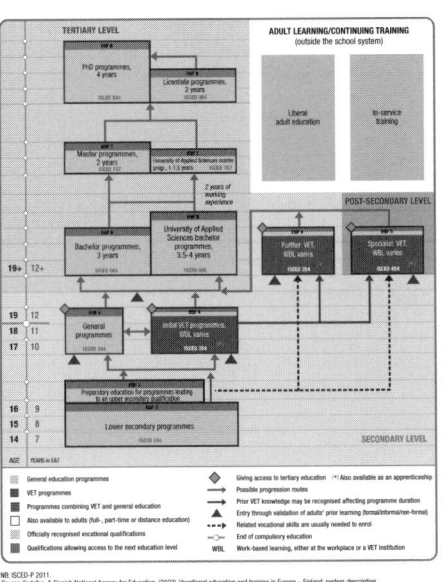

フィンランド

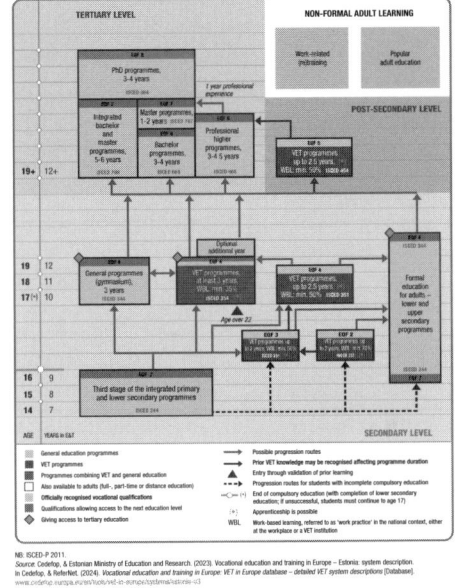

エストニア

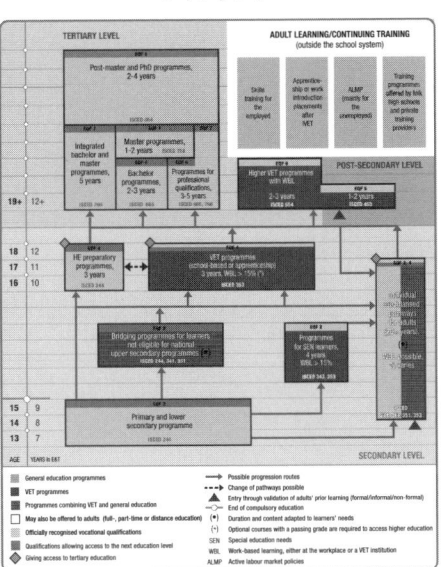

スウェーデン

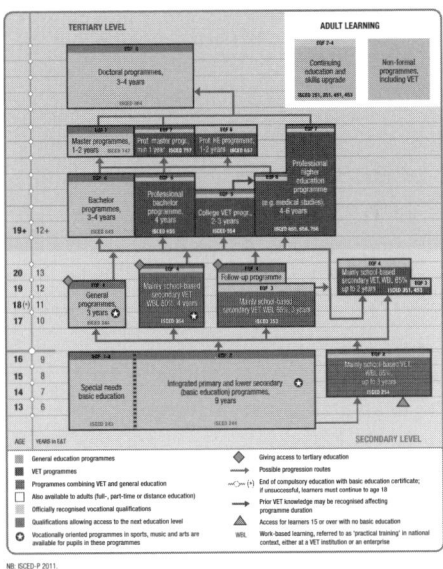

ラトヴィア

図 2-2　フィンランド・エストニア・スウェーデン・ラトヴィアの教育制度と生涯教育

出典：CEDEFOP ウェブサイトから FI_system_chart_2023_database：〈https://www.cedefop.europa.eu/ en/tools/vet-in-europe/systems/finland-u3　最終アクセス日：2024 年 9 月 11 日〉

は、5つのタイプ、すなわち基礎・一般教育、職業教育、高等教育、成人教養教育、職員研修である。成人の職業教育は、①初級職業資格（2～3年）、②上級（further）職業資格（1～1.5年）、③専門職資格（1～1.5年）、④ノンフォーマル職業教育（短期コース）（適宜）、⑤労働市場研修（現場研修）（適宜）である。参加費用は、①および⑤は無料、その他は、通常500ユーロである（OECD 2020：37、42）。

　では、実際に学校単位での職業訓練学校のプログラム（実習も）でどのレベルを目指しているだろうか。欧州資格フレームワーク（EQF8）は8レベルに分けられているが、専門職資格のプログラムが第5レベルを目指しており、初級、上級の資格では、第4レベルが目安である（CEDEFOP Data 2021）。

　ここで、成人の上級学位取得の傾向について、図2-3から、30代以上の人々にこの傾向が高まっていることがわかる。特に、フィンランドには、応用科学大学（UAS）が高等職業教育機関としてある。

　筆者らは、2023年8月28日に首都ヘルシンキの隣のEspoo地域にあるアアルト大学施設内に置かれた共同教育機関であるOMNIAを見学し、そこで獲得した上級の、あるいは専門職資格が、生涯に亘る学びによって支えられていることを理解した。

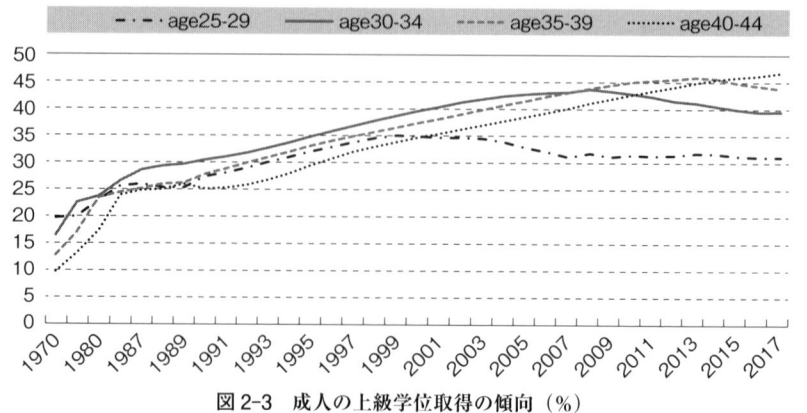

図2-3　成人の上級学位取得の傾向（％）

出典：〈https://www.oecd.org/en/publications/continuous-learning-in-working-life-in-finland_2ffcffe6-en/full-report/component-6.html#chapter-d1e2229　最終アクセス日：2024年9月11日〉

　一方で、新しく、より高いスキルを習得するのではなく、伝統的な文化や
芸術を維持発展させていく意欲をもつ人への支援もあることが分かった。こ
れは、2023 年秋に、駐日フィンランド大使館プロジェクトコーディネーター
堀内 都喜子氏へのインタビューの際に示された。伝統的な文化や芸術の発
展を継続するために、それを担いつつ、夫妻が順番に職業専門学校や大学で
より高い資格を取り、本来求めている活動の質を高めているケースの紹介が
あった。安心して継続的に学びを続けられる背景が、費用の無料化である。
これは、2023 年 8 月 30 日、ヘルシンキ、ハラッカ島アーティストハウスの
視察でも、アーティストの吉澤葵氏から、アーティストハウスの公共性とそ
の利用という経済的な支援（アーティストハウスの安価な使用料）が、活動
のステップアップや自立のために重要であることが力説された。

　例えば、図 2-3 をみると 30 歳以上の人々のより高い資格取得を目指す傾
向が明らかである。図 2-4 からは、フィンランドと EU-28 共に、フォーマ
ルな訓練に比べ、インフォーマル・ノンフォーマルな訓練の割合が高く、特
にインフォーマルな形態の伸び率が高い。これらの動機の背後に、意欲を支
える経済的な支援（参加費の無料）があることは、見逃すことができない。
スキルアップやリスキリングは、労働市場が求める需要と供給に繋がるので
ある。

　ところで、フィンランドの経済状況はどうであろうか。2022 年のロシア

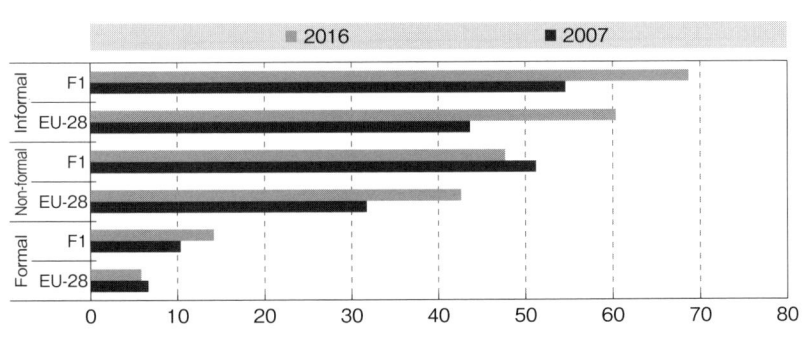

図 2-4　フィンランドと EU-28（EU 全体平均）における形態別訓練の傾向（%）
出典：Continuous Learning in Working Life in Finland, Figure 1.14.

のウクライナへの侵攻によって、ロシアとの貿易によるフィンランドの商品輸出の価格は下落し、商品輸入の傾向は、侵攻前にロシアが貿易の大きな割合を占めていた品目で著しく弱まった。このことは、フィンランドの GDP と対ロシア輸出の推移について、1990 年以降、GDP の増加が、対ロシア輸出の伸びから影響を受けてきたことを想起できる（図 2-5、図 2-6）。

　フィンランドにおいて、生涯に亘る職業教育の提供は、なぜ、可能なのか。フィンランドにおける雇用率と失業率の推移（15 〜 64 歳）を見てみよう。資料では、北欧のノルウェー、スウェーデン、OECD 平均と共に示されて

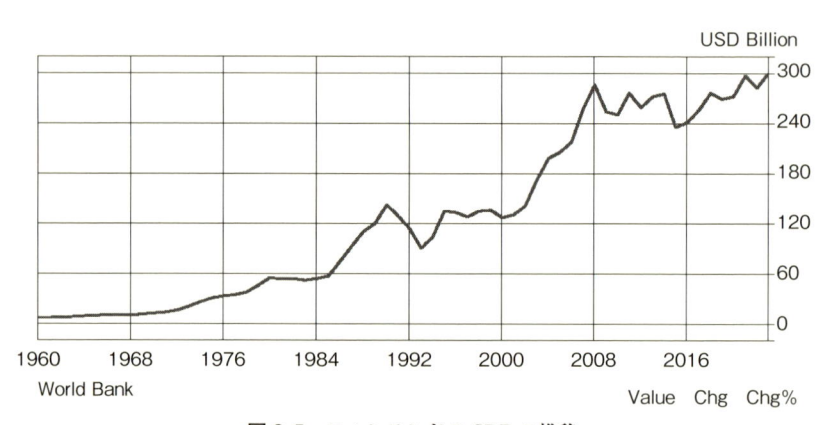

図 2-5　フィンランドの GDP の推移

出典：https://tradingeconomics.com/finland/gdp,2024 年 9 月 10 日アクセス。

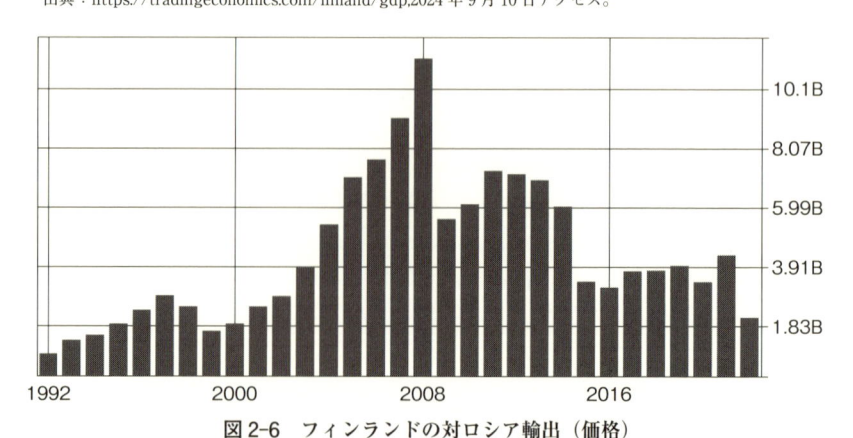

図 2-6　フィンランドの対ロシア輸出（価格）

出典：Trading Economics ウェブサイト https://tradingeconomics.com/finland/exports/russia, 2024 年 9 月 10 日アクセス。

いるが、この中では、フィンランドの失業率は、高い割合で推移しているこ
とがわかる（図 2-7）。

　決して低くない失業率は、次の就業に向けての準備期間にあるとも理解で
きるが、それは、職業教育や生活支援の手厚さの裏返しとも言えないだろう
か。安全保障政策の予算が今後増加することを考えると、職業教育に配分さ
れる予算をどのように確保していくかは、政府の一つのジレンマであり、課
題であろう。加えて、成人（15 〜 64 歳）のもつスキルのギャップは大きい（図
2-8）。それは、世代間で引き継がれていく傾向にあり、このギャップを埋

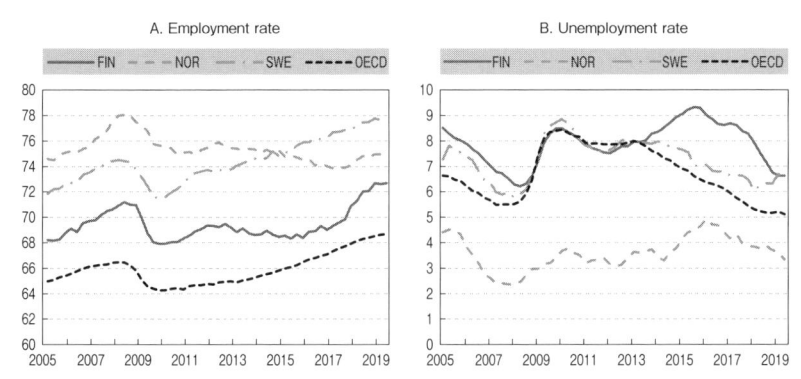

図 2-7　雇用率と失業率の推移（フィンランド・ノルウェー・スウェーデン・OECD 平均、%）
出典：https://www.oecd.org/en/publications/continuous-learning-in-working-life-in-finland_2ffcffe6-en/full-report/component-5.html#chapter-d1e663, 2024 年 9 月 10 日アクセス。

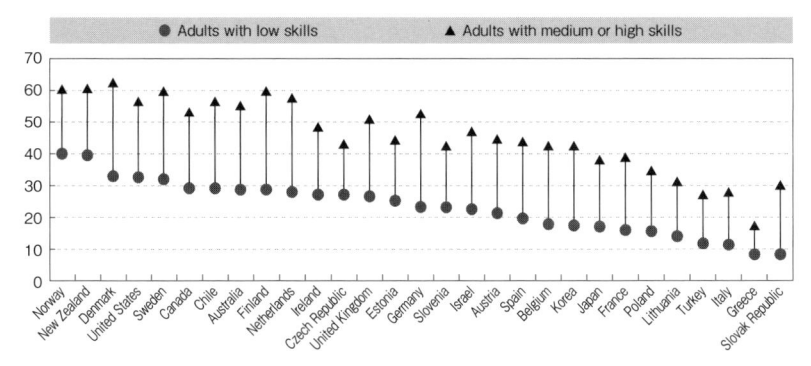

図 2-8　OECD 諸国の成人教育参加者間にみられるスキルギャップ（%）
出典：https://www.oecd.org/en/publications/continuous-learning-in-working-life-in-finland_2ffcffe6-en/full-report/component-6.html#chapter-d1e2229, Figure 4.6. 最終閲覧日 2024 年 9 月 10 日。

めていくことも、今後の課題となろう。

(4) 起業に向けての動向

　2023年夏に筆者らプロジェクトメンバーはフィンランドの首都ヘルシンキの隣エスポー市（Espo Otanuemi）にあるアアルト大学内、スタートアップ施設の見学で、スタートアップを支援するエスポー市の Enter Espoo のシニア・ビジネス・アドバイザーの清水真弓氏にインタビューを実施した。施設の見学と説明により、起業支援やイノヴェイションにとって、極めて重要なのが公共性であることが理解できた。その後訪れた世界的に有名なヘルシンキ中央図書館 Oodi においても、公共性が生み出すイノヴェイティブな場であることの認識を深めた。

　例えば、図2-9をみると、オランダでは、起業の割合が急速に伸びている。図には示さないが、ジェンダーの項目では、女性が男性には及ばないが、教育の修了程度による差は大きくなく、また、35歳〜64歳にわたって一定の割合をみることできるのは、自ら動機付けて継続的な学びを続けることに財政的支援があることが推測できる。他方で、女性の起業が少ない[13] ことの背景に、起業よりも継続的な学びを通じて、ジェンダーを超えて法的には整えられた職場でのキャリアアップの方を選ぶことで、生活の安全保証を求めているのかもしれない。

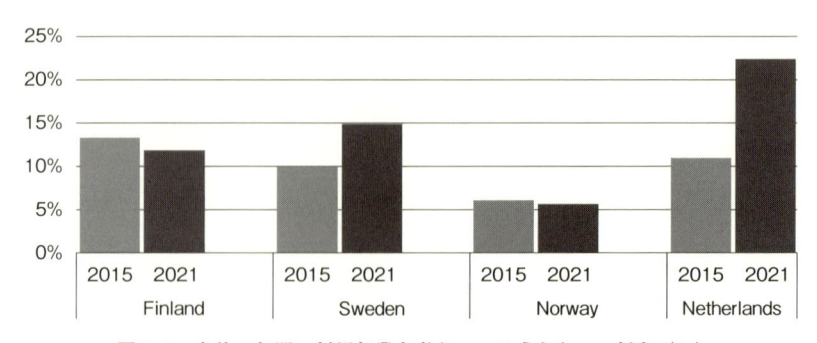

図2-9　今後3年間に新規起業を考えている成人人口の割合（%）

出典：Pauliina Björk, Martti Saarela, Ossi Kotavaara, Matti Muhos, *GLOBAL ENTREPRENEURSHIP MONITOR 2021/2022 FINNISH REPORT*, Publications of Kerttu Saalasti Institute, University of Oulu 3/2022, https://oulu.fi/ksi, p.22, Figure.9

3. ライフスタイルの変容からみる教育・訓練
——タイ山岳少数民族アカ族を例として——

（1）焼畑を中心とした農耕生活から起業・観光化へのライフスタイルの変容

　タイの総人口は 69,920,998 人（2024 年推定）で、2015 年推定で、タイ人 97.5%、ビルマ人 1.3%、その他 1.1%、不特定 0.1% 以下である。公用語はタイ語で、タイ語話者は 90.7%、タイ語およびその他の言語話者 6.4%、その他の言語のみの話者 2.9%（マレー語、ビルマ語を含む）である[14]。アカ族[15]の村には、約 300 人が居住しているといわれており（2020 年）、チェンライ、チェンマイ、パヤオ、ナーン、ランパーンなどタイ北部全体では 87,429 人（2016 年の統計）のアカ族が暮らしている[16]。この数値の上述総人口に占める割合を見ると、約 0.13% となる。このような少数山岳民族のアカ族であるが、他の山岳民族の中で最もカラフルな民族衣装を身にまとっていることから、近年は彼らの手工芸品が観光資源として着目されている。特に幼少期から、特徴的な色やモチーフの刺繍をインフォーマルに学ぶ女性たちがその担い手となり、生活の糧としての経済的自立につながるものとして、重要な役割を果たす機運が生まれている。このようなタイの山岳少数民族の状況は、生涯に亘る教育・訓練の継続的な学習のあり様にどう関連しているのかを問題意識として、粕谷は、2013 年からコロナ・パンデミック以前まで短期間ではあるが、NPO 法人 ファーサイ タイ（青い空）日本のプロジェクトの同行および 2016 年本学人間社会学部現代教養学科国際社会調査研修の引率を含め計 6 回と 2023 年 9 月にタイ王国北部チェンライの山岳少数民族アカ族の村を訪問[17]し、アカ族の女性の経済的自立を目的とした食品加工技術支援および伝統的な刺繍を施した手工芸品の制作について調査を実施してきた。

　タイ北部および西部の山岳地帯には「山地民」ともいわれるカレン族（Karen）、モン族（Hmong）、ラフ族（Lahu）、ヤオ族（Yao）、アカ族（Akha）、リス族（Lisu）などの少数民族が居住している。タイ北部のチェンライは、ミャンマーとラオスに挟まれるように位置しており、アカ族はタイ、ラオス、ミャンマー、中国雲南省に住む少数民族[18]で、標高 800 〜 1,000m の高地の村に

住み、陸稲を主とした焼畑を中心とした農耕生活を営んでいる。20 世紀初頭中国の雲南省からタイ北部の国境山岳地帯に入植し、1940 年代後半までは独自の精霊信仰と生活文化による暮らしを送ってきたが、1950 年代以降、布教によりキリスト教が受容されるに至った（勘田 2016：8）。

　アカ族の伝統的な信仰は精霊信仰で、村の出入り口には、木造の鳥居のような「門」（ロコン）が建てられており、種まき前の 4 月に、毎年新しく作り替えられる。門は、村と外界との境、結界とされており、外から来る悪霊を入れないことが目的であると言われているとのことであった。8 月下旬から 9 月上旬にかけて、アカ族の伝統的な祭りである「ブランコ祭り」が開催される。女性たちの日々の苦労をねぎらうために、山の上の目の前の視界が開けた場所に大きなブランコが造営され、主に女性たちがそのブランコに乗って、歌を歌ったりしながら楽しむ。この「ブランコ」は、観光スポットとして、様々な箇所に設置されている。

　2013 年に初めて訪問したパナセリ村は、コロナ・パンデミックを経て 10 年が経過したが、最初の訪問時とは村の様子、ライフスタイルは大きく異なっていた。藁茸の高床式入母屋造りの住居は減り、ソーラーパネルを設置した家も見られ、所狭しと新しい家屋が立ち並んでいた。土間に設置されたかまどでの調理は、ガスレンジに代わり、水洗式のトイレとなった家もある。村に以前からあった木造のキリスト教の教会とは別に、新しく教会が建てられていた。パナセリ村では農産物加工場が建設され、そこで加工した茶や梅干し・梅酒、チェリーのジュースなどを、山を下りたふもとの街のバザールやバンコクから南東へ約 160km のタイ東部チョンブリー西海岸のパタヤなどへ遠征して販売しているとのことであった。

　アカ族は、タイ北部の山岳少数民族も同様と言われている通り、文字を持たない。アカ語は口頭伝承によるインフォーマルな学習方法により習得する。ユネスコ統計研究所によるタイの 15 ～ 24 歳の若者の識字率は、女性 99％、男性 98％であり、学校教育においてタイ語を学んでいるが、年齢の高い山岳少数民族は非識字率が高い。

　他のアカ族の村においては、寒暖差の激しい山岳地帯を利用してコーヒー

栽培が盛んに行われており、海外への留学でビジネスを学んできたアカ族の若い世代が、チェンライの街中や山の村の中に、現代風の洒落たカフェやゲストハウスを経営するという起業の事例について調査することができた。2018年6月のタムルアン森林公園内の洞窟の遭難事故があった近くの村では、救出活動後に観光客が増え、民宿やレストラン、カフェなどが増えたとのことであった。高地の美しい自然や伝統的な食文化を活かして、観光を視野に入れた開発が進んでいた。

(2) インフォーマルな学習・訓練による生活文化の継承——アカ族の刺繍を例に

「生活文化」は、学問領域によって様々な解釈・定義（定兼 1999：2-12、小泉 2014：i-vi）があり、小泉（2014：iii）は、「生活文化というものは非常に範囲が広く、人間のもつすべての文化の基礎」であると述べている。斎藤・伊藤（1996：305）は、生活文化の既存の定義を踏まえたうえで、「生活文化」とは「伝統性と創造性を内包した生活様式の全過程」と定義し、伊藤（1990：8）は「生活様式」を、「一定の生産様式のもとでの生活（広義には労働生活と消費生活の両者を含む）の繰り返しの型であり、生活手段体系（その獲得と消費のしかたを含む）と生活行動（労働と諸活動）、そのための生活時間配分である」としている。生活を継続することはそれ自体、知恵があり、文化が内包（定兼 1999：4）されており、ウィリアムズ（2013：10）は、「文化はつねに伝統的であるのと同時に創造的であり、もっとも日常的な共有された意味であるのと同時に最良の個人的な意味でもある」こと、さらに文化の意味を、「ひとつの意味はくらしのありようの総体——共有された意味群——であり、もうひとつは芸術や学問——発見と創造的努力の特殊なプロセス——である」と述べ、両者を結び合わせる重要性を指摘した。

　このようなインフォーマルな学習・訓練による生活文化の継承の事例として、アカ族の女性による伝統的なモチーフの、色彩豊かな刺繍をとりあげたい。それぞれの少数民族の文様や配色に特徴があるため、その連続した幾何学模様や配色から、どの民族のものなのかがわかる。文様には意味があるとのことである。これらの刺繍を施した伝統的な民族衣装があり、儀式の際に

は着用され、地域固有の生活様式の一部ととらえることができる。ただ最近では、これらのモチーフをあしらったファブリックをインテリアに利用したカフェやゲストハウスなど、アカ族の生活文化を特色として、日常生活および観光に活かしている様子がみられた。筆者が視察したアカ族の夫妻が運営する寮（寄宿舎）の子どもたちも、この刺繍を、普段の生活の中でアンペイド・ワークとしての手仕事や趣味の手芸として取り組み、継承されている。これらの手仕事・手芸は、「日常生活のなかで行われる、日常生活のなかから生まれる文化的営為」（小泉 2014：ⅲ）として、家事労働であったと同時に生活文化として形成されてきた。SNS の発達により、社会的・文化的活動は以前よりも手軽に可視化できるようになった。デザイン、材料、機能性等が一定のレベルに到達し、ICT 環境が整っていれば、生活行為を発表・発信する場に位置付け、社会化し、販路を開拓・拡大することができる。フェアトレードやエシカル消費が注目されている中で、規模は小さいながらも起業につなげ、ペイドワークにつなげていくことも可能となってきている。

(3) 国境を超える学習・訓練の機会と起業への展開

　国境を超えて人が移動するグローバル社会において、学習・訓練の機会も多様化している。東南アジア大陸部の中心に位置するタイは、近代以前から中国やインドからの移民、イスラム教徒などが流入し、多民族国家として形成されてきた。山岳地帯には少数民族が生活していたが、そこには「国境」という概念は存在していなかった。近代国家の形成過程で、1913 年に最初の「国籍法」が制定されたが、その一方で、山岳少数民族の無国籍者の問題が現在でも課題となっている（大友 2011：111-112）。アカ族においても継続した問題であり、将来の安定した就労、国内外の自由な移動、社会保障を得るために、前述した寄宿舎で生活する子どもたちは、学業や学校生活に熱心に励んでいる。国境に隣接する山岳地帯では日常的に越境が行われているため、タイ国籍を取得できれば、自由に行き来ができ、それによって学習・訓練の機会となり、ビジネスの可能性につながっていた。質の高い教育の機会の保障が貧困の再生産を防止することにつながる。

　タイの 2024 年 GDP 成長率は 2.4%（世界銀行）で、観光業は回復傾向にあるものの、2030 年までの成長のペースは、高齢化による労働力減少や生産性の向上は大きくは見込まれず、鈍化するとされている。しかしながら、首都バンコク以外の人口 10 万人以上の都市の経済は成長し、国際競争力を強化する可能性も秘めているという。他の ASEAN 地域に比べ経済発展が遅れていたメコン地域は、アジア開発銀行の経済回廊構想によってインフラ整備が進み、チェンライは、南北経済回廊の一部に位置している。

　コロナ禍に一時中断を余儀なくされたが、2013 年からの 10 年間タイ、チェンライのアカ族の村を訪問することによって、生活・ライフスタイル変容の概要を確認することができた。特に、山岳少数民族特有の資源を観光資源として活用することが顕著にみられた。少数民族のライフスタイルと生活文化の継続と、経済的な豊かさへの追求がどのように生活に影響し、変容していくのか、今後も取り上げていきたい。

4.　おわりに——日本のリカレント教育・リスキリングの推進——

　本章では、女性の生涯に亘る「教育・訓練」の継続的な学習の仕組みについて、女性への積極的な取り組み状況等の現状と課題を、フィンランドとタイを事例に検討した。

　フィンランドのスキルアップやリスキリングによる生涯に亘る学びの機会と職に関わる資格取得の機会の提供は、ジェンダーを超えた平等に向けた展開を促している。一方、タイでは、本章でとりあげた山岳少数民族を含めてフォーマル教育への機会は促進されているが、インフォーマルな方法による学習の仕組みや支援サービスへのアクセス、人材養成等の生涯に亘る継続的な仕組みの充実は緒に就いたばかりの段階といえる。

　では、日本はどうであろうか。

　Society5.0 時代、変化の激しい予測不可能な VUCA の時代、人生 100 年時代といわれる中、人口減少社会に突入し、少子高齢化が進行する日本においては、持続可能な社会実現のために、高度人材育成が求められ、これを背

景にリカレント教育が推進されている。2018 年には、中央教育審議会「2040年に向けた高等教育のグランドデザイン（答申）」において、「学修者が生涯学び続けられるための多様で柔軟な仕組みと流動性」の必要性が示された。内閣官房教育未来創造会議（2022 年）は、「我が国の未来をけん引する大学等と社会の在り方について（第一次提言）」の中で、「学び直し（リカレント教育）を推進するための環境整備」の重要性を示し、学び直し成果の適切な評価、学ぶ意欲がある人への支援の充実や環境整備、女性の学び直しの支援、企業・教育機関・地方公共団体等の連携による体制整備について述べている。（一社）日本私立大学連盟教育研究委員会リカレント教育推進分科会（2023年）は、「大学院リカレント教育の再定義と再評価〜リスキリングという新たな社会のニーズを踏まえて〜」と題する報告書をまとめた。ここでは、リカレント教育とリスキリングの違いについて従来の概念を整理したうえで再定義し、「リカレント」を、離職（必ずしも転職を意味せず、同じ企業にとどまりながら一旦ポストを離れることを含む）を前提とする個人主体の学び直し、「リスキリング」を、組織主体の同一企業に留まることを前提とした学び直しと定義し、この双方を含めたものを「リカレント教育」と捉えている[19]。特に、転職に着目した際に、日本においてリカレント教育が社会に定着しなかった要因として、他の先進国に比べて雇用の流動性の低い実態であることを指摘し、この状況が「労働者が自主的・能動的に学ぶというインセンティブが作用せず、リカレント教育が労働者の中に浸透してこなかった要因」（私立大学連盟 2023：12）としている。そのうえで、リスキリングを包含したリカレント教育は主に大学院レベルを想定しており、大学院での深い専門知の修得と学位取得を通じて身につく俯瞰力、論理的思考力、分析力、プレゼンテーション力などの汎用的コンピテンシーの涵養が重要であると述べている。矢野（2009）は、社会に出てから獲得した知識・能力は、大学時代に獲得した知識・能力と強い関係があることを示している。

　昭和女子大学大学院においても社会人向けのリカレント教育として、2023年 4 月から新しく専門職学位課程の福祉社会・経営研究科福祉共創マネジメント専攻（男女共学）を開講した。

　日本の女性の就労率は上昇傾向にあるものの、過半数が非正規雇用であり、男女賃金格差、管理職の地位にある女性割合の低さ等が課題である。前述のリスキリング等の人的資本投資に関連して、企業における女性登用の加速化のみならず、女性起業家の支援や女性デジタル人材育成等の取組も重要視されている（内閣府男女共同参画局女性活躍と経済成長の好循環実現に向けた検討会 2023 年）。日本においては、女性起業家が少なく[20]、新たに起業を志す女性にとってロールモデルや情報獲得のためのネットワーク不足、アンコンシャス・バイアス排除が課題となっている。経済産業省では、2023 年 5 月に「女性起業家支援パッケージ」を公表し、女性起業家支援の総合的な推進に取り組んでいる。

　このように、日本においては、働く女性が、希望に応じ能力を十分に発揮できる環境の整備と、その能力を向上させることができるような自律的な学び直しとしてのリカレント教育が求められている。

　再び EU に目を向けると、2023 年に「欧州教育圏およびその先に向けた教育訓練における欧州協力の戦略的枠組み（2021 〜 2030 年）」の決議において、「5 つの戦略的優先事項」として、「1. 教育・訓練における質、公平性、包括性、万人の成功を向上させる」「2. 生涯学習とモビリティをすべての人に実現させる」「3. 教育専門職の能力とモチベーションを高める」「4. 欧州高等教育の強化」「5. 教育・訓練における、また教育・訓練を通じてのグリーンおよびデジタルな移行を支援する」を示した。7 つの EU レベルの達成目標の中に、「7. 成人の学習参加」をあげ、「2025 年までに、25 〜 64 歳の成人の少なくとも 47％が、過去 12 か月間に学習に参加すべきである」という目標を掲げている。

　生涯に亘る「教育・訓練」は、ジェンダーおよびジェンダーを超えた平等、ひいては各国の政治・経済を含む国力への推進力のひとつになっている。フィンランド等北欧諸国は、先進的なモデルのひとつではあるが、内容を調べることによって矛盾や課題が見えてきた。したがって当然ながらタイや日本が同様の仕組みでこの分野の発展ができるわけではない。しかし共通するのは、ジェンダーに関わらず経済的な自立を背景とした生涯に亘る継続的な学習の

仕組みが、人々の自らを主導する力を生み出すことの重要性である。本稿は
本テーマの試論として、それぞれの矛盾や課題、就業の多様性にも着目しな
がら引き続き、踏み込んだ調査を行っていきたい。

謝辞

　　本研究は、「女性問題図書目録刊行会」からのご寄付と、昭和女子大学
女性文化研究所および国際文化研究所のプロジェクト予算からの助成を
得て行ったものである。フィンランドでのインタビュー調査では、本文中
に示した諸氏や Finnish Federation of Graduate Women（FFGW）関係
者の方々にご協力いただいた。心より感謝申し上げます。タイへの調査
の同行・通訳をしてくださったアカ族の子供寮施設長のアリヤ・ラッタナ
ウイチャイクン氏、聞き取り調査にご協力くださったアダム氏、アミー氏
他皆様、そして 10 年前に訪問のきっかけを作ってくださった故・元京都
府中丹西農業改良普及センター所長乾多津子氏に深く感謝申し上げます。

注

1 ）Miina Sillanpää（社会民主党）：1886 〜 1952/ 副大臣：1826 〜 1827。

2 ）Elisabeth Rehn（スウェーデン人民党）：1935 〜 / 国防大臣：1990 〜 1995/
　　男女共同参画担当大臣：1991 〜 1995。

3 ）Tarja Halonen（社会民主党）：1943 〜 / 大統領：2000 〜 2012/ 社会保険大
　　臣：1987 〜 1990/ 北欧協力担当大臣：1990 〜 1991/ 法務大臣：1990 〜 1991/
　　外務大臣：1995 〜 2000。

4 ）Anneli Jäätteenmäki(中央党)：1955 〜 / 首相 2003 年 4 月 17 日〜 6 月 24 日。

5 ）Mari Kiviniemi（中央党）：1968 〜 / 首相：2010 〜 2011/ 対外貿易開発担当
　　大臣：2005 〜 2006/ 総務大臣：2007 〜 2010/OECD 事務次長：2014 〜。

6 ）Sanna Marin（社会民主党）：1985 〜 / 首相：2019 〜 2023。

7 ）Magdalena Andersson：1967 〜 / スウェーデン首相：2021 年〜 2022。

8 ）NATOへの正式加盟は、フィンランドは2023年4月、スウェーデンは2024年3月。

9 ）米中央情報局のウェブサイトよりフィンランドの項目（https://www.cia.
　　gov/the-world-factbook/countries/finland/, 最終閲覧日 2024 年 9 月 11 日）。

10）2018 年に、この成人教養教育は、移民のための初級および読み書き能力の
　　教育を提供するようになった。

11）2023 年夏にヘルシンキで Finnish Federation of Graduate Women（FFGW）の Vice President の Pauliina Inervo 氏と Coordinator of International Relations の Jutta Hartikainen 氏にお目にかかったが、国際的なネットワークによる協力で活動を進めて、特に異なる専門の人々との協働が重要であるとのことであった。

12）*Country Report by Finland Implementation of the Beijing Platform for Action*（*1995*）*and the Outcome of the Twenty-Third Special Session of the General Assembly*（*2000*）, June 2004.（https://unece.org/fileadmin/DAM/Gender/documents/Beijing+15/Finland.pdf.　最終閲覧日 2024 年 10 月 8 日）。

13）女性の起業の分野には、環境、農業、保健衛生などの分野が多いように見受けられる。

14）米中央情報局のウェブサイトよりタイの項目（https://www.cia.gov/the-world-factbook/countries/thailand/　最終閲覧日 2024 年 10 月 8 日）。

15）「アカ」（Akha）とは「川から遠く離れる」ことを意味する言葉で、かつて川沿いに暮らして伝染病にかかった経験から、先祖代々川から遠く離れた山間部の急斜面で暮らすようになったといわれている（タイ国政府観光庁のウェブサイト）。

16）タイ国政府観光庁のウェブサイトより（https://www.thailandtravel.or.jp/akha-hilltribe-village-chiang-rai/　最終閲覧日 2024 年 10 月 8 日）。

17）粕谷はこれまでに、タイ王国の北部チェンライに、① 2013 年 10 月 21 日〜22 日、② 2014 年 2 月 22 日〜23 日、③ 2015 年 7 月 16 日〜20 日（NPO 法人ファーサイ タイ（青い空）日本のプロジェクトに同行）。④ 2016 年 9 月 3 日〜8 日昭和女子大学人間社会学部現代教養学科国際社会調査研修 2016、⑤ 2018 年 9 月 22 日〜25 日、⑥ 2019 年 9 月 19 日〜22 日。⑦ 2023 年 9 月 12 日〜17 日の計 7 回訪問し、調査を行った。写真を含めた詳細は、昭和女子大学国際文化研究所（https://drive.google.com/file/d/1bGpsxkzOVyuKnlwoa_ha2lAT8V6wWLbD/view　最終閲覧日 2024 年 9 月 11 日）を参照。

18）中国雲南省を中心として国境を越えて存在するハニ＝アカ族もいる（稲村 2016：62-63）。

19）ただし、例外的に、社会福祉法人の経営者や個人事業主はリカレントでも離職せず個人主体で学ぶこともあるとしている（私立大学連盟 2023, p.11）。

20）起業家に占める女性の割合は 2017 年時点で 27.7％で、2025 年までに 30％以上とする第 5 次男女共同参画基本計画の成果目標に達していない。

引用・参考文献 (洋書は著者姓アルファベット順、和書は著者姓 50 音順)

Broberg, Å., Lindberg, V., & Wärvik, G. B.(2021) "Women's vocational education 1890–1990 in Finland and Sweden: the example of vocational home economics education", *Journal of Vocational Education & Training*, 73(2), 217-233.

Cedefop, *Vocational education and training in Europe VET in Europe database-detailed VET system descriptions* (https://www.cedefop.europa.eu/en/tools/vet-in-europe/systems/finland-u3　最終閲覧日 2024 年 10 月 8 日).

Central Intelligence Agency (CIA), *The World Factbook*, (https://www.cia.gov/the-world-factbook/countries/　最終閲覧日 2024 年 10 月 8 日).

Davis, John R.,(1990) *The Holl Tribes of Northern Thailand*, Footloose Books.

Finnish Ministries, *Country Report by Finland: Implementation of the Beijing Platform for Action* (*1995*) *and the Outcome of the Twenty-Third Specia Session of the General Assembly* (*2000*), June 2004.

OECD, *Continuous Learning in Working Life in Finland*, 19 February2020, (https://doi.org/10.1787/2ffcffe6-en　最終閲覧日 2024 年 9 月 11 日).

Shima Sonoko (2021) "Women's Universities in Japan: Life Choices", *Handbook of Higher Education in Japan* (Ed. By Paul Snowden, Japan Documents).

赤尾勝己 (2015)「生涯学習社会におけるノンフォーマル・インフォーマル学習の評価をめぐる問題——ユネスコと OECD の動向を中心に——」『教育科学セミナリー』第 46 号、pp.1-16。

赤尾勝己 (2012)『新しい生涯学習概論——後期近代社会に生きる私たちの学び——』ミネルヴァ書房。

伊藤セツ (1990)『家庭経済学』有斐閣。

稲村務 (2016)『祖先と資源の民族誌——中国雲南省を中心とするハニ＝アカ族の人類学——』めこん。

乾多津子 (2008)「タイ北部少数民族・アカ族の自立に向けて——国際協力 1 年生の活動ノートから——」『農村生活研究』Vol.61、No.1、pp.30-39。

ウィリアムズ, レイモンド著、川端康雄編訳、大貫隆史・河野真太郎・近藤康裕・田中裕介訳 (2013)『共通文化に向けて 文化研究 I』みすず書房。

大友有 (2011)「タイ国籍法の一部改正——タイ国籍法の変遷と無国籍者問題——」『外国の立法』249、pp.111-121。

勘田義治 (2016)「タイ・ビルマ国境山岳地帯におけるキリスト教受容の一事例:

チェンラーイのアカ族におけるキリスト教共同体形成過程とその変化」関東
　　学院大学博士学位論文。

小泉和子編（2014）『新 体系日本史 14. 生活文化史』山川出版社。

斎藤悦子・伊藤セツ（1996）「企業文化と生活文化の関連――家政学における生
　　活文化論の意義」『日本家政学会誌』Vol.47、No.4、pp.303-312。

定兼学（1999）『近世の生活文化史――地域の諸問題――』清文堂出版株式会社。

志摩園子・掛川典子・島﨑里子・粕谷美砂子（2021）「21 世紀の女性の高等教育
　　とリーダーシップの醸成」昭和女子大学女性文化研究所編『女性リーダー育
　　成への挑戦――昭和女子大学創立 100 周年記念出版――』pp.17-37、御茶の水
　　書房。

スネート, カンピラパーブ、ウンゴーン・ティダワン（2020）「特集（課題研究 II）
　　比較教育学におけるボーダースタディーズの可能性　タイ北部チェンライに
　　おける外国籍・無国籍児童生徒の就学状況とその課題」『比較教育学研究』第
　　60 号、pp.163-178。

田中茉莉子（2017）「リカレント教育を通じた人的資本の蓄積」内閣府経済社会
　　総合研究所『経済分析』第 196 号、pp.49-81。

内閣官房教育未来創造会議（2022）「我が国の未来をけん引する大学等と社会の
　　在り方について（第一次提言）」。

内閣府男女共同参画局女性活躍と経済成長の好循環実現に向けた検討会（2023）
　　「女性活躍と経済成長の好循環の実現に向けて」。

（一社）日本私立大学連盟教育研究委員会リカレント教育推進分科会（2023）「大
　　学院リカレント教育の再定義と再評価――リスキリングという新たな社会の
　　ニーズを踏まえて――」。

野中郁次郎・竹内弘高著、梅本勝博訳（1996）『知識創造企業』東洋経済新報社。

矢野眞和（2009）「教育と労働と社会」『日本労働研究雑誌』No.588、pp.6-15。

第3章　女性と健康
──性と生殖にかかわる課題を中心に──

近藤渚・野副パーソンズ美緒・高田健二・小川睦美

1.　はじめに

　今から30年前の1995年、北京で開催された第4回世界女性会議において、「北京行動綱領」が採択された。これは、ジェンダー平等と女性のエンパワーメントを実現するうえで、最も重要な文書とされている。しかしながら、採択から30年を経て、その意義は十分に理解され、社会に受容されているのだろうか。ジェンダー平等への意識と実践が進展した一方で、女性の貧困は広がり、性と生殖に関する健康と権利（リプロダクティブ・ヘルス／ライツ）はまだまだ確立されているとは言い難いのではないだろうか。

　北京行動綱領第4章C「女性と健康」では、世界保健機関による「健康」の定義「健康とは身体的、精神的及び社会的に安寧な状態である」ことを挙げ、女性の健康も同様に、生物的側面のみならず、「女性の生活の社会的、政治的及び経済的状況によって決定される」ものであること示している。そして、「良好な健康は生産的で充足した生活を送るために不可欠であり、自らの健康のあらゆる局面、特に自らの出産数をコントロールするすべての女性の権利は彼らのエンパワーメントの基礎である」と、リプロダクティブ・ヘルス／ライツの権利を明記している。しかしながら「大多数の女性は健康と安寧に恵まれていない」としている。これらの課題を克服するための戦略として、適切で良質な保健、情報及び関連サービスへのアクセスを増大すること、女性の健康促進のための予防的プログラムを強化することの他、研究の促進などが挙げられている。

　筆者らは2022年一般社団法人日本食育学会第10回学術大会において「食

育×SDGs（持続可能な開発目標：Sustainable Development Goals)」と題し、セッションを行った。SDGs の掲げる 17 項目のすべてに栄養が関り、支えとなっているにもかかわらず、世界の多くの国が「栄養不良の二重負荷*）」に直面しているという現実を伝え、女性の「やせ」による低出生体重児の増加や、胎児期及び乳児期の栄養状態が成人後の病気の発症につながることに言及した。不十分な栄養が乳幼児死亡率を引き上げること、児の学力の低下につながること、さらに社会の不安定を引き起こすことなど、「栄養」に対する理解不足が社会課題の根底にあることを提起した。北京行動綱領から 25 年以上経ったその時点でも、「大多数の女性は健康と安寧に恵まれていない」のである。

＊）「栄養不良の二重負荷」とは、栄養過剰が懸念されている人（肥満や生活習慣病の人、およびその予備群）と、栄養不良が心配される人（やせ、拒食、低栄養など）の両方が、同じ国、地域に混在していることを指す。また、一人の人生の中でも、壮年期、中年期は生活習慣病や肥満症を患いながら、老化とともにフレイル（虚弱）や低栄養状態となってしまうことも栄養障害の二重負荷であると言われている[1]。

　健康は社会の資源である。にもかかわらず女性の健康がいまだに十分に守られていないのはなぜか。

　その理由の一つとして、人々が「女性の健康」それ自体を正しく理解していないことが挙げられる。例えば本稿で取り上げる「月経」に着目すると、月経に関する不調（痛みや眠気、食欲不振などの身体症状や、イライラなどの精神症状等）を訴える女性が多いのに、医療機関を受診する人は 30% 程度と少ない[2]。おそらく、不調があっても「病気ではないのだから」「数日の辛抱だから」と、我慢してしまう人が多いのだろう。この背景には、月経で学校や仕事を休むと陰口や非難の対象になるなどの無理解が存在することが容易に推察できる。近藤の研究でも女子大学生が自身の月経について正しく認識していないことが明らかとなっている[3]。当事者である女性すら正しく認識できていないのである。まして男性が理解できないのはしかたのない

ことかもしれないが、解決に向けて正しい情報発信は必要である。

　女性のエンパワーメントのためには社会全体が女性の健康、特に男性と女性の生物学的な「性差」[4] について学ぶことが重要である。そこで我々は、2024 年夏、学生に向けレクチャーを行った。男女平等社会の実現のために「女性の健康」と「月経」を正しく理解するための情報提供、WFP（国連世界食糧計画；World Food Programme）に勤務する野副が現場で得た知見、JICA（独立行政法人 国際協力機構；Japan International Cooperation Agency）に勤務する高田が見る「現状と課題」など、多くのメッセージを届けた。本稿は、その講義を中心にまとめたものである。これからの男女平等社会について考える一助となれば幸いである。

2.　女性の生理

（1）そもそも月経とは？ことばの定義を正しく理解しよう

　地球上に住むほとんどすべての生物は、およそ 24 時間周期で時を刻む体内時計を持っている。体温や血圧の変動、睡眠や摂食行動、ホルモン分泌などの生理現象にも周期性が認められる。人間や高等生物も胎児のときから周期性を持ち、身体は生まれながらに周期性を示すが、女性では特にその特徴が大きく現れ、月経を認めることができる。

　「月経」は、成熟にともなって思春期の二次性徴の一つとして女性のみに発現する生殖を目的とした身体の生理的機能である。日本産婦人科学会では、月経を「通常、約 1 ヶ月の間隔で起こり、限られた日数で自然に止まる子宮内膜からの周期的出血」と定義している[5]。

　毎周期、排卵が起こって妊娠の可能性が生じると、子宮内膜は受精卵が着床できるように厚さを増し、準備をする。しかし、放出された卵子が受精しなかった場合は着床が起こらず、この子宮内膜の準備は不要になる。不要になった子宮内膜の上層は剥がれ落ち、そのときに出る血液とともに体外へ排出される。これが月経である。月経は脳の視床下部、脳下垂体、卵巣、そして子宮でのホルモンを介した一連の作用により起こり、これに伴って卵胞の

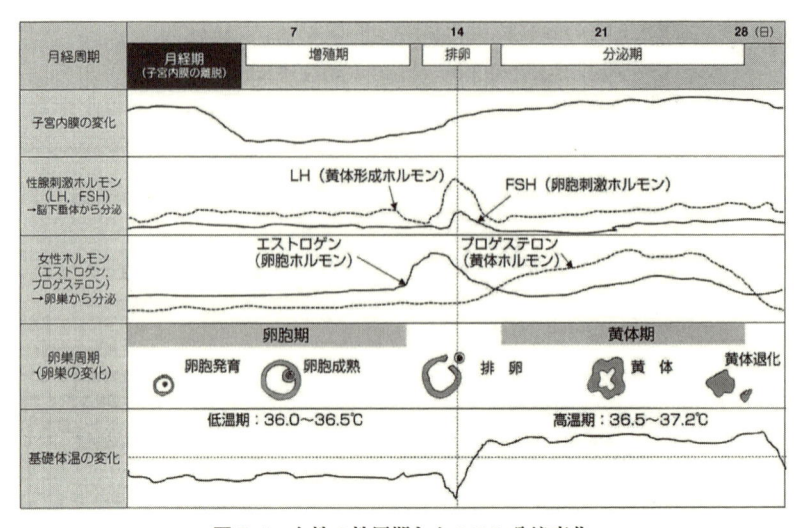

図 3-1　女性の性周期とホルモン分泌変化
出典：稲山貴代、小林美智子 編著：ライフステージ栄養学、建帛社。

成熟、排卵、子宮内膜の排出という一連の経過が周期的に繰り返されるものである。体内での変化は目に見えるものではないが、ホルモンの変動により基礎体温（朝目覚めたときに、安静横臥のまま舌下にて計測する体温）が二相性を示すため、体内の変化を推測することができる。この「基礎体温測定値および月経発現に基づく性周期の変化」のことを「月経周期」という（図3-1）。月経（出血）を基準にすると、月経がはじまった日から次の月経がはじまる前日までを1つの月経周期とする。

　月経周期の日数は、通常25日から38日で、これを正常月経周期といい、月経周期日数が24日以内のものを頻発月経、39日以上のものを稀発月経という。また、月経周期日数には多少の変動が見られるが、各周期の日数の変動が7日以上の場合を不正周期という。

　女子が初めて迎えた月経を「初経」という。年齢はおよそ10歳から14歳、体重やBMIが関与するとされ、体格の良い女子の方が早く迎える傾向がある。初経を迎えたということは、「妊娠」の準備が始まったという事である。

　「妊娠」は、卵巣から放出された卵子が卵管内で精子と出会い受精し、子宮内膜に着床することで成立する。妊娠が成立すると着床した受精卵を守る

ため、子宮内膜が剥がれないようにホルモン（hCG；ヒト絨毛性ゴナドトロピン）が働きかけるため、次の月経が起こらなくなる。つまり、妊娠が成立すると、胎児が成長するおよそ 9 か月の間、月経は止まるのである。

　女性の身体は、初経を迎えて以降、月経を繰り返すが、ある年齢を境に月経は認められなくなる。これを「閉経」という。「閉経」について、日本産婦人科学会では次のように記している。

　「閉経」とは、卵巣の活動性が次第に消失し、ついに月経が永久に停止した状態をいう。月経が来ない状態が 12 か月以上続いた時に、1 年前を振り返って閉経としている。日本人の平均閉経年齢は約 50 歳であるが、個人差が大きく、早い人では 40 歳台前半、遅い人では 50 歳台後半に閉経を迎える。

（2）月経に関する調査研究

　初経や閉経に関する調査は多くないが、初経について、科研費助成事業研究成果報告書[6]によれば、日本の女子の初経年齢は、1961 年に 13 歳 2.6 か月だったものが、2015 年に 12 歳 1.7 か月と 50 年間で 1 歳ほど低年齢化している。なお、平均閉経年齢に関しては、50.5 歳とされている[5]。

　初経が早まる一方で女性の社会進出とともに生涯において出産を経験しない人は、2005 年の調査で 12.7％であったところが 2015 年調査では 21.8％と増加し[7]、出産を経験する人でも、回数が 1 〜 3 回であり（1 人 19.7％、2 人 50.8％、3 人 18.6％、第 16 回出生動向基本調査[8]）、一人の女性が一生の間に経験する月経の回数が増加している現状を踏まえると、女性が社会において自分らしく暮らし、自身の力を発揮するためには、月経と上手に付き合うことが重要となってくる。

　ところで、女性は月経についてどんな印象を持っているのだろうか。

　女子大生を対象に、月経に対するイメージを聞いた研究[9]では、大きく 3 つのイメージに分類できるとしている。1 つは、「自然な肯定的なイメージ」であり、健康であることの目安であるというもの。2 つ目は「過剰な肯定的なイメージ」で、月経に伴う苦痛や負担といった負の側面を否定して、過剰に肯定的にとらえた上で、美しいもの、楽しいものとするものである。そし

て3つ目は「否定的なイメージ」で、煩わしい、汚らわしい、というものである。この研究では、過剰な肯定は月経の負の側面を否定し、あるがままに月経を受け入れられていないという点において否定的なイメージと類似しており、自然な肯定的イメージを形成するためには、適切な教育やサポートが重要であるとしている。

では、日本の女子大学生は、月経のことをどのように理解し、どのようにつき合っているのだろうか。ここからは近藤らの行った研究を2つ紹介する。

1つ目は、月経が女性の QOL（生活の質；Quality of Life）や精神的健康にどのように影響をしているか検証するため、月経周期の安定している人と安定していない人の QOL の特徴について検討を行ったものである[3]。

研究協力者93名を対象に、約3か月に及ぶ月経記録調査を実施した。同時に精神的・身体的状態調査（日本版 GHQ12；The General Health Questionnaire）、月経に関する QOL 調査、簡易型自記式食事歴質問票（Brief-Type self-administered Diet History Questionnaire；BDHQ）による食事調査、月経・生活に関する調査を実施した。データを回収したのち、解析対象者全体（78名）を安定群と非安定群に振り分けた。

複数の月経周期を対象にした場合の月経周期の安定については、国や学会での定義がないため、ここでは前述した日本産婦人科学会のいくつかの定義に照らし合わせ、次のように振り分けた。約3か月間にわたって、月経の記録を取ると、2ないし3周期の月経を確認することができる。複数の周期の日数がすべて正常範囲（25日〜38日）に入っていること、および月経周期日数の変動が6日以内であることを「安定群」の条件とし、これに当てはまらない人を「非安定群」とした。

このときの解析対象者の特性は表3-1に示す通りであった。

体格において現在の月経周期の安定性に影響を与える因子は認められなかった。また、データは割愛するが、食事摂取状況についても、特筆すべき事象はなかった。

表3-2は QOL 調査に関する結果である。

ここで示す QOL 調査は、一般的な QOL 調査として実施した精神的・身

表3-1　全78名と月経周期別　対象者特性

	解析対象者 78名	安定群 44名	非安定群 34名	$p^\dagger$
調査時年齢（歳）	20.1 ± 0.6	20.0 ± 0.6	20.1 ± 0.5	0.384
初経年齢（歳）	12.1 ± 1.4	11.8 ± 1.2	12.6 ± 1.7	0.016
初経経過年数（年）	7.9 ± 1.5	8.2 ± 1.4	7.6 ± 1.7	0.105
月経周期日数（日）	30.0 ± 4.6	29.4 ± 2.3	30.9 ± 6.5	0.990
（最短日数−最長日数）	(20.5 − 48.0)	(25.5 − 35.5)	(20.5 − 48.0)	—
身長（cm）	157.7 ± 5.6	156.6 ± 5.8	159.3 ± 5.0	0.013
体重（kg）	50.9 ± 7.2	50.3 ± 7.5	51.6 ± 7.0	0.412
BMI（kg/m²）	20.4 ± 2.2	20.5 ± 2.1	20.3 ± 2.3	0.455

数値：平均値±標準偏差
（最小−最大）
†：月経周期日数安定群と月経周期非安定群の間で Mann-Whitney の U 検定を実施した。
　出典：近藤渚、藤島喜嗣、戸谷誠之、小川睦美、髙尾哲也：女子大学生の月経周期と QOL 及び精神的健康の関わり、2019、昭和女子大学大学院生活機構研究科紀要、28 号、pp.1-14。

表3-2　対象者別各因子のスコア

	解析対象者 78名	安定群 44名	非安定群 34名	p^*
GHQmean	2.7 ± 0.4	2.7 ± 0.4	2.8 ± 0.3	0.112
出産意志	5.1 ± 0.9	4.9 ± 1.0	5.4 ± 0.7	0.022
予定困難日常	5.0 ± 1.0	4.9 ± 1.0	5.1 ± 0.9	0.350
予定困難遠出	3.5 ± 1.2	3.4 ± 1.3	3.6 ± 1.0	0.392
開始困難日常	3.9 ± 1.2	3.8 ± 1.2	4.0 ± 1.2	0.435
開始困難遠出	1.9 ± 1.0	1.7 ± 0.7	2.1 ± 1.2	0.049
服装選択困難	4.4 ± 1.1	4.5 ± 1.1	4.3 ± 1.1	0.468
月経重要視	5.9 ± 0.9	6.0 ± 1.0	5.8 ± 0.7	0.449
予測困難時の否定感情	3.2 ± 1.2	3.0 ± 1.1	3.4 ± 1.4	0.225

数値：平均値±標準偏差
＊：安定群と非安定群の 2 群間で Student の t 検定
　出典：近藤渚、藤島喜嗣、戸谷誠之、小川睦美、髙尾哲也：女子大学生の月経周期と QOL 及び精神的健康の関わり、2019、昭和女子大学大学院生活機構研究科紀要、28 号、pp.1-14。

体的状態調査（表 3-2 に「GHQ mean」として記載、スコアは 1 から 4 の 4 件法）と、月経が関係する QOL や精神的健康の調査（スコアは 1 から 7 の 7 件法）である。共に、スコアが低い方が困っている、負担が大きいということを示している。月経にかかわる設問としては、「開始困難日常」がアルバイトなど日常の予定を立てるときに月経が重なる場合の負担を示したもの、「開始困難遠出」は、旅行など非日常の予定を立てるときに月経が重なる場合の負担を示したもので、この結果からは、安定群、非安定群ともに、日常よりも、非日常の予定を立てる際に、月経が重なることに負担を感じている

こと、非安定群よりも安定群でその傾向が強いことがわかる。日常生活よりも旅行やイベントなどの非日常において月経が重なることは残念なことであり、これについてはおそらく女性全般共通の感覚ではないだろうか。しかしこの傾向が安定群で強いことについてはどうだろうか。私たちがこの調査を始める当初、月経周期が安定しない人の方が、旅行やイベントの予定を立てる際に困ることがあり、QOL が低下しているのではないかと予想していたのだが、予想とは異なる結果となった。非安定群についてはさらに興味深いことに、妊娠、出産に対する希望や展望、キャリア形成との両立に関する意識が高いことが示された（表 3-2「出産意思」のスコア参照）。非安定群の結果から、月経が安定していない人たちは月経の予想が立てにくい状況を当たり前と受け入れてしまっている可能性があることや、不意に月経が起こっても、コンビニエンスストアの充実や、トイレ内の生理用品販売機設置などの環境が整ったことで、手当てができている可能性などが想像できる。しかし、将来の妊孕性に関しては、大学生時代の月経周期が不規則・無月経の者に、その後、不妊症、不妊の悩みが高い頻度で出限したという研究[10] があること、また、望まない妊娠を避け、自身のキャリアを自身で選び取っていくためにも、自分の月経周期を把握しておくことは非常に大切であり、月経周期の安定化について教育の必要性が示唆された。

　では、月経周期を安定させるにはどうしたらよいのだろうか。近藤らは次の研究を行った[11]。

　研究協力者 101 名を対象に月経期間調査及び調査票による調査を実施した。こちらは約 3 か月をかけて 2 周期以上の月経期間のデータを回収し、同時にBDHQ による食事調査、生活や運動習慣に関する調査、体組成分析について調査を行った。調査回答率は約 60％、調査回答の不備等を除くと解析対象者は 49 名で、長期にわたる月経調査の難しさが顕著に表れた。解析対象者の 2 周期以上の月経周期のデータに基づき、安定群と非安定群を前述の通り振り分けた。

　解析対象者の特性を表 3-3 に示した。

　身長に有意差があったものの、BMI、体脂肪率には差がなく、月経に影響

表 3-3　全 49 名と月経周期別　対象者属性 1

	解析対象者 49 名	安定群 22 名	非安定群 27 名	p
調査回答時点年齢（歳）	20.1 ± 0.5	20.1 ± 0.5	20.1 ± 0.6	0.900
初経年齢（歳）	12.3 ± 1.6	11.9 ± 1.4	12.7 ± 1.8	0.090
初経経過年数（年）	7.8 ± 1.7	8.2 ± 1.6	7.4 ± 1.8	0.116
日数周期データ周期数	3.6 ± 0.8	3.4 ± 0.8	3.7 ± 0.9	0.292
月経周期日数 平均日数（日）	30.2 ± 4.8	29.9 ± 2.3	30.4 ± 6.2	0.718
月経周期日数 標準偏差（日）	3.0 ± 2.4	1.4 ± 0.7	4.4 ± 2.5	0.000
月経日数（日）	6.3 ± 1.4	6.1 ± 1.1	6.4 ± 1.6	0.432
身長（cm）	157.7 ± 5.7	155.2 ± 5.6	159.7 ± 5.1	0.005
体重（kg）	50.9 ± 6.6	50.0 ± 6.8	51.6 ± 6.4	0.404
BMI（kg/m²）	20.4 ± 1.9	20.7 ± 1.8	20.2 ± 2.0	0.374
体脂肪率（%）	26.0 ± 4.4	25.9 ± 4.6	26.1 ± 4.4	0.882
内臓脂肪レベル	3.0 ± 1.4	3.0 ± 1.5	3.1 ± 1.4	0.768

数値：平均値±標準偏差
＊：安定群と非安定群の 2 群間で Student の t 検定
　出典：近藤渚、小川睦美、戸谷誠之、髙尾哲也：女子大学生の月経周期安定化の要因の検討 ～初経経過年数に着目して～、2021、日本食育学会誌、15 巻、4 号、pp.209-222。

を与えるものではないと判断できた。食事摂取状況からも大きな差はみられなかった。しかし初経年齢（$p=0.090$）にわずかに差があり、これにともない初経からの経過年数が安定群で 8.2 年、非安定群では 7.4 年となり、7 年と 8 年の間が境になっているのではないかと考えられた。そこで、解析対象者 49 名を初経経過年数 8 年未満と 8 年以上に区分し、あらためて安定、非安定に区分したところ、初経経過年数 8 年未満 21 名、うち安定が 7 名、非安定が 14 名、初経経過年数 8 年以上が 28 名、うち安定 15 名、非安定 13 名となった。8 年未満の人では、安定している人が 33.3 ％、8 年以上では 53.6 ％と安定している人が多くなることから、ホルモン分泌のような身体的要因によるものと推察された。一方、8 年以上の人で安定している人と非安定の人を比較すると、安定群で、栄養素では、マンガン（$p=0.021$）、α-カロテン（$p=0032$）β-カロテン（$p=0.024$）、β-カロテン当量（$p=0.024$）、葉酸（$p=0.030$）、食品群では緑黄色野菜（$p=0.019$）の摂取量が多いこと、および平均的な睡眠時間が多いこと（$p=0.033$）が明らかとなった。

　以上のことから、月経周期の安定化には、成長過程ではホルモンなど身体的要因の影響が大きいものの、身体がある程度成熟した後には、食生活、生活習慣が影響を与えるものと考えられた。

一連の研究では、女子大学生にとって、月経周期が安定していなくても今の日本の社会では困ることは少ないことが浮き彫りになった。しかし、女性が自身のキャリアプランを考える時、職業人としてのキャリア形成と、一個人としての結婚、妊娠、出産に対する希望や展望を両立させるためには、若いころからの月経周期の安定性が重要であることも明らかになっている。将来の自分の人生設計、キャリア選択のために月経周期の安定性を図ることも重要な因子であることを繰り返し伝える必要がある。　　　　（近藤・小川）

3. 女性の世界進出と健康

　ここからは、WFPナイジェリア事務所勤務、野副パーソンズ美緒氏の講義（2024年7月20日健康デザイン学科「栄養学（基礎)」のエクストラ授業）の要約である。
　野副パーソンズ美緒氏は2003年12月から国連で仕事を開始、20年のキャリアを持つ。発展途上国の緊急援助や復興支援といった現場支援を12年、後半は和平構築とレジリエンス（社会基盤を整える仕事（たとえば学校給食、母子健康、小規模農家の生活基盤の強化など））に従事している。

　国連職員は専門家集団であり栄養、保護活動、人権、ジェンダーなど、それぞれの専門分野を持つ専門家と、ジェネラリスト（たとえて言えばイベントを計画する時の総合プロデューサーの立場で事業を管理する）がいる。ジェネラリストは、専門家のインプットをもらい、予算獲得、予算管理をし、適材適所に時間配分をして、事業の計画、実施、モニタリングをすることで既存のシステムを向上させたり、新しい事業の実施を通してよりよい社会を目指すものである。
　これまでにも何度か講演の機会があり、参加者に「今の社会は男女平等だと思うか？」と問いかけてきた。すると、社会人向けの公開講座と学生対象の講座だと異なるリアクションが得られて興味深いと思った。社会人を含む公開講座では「不平等」の反応が多く、学生は「平等」と感じてい

る人が多い。これはつまり、学校にいる間までは女性の不都合さはある程度守られている、ということであろう。

　ところで、1 日を 2.15 ドルで生活している貧困層の人数はどう変化しているか、①増加している、②ほぼ同じ、③減少している、の 3 択で考えてみてほしい。

　この結果は、時代をどう切り取るかで変わってくる。

　たとえば、2018 年から 2022 年では、6 億 7 千万人から 7 億 1 千万人に "4 千万人も" 増えている。しかし、北京行動綱領が採択された 1995 年から 2022 年のもっと大きな時間軸で見ると、18.6 億人から 7.1 億人へと 11 億人以上減少している[12]。このように、切り取った数字は必ずしも正しい現実を反映しているとは限らないことを、常に念頭においてほしい。

　栄養問題にしてもしかりである。栄養不良の問題と聞くと、メディアで大々的なキャンペーンを繰り広げた 80 年代のエチオピアの飢饉・飢餓をイメージする人が多いのではないだろうか？しかし現在の世界のこどもおよび女性の栄養問題は、「やせ」より「過体重」が重要な課題である。

　アフリカの各地でも、「やせ」より「過体重」の占める割合が多い地域があるが、これは、栄養状態が良いことを示すものではない。経済力の欠如、知識不足など複合的な理由で、おなかだけは膨れるが、栄養素が十分に含まれていない炭水化物中心の食事をとっているということである。一般に日本で、途上国の子どもというと骨と皮でガリガリのイメージかもしれないが、現実は栄養的には整っていないのに、太っている人がたくさんいる。自分たちの "知っている" ことは必ずしも 100％真実とは限らないということを改めて認識してほしい。

　さて、北京行動綱領についてだが、WFP で同僚に聞いても、Gender を専門にしている人以外の知名度はあまり高くない。

　しかし、たとえば国連人口基金 UNFPA（United Nations Population Fund）は、国連人口基金による人権アプローチの指針となる主な文書として、「北京行動綱領」以後もいくつかの宣言や行動計画を挙げており、活動の理念として「ジェンダーの平等、女性のエンパワーメント、少女や

若者が自分の身体と未来を自己決定できることを促進する」ことを掲げ、「2030 年までに、家族計画、予防可能な妊産婦死亡、ジェンダーに基づく暴力、そして児童婚や女性器切除を含む有害な慣行に対する満たされないニーズに終止符を打つ」と謳っている[13]。

このように、北京行動綱領に挙げられた 12 項目（A 貧困、B 教育と訓練、C 健康、D 暴力、E 武力紛争、F 経済、G 権力及び意思決定、H 地位向上、I 人権、J メディア、K 環境、L 女児）のうちのいくつかについては、国連の設定したミレニアム開発指標（Millennium Development Goals；MDGs）や、そのあとの持続可能な開発目標（SDGs）を通じて、課題解決に向けて前進しているものもある。

例えば「暴力」に関しては、各地で相談窓口やシェルターができたり、MeToo のような社会的な動きが世界各地で盛んになったり、声をあげた人を支えるトレンドができたりして、特に女性に関する家庭内暴力や職場での性差別に対して、社会でケアしようとするシステムができつつある。また、教育に関しても「女性に教育はいらない」という時代から、特に先進国では「女子も学校に行く」「就職して社会で活躍する」のが当たり前の社会になっている。ジェンダーギャップ指数が低いことで話題になる日本でも、教育においては、女子の進学率が高く、高等教育を受ける機会は確実に増えているし、それに応じて労働の機会や意思決定の場にも女性が進出してきている。アフリカでは、野副が勤務したシエラレオネ、セネガルやスーダン、ナイジェリアにしても海外で教育を受けて、男性と同等もしくはそれ以上に先鋭的、創造的な考え方をする働く女性にたくさん出会ってきた。WFP の事業を実施するような田舎ではまた違うが、政府の会合や国連・NGO の現場に出入りする現役世代に限っていうと、日本よりジェンダー面に関して進んでいるアフリカの国は決して少なくない。国連のジェンダー指標でも 156 カ国中 118 位（2024 年）の日本の前にナミビア（8 位）、南アフリカ（18 位）、モザンビーク（27 位）等、25 カ国もランクインしている。アフリカ＝貧困＝ジェンダーの不平等とは必ずしも言えない数値もある。

　児童婚の問題もいまだ完全解決には至っていないが、1995 年に 4 人に 1
人だったものが 2020 年には 5 人に 1 人となっており、着実に変化はして
いる。北京行動綱領が明らかにした目指す方向に少しずつ近づいていると
言ってもよいのではないか。

　ここで、数値や目標から一歩離れて、世界を変えていく力について考え
てみよう。

　野副がラオスのとある村で栄養事業にかかわっていた時の話である。緑
が多い、伝統的な生活をしている村で、村には小学校はあったものの、そ
れ以上の教育を受ける人はまだ多くない地域である。そこでは、妊娠した
女性は白いものしか食べてはいけないという風習があり、これは身体を“き
れい”に保つため、良い子どもを産むために必要な習わしであった。そう
いう場所で、妊婦と胎児の健康のために野菜や肉を摂るべきだと外部から
きた専門家が力説しても一朝一夕で生活習慣や伝統が変わるはずがない。
貧血で倒れても、体の調子が悪くなっても、長年言い伝えられてきた“伝
統”や“信じてきたこと”を変えるのは難しい。どうしたら栄養バランス
の良いものを食べてもらえるか、教育を受けた人なら頭ですんなり理解で
きることが、代々妊娠した女性が白いものしか食べなかった村に突然外部
の人が来て、今まで信じてきたこととは 100％違うことを受け入れてもら
う難しさを感じた日々だった。結局どうしたか？赤い肉は食べないけれど
もチキンや魚は白い、ジャガイモとか色の白い野菜もある。このように相
手の価値観にすり合わせながら正しい情報を根気よく提供する、必要なこ
とは、やっていることが正しいか正しくないかではなく、伝統に合わせ、
現地の人に歩み寄って正しい結果を出していく柔軟性である。

　次に南スーダンでの活動の話。ここもナショナルジオグラフィックに出
てくるような村だった。多くの人々は裸に近い姿で生活をしている。女性
はスカートだけは履いているが下着をはかない。生理の時にどうするの
か？私たちに尿意があるように、現地の女性は生理の時には血が出ること
がわかるのだという。するとどこかに行って意識して流して戻ってくる。
しかし、血を垂れ流すことは地域の衛生上よいことではないため、トイレ

やパットを普及しようとした。ところが、トイレに入ると妊娠した子ども
が落ちてしまうとか、トイレに入ると結婚できないなどの風評が伝わる。
ここでも、「トイレを使ったからといって妊娠した子どもが落ちることは
ないし、トイレを使って結婚できないことはない」と独身の外国人が来て
説いたとしても全く説得力がない。伝統、信条、昔の人が行ってきたこと、
慣習を変えるのは想像以上にてごわい。

　WFP の配給現場では、これまで意識して女性にお金や食料を届けるこ
とが多かった。男性はお酒や遊びに使ってしまうことが多く、女性であれ
ば家族のために使うであろうという現場での経験則からの判断である。近
年、持続性の観点からも援助に依存する生活にしないためにも、緊急支援
が必要な災害や紛争の地域を除いて、実際に食糧を配布する食糧支援は
減っているが、代わりに生活基盤をより強化していく "Saving lives,
changing lives"（命を助け、人生を変えていく）というアプローチに少し
ずつシフトしつつある中で、現場での男女のあり方に敏感であろうという
Gender Sensitive の視点だけでは不十分で、男女のあるべきあり方に変革
していこうという Gender Transformative な視座が強化されている。こ
れは、意識改革である。たとえば、畑の仕事やコミュニティに必要なイン
フラ整備をしたときの労働対価としてお金を出す事業で、男女比を考慮す
るのは公平のようであるが、実際に男性よりも参加が制限される女性や身
体障がい者へ配慮できているだろうか。たとえば、子どもがいる場合、子
どもを背負っては畑仕事に参加しにくいし、（実際、子どもを背負って参
加する女性は多いのだが）、家の仕事をしなければいけないので、参加で
きないかもしれない。そのような人に参加を促すためにただの人数合わせ
ではなく、女性が社会進出しにくい原因を取り除いて、たとえば現場にベ
ビーシッターを配置し（その人ももちろん労働参加としてお金がもらえる
ようにする）、ケアするような、複合的、包括的な取り組みを行っていく
必要がある。女性の参加を単に「50%を目指す」とするのではなく、女性
を取り巻く環境、子どもの面倒を見る人、子どもを産み育てている人たち
も参加しやすいようなシステム全体を見据えて、包括的な取り組み、そし

てそれを可能にする参加者の意識改革が必要である。

　教育を受けていない、文字が読めないと能力が限られてしまうため、自分の所属する社会の意思決定に参加できない。例えば途上国で土地を所有している女性は 14％といわれているが、土地を所有していないということは、自分で畑の使い方が決められないとか、税金を不当にとられてしまうなどの問題が生じる。労働力として期待されていても、そのあとに自分の権利をしっかり守れるようにするには、「女性のエンパワーメントが必要である」と一言でいっても、女性に文字教育をする以外に、家族の理解も必須だし、所属するコミュニティの意識改革、政府の目標設定を通じて活躍できる場の確保も必要である。社会の仕組み自体を細かく段階的に問題設定して、解決策を総合的に探り、時間をかけていろんなレベルで変革していかなければならない大事業なのである。

　たとえば教育では、学校に女児が来ないのは「親が来させない」からである場合が多い。結婚に教育はいらない、家の仕事をさせるために学校には行かせられないし、家の仕事に教育は必要ない、と考えているからである。このようなところで、「来てください」と言って女子生徒は来てくれるだろうか？きてくれないだろう。ではどうするかというと、来てくれた女子生徒に対して「給食を提供する」だけではなく、食用油や塩をあげるなどのご褒美（incentive）をつけるのである。そうするとその利益を期待して子どもを学校に行かせてもいいと考える親が増える。実際学校に行き、読み書きや計算ができるようになると就業の機会も増え、小規模でビジネスを始めたりする女性が出てきたりする。その成果を目の当たりにすることで「教育とは機会を増やすんだ」と気づいてくれる人が増えることが社会の安定につながっていく。教育の機会を増やすとは長い目で見て意思決定にかかわる女性が増えることである。

　先の 2 つの村の例で伝えたように、伝統によって身動きが取れないことがあったり、現実に問題がでてきたりする。伝統は過去と死んだ人たちの作ってきた社会的重圧である場合もあるが、伝統だからといってタブー化させることなく、社会の認識を少しずつ変革させていくために取り組みを

続けていくしかない。社会の重圧と自分のもっている信条や価値観は、時に科学的な根拠を凌駕して日々の行動を決めることがある。これは、今の日本でも見られることである。たとえば、若い人がガリガリに痩せていることが美しいとメディアを通して信じてしまうこともそうである。科学的にはそのやせ方はむしろ危険な「やせ」であるのに、現在進行形で受ける社会的重圧で「若い女性はやせていなければ価値がない」と信じさせてしまうような空気感が。日本にはある。その中で、大学教員が「ちゃんと食べて生理を整えましょう」と正しい真実を伝えても若い人に言葉が届くのだろうか？意識改革を促すには工夫が必要である。

　ここで「ジェンダー問題」について、日本の現状を見てみよう。最新のものではないが、これは、読売新聞がIKEAの協力を得て作成したワークブックからの引用である[14]。そこには、世界経済フォーラム「グローバル・ジェンダーギャップ報告書」を基に指数化した「男女平等ランキング」が示されている。トップ3はアイスランド、フィンランド、ノルウェーで日本はなんと120位。先進7か国（G7）では最下位である。教育（0.983、92位）と健康（0.973、65位）のジェンダーギャップ指数は低くはないのに、経済（0.604、117位）と政治参画（0.061、147位）がとても低い。経済と社会に関してはまだまだ低いということは、女性の権利と社会の感覚については後進国であるということだ。

　日本では、女性大臣、女性弁護士、女医、女性議員というように主要な職業に女性が付いている時になぜか「女」をつける傾向がある。女性の存在が「特別」である職業であることを表しているように見える。国連では、女性職員とはあえて言わないのはすでに半分以上が女性で珍しくないからだ。ディレクターレベルでも2020年に50％を達成している。「女」がつくことはネガティブな要素ばかりではないと思うが、それがついている限りは女性であることが特別であるということで、あるべき姿からは遠いのではないかと思っている。日本も優秀な女性にどんどん活躍してもらわなければいけないけれど、少子化も社会進出も家庭も社会もとプレッシャーだけ増やしていくのではなく、社会でサポートする仕組みを総合的に考え

ていかないと現状はかなりの部分で女性個人の「がんばり」に支えられている印象がある。数を増やすだけでなく Gender Transformative のための意識改革、社会改革が日本にも必要であると強く感じている。

　最後に若い皆さんに伝えたいことは、世界に実際に足を運んで、今何がおきているかを正しく理解してください、ということである。これは、メディア、書籍、専門家の話、自分の目で多方面から意識して社会を見る重要性である。最近のインターネットの情報は、自分に興味のある分野の情報がアルゴリズムで次々に出てくるようになっているが、流れてくる情報を受動的に受け入れていくだけだと、どうしても世界の見方が歪んでしまう。意識的に自分とは違う意見もとりいれること、オリジナルの情報源にあたること、メディアリテラシーをつけること、データで比較する習慣をつけることと、自分の意見を持ち常に更新すること、いろいろな人の意見を聞いて Update していくこと、日本の常識は世界の常識とは違うことを常に意識してほしい。
（野副パーソンズ）

4.　北京行動綱領から 30 年「女性の健康」の現状と課題

　続いて、JICA に勤務する高田健二氏の講義（2024 年 7 月 20 日健康デザイン学科「栄養学（基礎）」のエクストラ授業）の要約を紹介する。

　高田健二氏は 1996 年 4 月から JICA に勤務、海外駐在はフィリピン、ヨルダン、エジプトなどの経験がある。また JICA では高田氏が初めて国内の自治体との連携職員として出向・派遣され、海士町（島根県）、三戸町（青森県）などの自治体に貢献した。現在は群馬県甘楽町で役場の地域魅力化特命室長として活躍中である。

　今日は、「北京行動綱領から 30 年「女性の健康」の現状と課題」として、食育の重要性、北京行動綱領「女性と健康」についての課題、JICA の取り組み、エンパワーメントとは、といったことをお話ししたい。

　2022 年 6 月 4 日から 5 日に昭和女子大学で開催された日本食育学会学

術大会において、「SDGs×食育」というテーマでセッションを行った。

　この時に驚いたことは、世界の栄養問題が「低栄養」から「栄養不良」に変化していたことである。「栄養問題」と聞いて思い浮かぶのはピュリツァー賞作品「ハゲワシと少女」（1994年スーダン、撮影者；ケビン・カーター）に象徴される飢餓だが、今や肥満人口が10億人を突破しているとか、肥満はアフリカや中南米で最も増加しているといった状況を認識してとても驚いた。1990年から2022年を対象とした研究では、幼時から10代（5〜19歳）までの未成年者の肥満率が4倍に増加し、成人女性で2倍、成人男性では3倍近くに増加したことが新たな研究[15]で明らかになっており、栄養状態が悪い発育阻害の子どもがいる一方で過栄養の子どもが同時に存在するのである。世界の多くの国でどちらの課題も抱えて「栄養不良の二重負荷（double burden）に直面している。いずれも「食育」の問題である。

　北京行動綱領以前の高度経済成長時代は、男性社会であった。女性は男性社会の後ろの方についている、最後尾に位置しているようなイメージであった。この時代にも確かにジェンダー主流化、男女共同参画、女性の管理職登用・議員登用などが話題にはなったが、当時の男女共同社会のイメージは、「24時間働けますか」を一緒にやるだけで、頑張れば女性も出世はできるけれど、そこには「ガラスの天井」があるし、仕事をしている女性が子どもを産み育てるという視点はなく、働くことを優先という状況で、とても無理がある状況であった。

　男女共同参画は、今までの男性社会での価値観の下で突き進むのではなく、女性目線で向きを変え、持続可能な社会に舵を切りなおすこと、今の我々にとって必要なものは何だろうとか、どのような方向に進むべきなのかと考えることが大切なのではないだろうか。

　ブラジルの教育者であるパウロ・フレイルは「置かれた状況を意識化・自覚することが変革の第一歩である」と言っている。本稿2.（2）で、初経から8年以降の栄養状態はその後の月経周期に大きな影響を与えることが示されたが、このことも、自分の栄養状態を意識すること、そして自分

の栄養状態が理解できれば、変革のための一歩を踏み出せると考える。

　JICA の国際協力の取り組みのひとつに「母子手帳」がある。SDGs の目標 3「すべての人に健康と福祉を」のターゲットの一つに「すべての国で生まれて 28 日以内に命を失う赤ちゃんの数を 1,000 人あたり 12 人以下（後略）」にするという目標がある。日本では 1967 年にすでに乳幼児死亡率は 1,000 人あたり 10 人を下回っている。これに大きく貢献したのが、1948 年から活用が始まった母子手帳である。記録をつけ意識化することで、母子保健に大きく貢献したと考えられる。JICA では、世界の母子の命と健康を守るため、開発途上国における母子手帳の導入や普及を支援しており、現在までに 34 の国への導入実績がある。母子手帳は、日本語版を現地のことばに翻訳しただけのものではなく、識字率の低い国ではイラストを多くすることや、現地で使われているカードなどがそのまま保管できるようにするなどの工夫がされ、各国で独自のものとなっている。また、世界展開の過程で日本の母子手帳にも変化があり、父親の育児参加を促すため「母子手帳」ではなく「親子手帳」に名称が変更された自治体があったり、アプリなどの開発も進んでいる。

　1980 年代頃から、DOHaD（ドーハド；Developmental Origins of Health and Disease）という概念が浸透してきた。これは「胎児期や生後早期の環境が将来の健康や特定の病気へのかかりやすさに影響を及ぼす」という概念である。胎児期から 2 歳までの「人生最初の 1,000 日間」の栄養状態がその後の人生に影響を及ぼすというのである[16]。

　受精から出産までの 270 日の事象を考えると、①受精から 35 時間後に細胞分裂が開始され、② 2 週間後には数 100 個の細胞となり、器官形成が始まり、③ 10 か月後には約 3 兆個の細胞となり、人となるわけだが、この時期のすべての栄養は母体から供給される。母親が適切な栄養を摂っていないと、受精し、細胞が分裂し、器官が形成する中で必要な栄養素が入って来ないという状況が発生する。妊娠から出生までだけでなく、子どもが 2 歳になるまでの 1,000 日間が重要で、その時期の栄養不足によって引き起こされた発育阻害はその後の期間に取り戻すことは難しいとされている。

ということは、やはり「食育」が大事なのである。

　JICA ではさらに、「人間的なお産」を目指す取り組みをしている。「人間的なお産」とは、非人道的なお産の対極に位置するお産であり、女性の尊厳や主体性を尊重するお産のことである。世界ではまだ、出産する女性が、支援されるべき場所で尊厳を無視された扱いをされたり、科学的根拠のない不適切な医療介入を受けて心や身体が不必要に傷つくことがあったり、逆に必要な時に適切なケアが受けられないなどのことが生じているのである。

　「人間的なお産」[17] 案件を分析して得られた教訓とそのスキームは、プロジェクトを行う際に、また人材育成を行う際に必要な要素が網羅されているものとして、皆さんが社会に出ても活用できると思われるので、参照してほしい。まずニーズ調査を行い、キーパーソンや対象地域を選定し、チームメンバーを選び、計画を立て、プロジェクトについての概念を共有し、プロジェクトを支える人材を育成し、プロジェクトを実施する環境を整備し、実施後の評価をする、そして持続させる工夫、普及を担う人材の育成を行うのである。北京行動綱領での課題は「女性のエンパワーメント」であるから、これを人材育成に絞ってみると、誰を（対象者）、誰が（指導メンバー）、どのように（概念共有）指導するのか、あとは実践し振り返り、また実践することである。エンパワーメントとは能力開発である。自己を高めようとする際には自分が誰を先生として、何を変える力を得るのか、意識化することにより自らの生活を変えていくチカラを得ることが大事ではないだろうか。

　最後に、ユネスコ憲章の前文にある文章を引用したい。

　「戦争は人の心の中で生まれるものであるから、人の心の中に平和のとりでを築かなければならない。

　相互の風習と生活を知らないことは、人類の歴史を通じて世界の諸人民の間に疑惑と不信をおこした共通の原因であり、この疑惑と不信のために、諸人民の不一致があまりにもしばしば戦争となった。」[18]

　これを読んで思うことは、北京行動綱領が本当に目指すものは、単純に

CHANCEに
Try（挑戦）のTを足すと
CHANGE

図 3-2　CHANCE + T⇒CHANGE

男女共同参画というものではなく、男性と女性の違いやお互いの考え方、生活を知って、疑惑や不信を取り除いていく、これをやっていかなくてはならないのではないか。単純に男性が作ってきた社会に女性が入ってくるのではなく、これを機会（CHANCE）に、新たな方向性にトライ（Try）していく必要があったのではないか、それができないと心の中の壁が壊れない、変革（CHANGE）は生まれないのではないかと強く感じる（図3-2）。みんなで同じ夢を見てよい社会を目指そう。　　　　　　　　　（高田）

5.　まとめ

　本稿では、「女性の健康」と「月経」を正しく理解することが、「女性の社会進出」をサポートするために重要であるという視点から、教育や支援の在り方などについて、WFP の活動での経験をもとにした知見や JICA の取り組みなどを紹介した。「月経」を正しく理解することで、望まない妊娠を防いだり、適切な時期に妊娠を促したり、あるいは、出産に備えたりでき、そのことが女性のキャリアプランを充実させると考えられる。

　現在日本では、女性の健康を支援するための取り組みとして、厚労省が令和 5 年（2023 年）度から「女性の健康推進室　ヘルスケアラボ」[19]を運営しており、ここでは、月経に関すること、低用量ピルや避妊に関することなど、様々な情報が掲載され、女性の健康に対する支援が始まっている。女性だけ

でなく、パートナーとともに、あるいは親子で参照していただきたい。

　本稿の第2項では、月経周期を安定させる必要性、重要性を伝えたが、月経周期がなかなか安定しない人や、月経痛がひどい人には、レディースクリニックの受診もお勧めしたい。社会的重圧の中で、ホルモンバランスが崩れていることも考えられる。身体の不具合は、ぜひ医師に相談してほしい。

　日本だけでなく、世界にはまだまだたくさんのジェンダーアンバランスが存在するが、相手を正しく理解する努力を続け、双方が歩み寄る努力を重ねること、意識し続けることは重要であろう。

　「健康」は社会の資源である。本稿が、誰かの「エンパワー」につながれば幸いである。

注
1）公益社団法人日本栄養士会；
　https://www.dietitian.or.jp/features/dietetic-congress2019/20191018.html
　2024/9/10 アクセス
2）働く女性の心とからだの応援サイト（厚生労働省）；
　https://www.bosei-navi.mhlw.go.jp/health/menstruation.html　2024/9/10 アクセス
3）近藤渚、藤島喜嗣、戸谷誠之、小川睦美、髙尾哲也：女子大学生の月経周期と QOL 及び精神的健康の関わり、2019、昭和女子大学大学院生活機構研究科紀要、28 号、pp.1-14
4）内閣府
　https://www.cao.go.jp/pko/pko_j/organization/researcher/atpkonow/article070. html　2024/9/10 アクセス
5）日本産科婦人科学会編（2018）『産科婦人科用語集・用語解説集改訂第4版』日本産科婦人科学会
6）科学研究費助成事業研究成果報告書
　https://kaken.nii.ac.jp/ja/file/KAKENHI-PROJECT-6285152/26285152seika.pdf　2024/9/10 アクセス
7）森泉理恵：日本における無子に関する研究、2019、人口問題研究、pp.26-54
8）第 16 回出生動向基本調査（結婚と出産に関する全国調査）第Ⅱ部夫婦調査

の結果

9）諏訪部晴美、香川 香：女子大学生の月経イメージ形成に影響する要因について、2017、関西大学臨床心理専門職大学院紀要、7号、pp.1-8

10）菊池潤、中村泉、樫村修生：女子体育大生における学生時代の月経周期状態がその後の妊孕性に及ぼす影響、2009、学校保健研究、51巻、1号、pp.25-32

11）近藤渚、小川睦美、戸谷誠之、髙尾哲也：女子大学生の月経周期安定化の要因の検討──初経経過年数に着目して──、2021、日本食育学会誌、15巻、4号、pp.209-222

12）THE WORLD BANK, Poverty and Inequality Platform；https://pip.world bank.org/home　2024/9/10 アクセス

13）国連人口基金　駐日事務所：https://tokyo.unfpa.org/ja/topics/%E4%BA% BA%E6%A8%A9　2024/9/10 アクセス

14）SDGs 探求ブック　ジェンダー平等を考える　2021 年 11 月初版発行（読売新聞東京本社教育ネットワーク事務局）；
https://www.ikea.com/jp/ja/this-is-ikea/about-us/equality-at-home-and-work-old-puba1d5adf0　2024/9/10 アクセス

15）Natalia Tumas, Santiago Rodríguez López: Double Burden of Underweight and Obesity: Insights from New Global Evidence, 2024, *Lancet*, 998-999, www.thelancet.com

16）日本 DOHaD 学会；https://sites.google.com/view/j-soc-dohad/%E3%83%9B %E3%83%BC%E3%83%A0　2024/9/10 アクセス

17）JICA 報告書；「人間的なお産」を含む母子保健案件形成・実施の留意点
https://www.jica.go.jp/Resource/activities/issues/health/mch_handbook/ku57pq00002amet9-att/material_02_jp.pdf　2024/9/10 アクセス

18）文部科学省、国際連合教育科学文化機関憲章（ユネスコ憲章）／ The Constitution of UNESCO
https://www.mext.go.jp/unesco/009/001.htm　2024/9/10 アクセス

19）「女性の健康推進室　ヘルスケアラボ」；https://w-health.jp/　2024/9/10 アクセス

第4章　DOHaD 概念に基づく
生殖年齢女性とその次世代の健康

小西香苗

1. はじめに

　北京行動綱領（Beijing Platform for Action）は、1995 年に北京で開催された第 4 回世界女性会議で採択され、女性の権利とジェンダー平等を推進するための包括的な規範が示されている。この行動綱領は、女性のエンパワーメントとジェンダー平等を達成するための具体的な行動計画が、女性の貧困、教育と訓練、健康などの 12 の重大問題領域に沿って記載されている。本稿ではその中でも、「健康」に関する戦略目標および行動「女性と健康」の中で繰り返し述べられている栄養不良、妊娠、出産について、特に生殖年齢女性（women of reproductive age）における健康とその次世代の健康に焦点をあてて、近年、医学、栄養学などの分野で注目される Developmental Origins of Health and Disease（DOHaD）概念に基づいて論じる。

　過去 30 年の間に、世界の生殖年齢女性の栄養状態、特に栄養不良の二重負荷の状況はどのように変化しただろうか。また、その中で生殖年齢女性とその次世代の健康課題について、近年の DOHaD 研究の成果からその解決に向けてのパラダイムシフトについても述べる。

2. 世界の栄養状況

　栄養不良(malnutrition)とは、栄養摂取の欠乏または過剰、必須栄養素の不均衡、栄養素利用の不良のことである。栄養不良には、低栄養(undernutrition)、過体重、肥満、その結果生じる食事に関連の非感染性疾患（Non-

Communicable Diseases：NCDs）、いわゆる生活習慣病が含まれる。世界の栄養状況は、この不足と過剰の両方における栄養不良をもって語られる。

　2022 Global Nutrition Report によると[1)]、現在の世界の栄養状況は、Covid-19 の発生以来、飢餓の影響を受けている人々は、2019 年の 6 億 1,800 万人から、2021 年には 7 億 6,800 万人へと 1 億 5,000 万人急増し、世界人口のほぼ 3 分の 1（29.3％）に当たる 23 億人が、中等度または重度の食料不安状態にある。これはパンデミック前の 25.4％から増加している状況である。同時に、世界のほとんどの地域において、現在の食生活は健康的で持続可能な食生活ではないのが現状であり、その結果、肥満や食事に関連する NCDs が増加する傾向は、全世界的なトレンドといえるレベルである。2022 年、18 歳以上の成人の約 40％、5 歳から 19 歳の子どもと青少年の約 20％が過体重または肥満である[2)]。一方、近年の栄養不良増加の主な要因である、ウクライナでの戦争を含む世界各地の紛争や気候変動の影響は衰えることなく続いている。中でも、最も脅威にさらされているのは、食糧と栄養不安に直面している国々であり、そして最も脆弱な人々である。

　2022 Global Nutrition Report の中で、現在の世界の栄養状況は以上のように述べられ、この脅威にさらされている多くの国は低・中所得国であり、この最も脆弱な人々に含まれるのが本稿で中心的に取り上げる生殖年齢女性と子どもである。

（1）子どもの低栄養と肥満の現状

　この 30 年間における子どもの低栄養と肥満の状況はどのように変化してきたのであろうか。ここで言う低栄養とは、主に発育阻害(stunting)、消耗(wasting)、低体重（underweight）、微量栄養素欠乏の 4 つの形で現れる。発育阻害とは年齢に対する身長(height for age)で評価され、長期に渡る慢性的な栄養状態を示す指標であり、さらに消耗症は身長に対する体重（weight-for-height)、で短期的・急性的な栄養状態の評価に多く用いられている。5 歳未満の発育阻害の有病率は低下してきており、中所得国で顕著に減少をしている。一方、肥満は中所得国と高所得国で増加している（図 4-1）。World

Obesity Atlas 2023 によると、5－19 歳の肥満は世界的に深刻な状況となっており、中・高所得国であるアメリカ大陸では、その有病率は 2020 年から 2035 年にかけて急速に上昇し、特に男児で 20％から 33％に増加、同様に欧州地域では 13％から 21％に増加が予測されている[3]。

　低出生体重（Low birth weight）児とは、出生体重が 2,500g 未満と定義され、その原因として、母体の栄養不良、胎盤機能不全、胎児および母体の疾患など様々な要因が示唆されているが、非妊娠時の母体の低体重や妊娠期の体重増加が著しく少ない場合では、低出生体重児発症リスクが高まることが知られている。世界の低出生体重の有病率は、2000 年の 17.5％から 2020 年の 15％に徐々に減少してきているが、毎年 2,000 万以上の新生児が低出生体重で生まれている。低出生体重は、発展途上国で特に高い傾向が見られ、妊娠中の栄養不良や医療体制の不備が主な要因とされる。

　ここで、日本の低出生体重の状況を述べたい。日本の低出生体重児割合は 1980 年には約 5％であったが、2020 年頃には約 9.4％にまで増加した。その水準は、OECD 加盟国の中で最も高く、他の先進諸国が医療技術の進歩や体格向上に伴い出生体重が漸増してきたのとは対照的である。その背景として、妊娠前の母親の低栄養（やせ体格である）、妊娠中の体重増加不良、妊

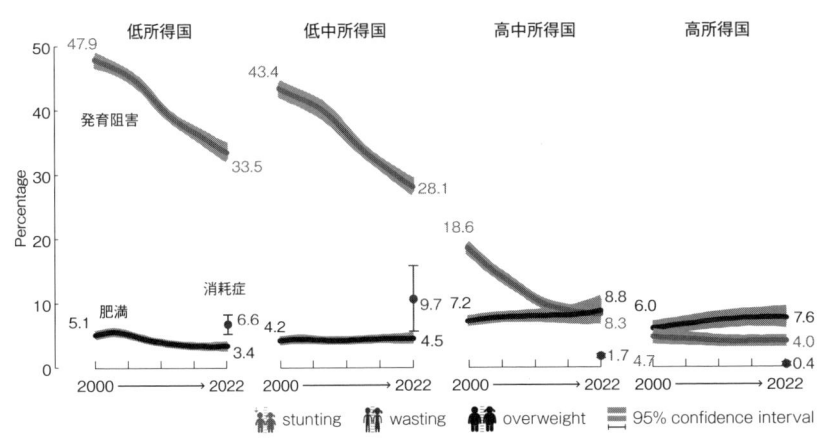

図 4-1　国別所得分類による、2000-2022 年における発育阻害、消耗症、過体重の有病率（5 歳未満）[4]
出典：注 4）参照。

娠中の喫煙、妊娠高血圧症候群、妊娠中の感染、早産、多胎妊娠、妊娠中の栄養不良などが考えられている。

(2) 過去 30 年における栄養不良の二重負荷

かつて低・中所得国の栄養問題は低栄養が中心であった。しかし、この 30 年余りの間に世界の多くの国において急速な栄養転換（Nutrition Transition）が起こり、過栄養の問題がより深刻になってきている。栄養転換とは、欧米型と言われるような高脂肪（飽和脂肪酸）、高糖質、食物繊維に乏しい食事の摂取機会が増え、同時に身体活動の機会が少ないことも相まって、集団の体格組成が変化する現象である。世界のあらゆる国・地域におけるこの不可逆的な栄養転換の過程において、近年特に問題となっているのが、栄養不良の二重負荷（Double burden of malnutrition）である。この栄養不良の二重負荷とは、低栄養（やせ、発育障害、貧血、微量栄養素不足など）と過栄養（過体重、肥満、2 型糖尿病や循環器疾患等の食事に関連する NCDs など）が、個人や世帯、集団内で同時に見られたり、一生涯の中で低栄養と過栄養の時期が存在したりする状態のことである。

2024 年のランセット誌「1990 年から 2022 年の間における低体重と肥満の世界トレンド」という論文では、200 の国と地域において、この 30 年余りに次の 3 つの重要な世界的トレンドがみられたと述べられている。(1) 栄養不良（低体重と肥満）の複合有病率は、ほとんどすべての国（女性 162 か国、男性 140 か国）で増加している（南アジア、東南アジアと一部の年齢階級ではサハラ砂漠以南のアフリカを除く）。(2) 栄養不良の二重負荷の減少傾向は、主に低体重の減少によってもたらされ、栄養不良の二重負荷の増加は、肥満の増加によってもたらされていた。(3) 1990 年当時は低体重割合が肥満割合を上回っていたが、肥満割合が低体重割合を上回っていく今日の傾向は世界の多くの国（女性 177 か国、男性 145 か国）において、既に大人では顕著であり、子ども・学齢期・青年期の肥満割合も大人に次いで低体重割合を上回っていく傾向を示している（NCD Risk Factor Collaboration（NCD-RisC）2024）[5]。以上のように栄養不良の二重負荷が、「低体重優位から肥満

優位に移行する傾向」は、大人からさらには青年や子どもにおよぶ世界的ト
レンドであると述べられている。

1）低・中所得国の栄養不良の二重負荷

　今日では、一部のアジア、アフリカ地域を除くすべての地域で、肥満割合
が低体重割合よりも多く、かつては高所得国だけの問題と考えられていた肥
満が、一部の中所得国では、過体重と肥満の有病率が世界で最も高い国のひ
とつとなっている[6]。とくにメキシコ、ブラジル、エジプト、トルコなどで
は過体重および肥満の割合が急増している。メキシコでは成人の69%、ブ
ラジルでは59%が過体重または肥満である。この状況は生殖年齢女性にお
いても同様に肥満が増えており、都市化に伴い加工食品の消費が増え、身体
活動が減少したことが主な要因である。

　低所得国の中では、インド、バングラディシュなどが、この30年間で最
も低体重を減少させた国々である。その背景には、農村部での栄養改善プロ
グラムや母子保健サービスの強化が寄与しており、その結果、発育阻害や低
出生体重割合も大幅に減少させてきている。インドなどの農村部では栄養不
良による低体重が未だ深刻な問題である一方で、都市部の肥満は増加傾向を
示している。

2）高所得国（日本）の栄養不良の二重負荷

　高所得国における栄養不良の二重負荷の状況は、過去30年あまりの間に
アメリカ、イギリス、カナダのように肥満を著しく増加させて栄養不良の二
重負荷を増やしている国もあれば、日本人女性のように世界トレンドに反す
る特異的な国もある。先述の2024年のランセット誌「1990年から2022年
の間における低体重と肥満の世界トレンド」という論文では、疫学的に特筆
すべき低体重の増加がみられた国は、日本と韓国の女性であったと述べてい
る。また、女性において肥満より低体重が多い国の数は、この30年余りで
89か国（45%）から39か国（20%）に減少し、2022年には、そのような
国は、日本の女性を除いてすべてサハラ以南のアフリカであったと述べられ

表 4-1　世界の低体重率（20 歳以上）

女　性		男　性	
国	人口に対する 割合（%）	国	人口に対する 割合（%）
エリトリア	33	エリトリア	30
東ティモール	23	エチオピア	26
エチオピア	22	ソマリア	22
ブルンジ	21	中央アフリカ共和国	22
マダガスカル	20	セネガル	18
南スーダン	20	ニジュール	18
ニジュール	19	ウガンダ	16
中央アフリカ共和国	19	ケニア	16
日本	16	ボツワナ	16
チャド	16	マダガスカル	15

出典：NCD Risk Factor Collaboration（NCD-RisC）.（2024）[5]

ている（表 4-1）[5]。日本の女性の低体重状況は最貧国のサハラ以南の国々と同じ状況であるということが特筆され、その理由として自覚している体重の値が実際の体重よりも高いことが理由として述べられている。

2021 年ランセット誌「母親の子どもの栄養不良に関する論文シリーズ」の中で、近年の研究成果より、乳児期の低体重、特にその後の過剰な体重増加との組み合わせが、将来の栄養関連疾患の発症におよぼす重要な影響についても述べられている。多くの国で起こる栄養不良の二重負荷の背景には、低体重と過体重の両方に同じ原因があることが言及されている（Victoraら 2021）[7]。このことについては、後述する DOHaD と栄養不良の二重負荷（3 節(5)）にて詳細に述べる。

3. DOHaD 概念における低栄養と過栄養

(1) DOHaD 概念

Developmental Origins of Health and Disease（DOHaD）の基となった概念は、英国 Southampton 大学の医師・疫学者 David J Barker らによって提唱された。1980 年代、Barker らは 1930 年代の出生記録データを用いた

英国 Hertfordshire の出生コホート研究から、出生時体重が低いほど循環器疾患死亡率、高血圧および耐糖能異常の有病率が高いことを報告した（Barker DJ.ら 1986）[8]。これら初期の知見より、Barker らは胎児期の低栄養環境が成人期の慢性疾患のリスクを上昇させるという成人病胎児起源仮説（倹約表現型仮説）、いわゆる Barker 仮説を提唱した（Hoffmanら 2021）[9]。

　その後の研究の積み重ねにより、近年では、受精した時点から、胎芽・胎児期を経て出生後の乳幼児期における種々の環境因子が、その後の健康や疾病の発症に影響をおよぼすというより広範な概念として確立され、新たな科学的知識と研究分野として世界的に知られている。この DOHaD 概念によれば、胎児・新生児の DNA は環境因子の影響に応じてエピジェネティックな変化を起こし、想定される将来の環境を予測して遺伝子発現制御機構が変化（予測適応）を起こし、出生後の栄養過多や運動不足などマイナスの生活習慣の負荷で NCDs の発症リスクが上昇するというものである（図 4-2）（Chavatte-Palmerraら 2016）[10]。

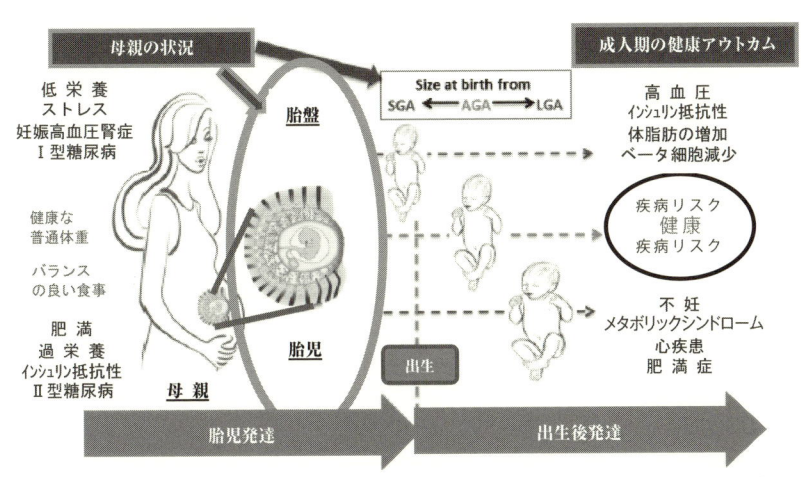

図 4-2　DOHaD 概念の概要（Chavatte-Palmer, P. らの論文を参考に、著者作成）[10]
SGA：small for gestational age（出生体重が 10% タイル未満），AGA：Appropriate for Gestational Age（出生体重が 10 〜 90% タイル），LGA：large for gestational age（出生体重が 90% タイルを超える）。
出典：注 10）参照。

　これまでに出生コホート研究を中心とする疫学研究から得られた知見として、胎児期から乳児期の低栄養、発育遅延、ストレスおよび化学物質曝露な

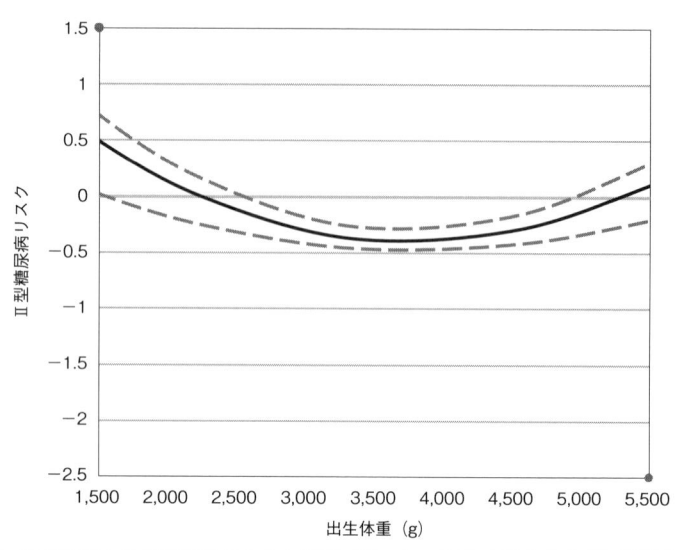

図 4-3　出生体重と Ⅱ 型糖尿病リスクとの関係（Harder, T.らの論文を参考に著者作成）[12]
出典：注 12）参照。実線はメタ回帰曲線、点線はその 95％信頼区間。

どの望ましくない環境が虚血性心疾患、脳卒中、高血圧、2 型糖尿病、慢性腎臓病、骨粗鬆症、悪性腫瘍、精神疾患などの NCDs のリスク要因となることが報告されている（Hoffmanら 2021, Brensekeら 2013）[9] [11]。

（2）胎児期（妊娠期）の低栄養と過栄養

　当初の Barker 仮説の検証過程では、児の低出生体重として顕在化する母親の低栄養と特定の栄養素不足にフォーカスされ、出生体重が小さいことと循環器疾患や糖尿病の発症リスクが増加する報告であったが、今や、出生体重が小さいと大きいの両方に起こる高い疾病の発症リスク（U 型影響）が確認されている（Harderら 2007）[12]。図 4-3 は出生体重と Ⅱ 型糖病との関連をメタ分析した結果である。低出生体重児は 2,500g 以上で生まれた児と比較して Ⅱ 型糖尿病リスクが上昇し（オッズ比 1.32）、巨大児（4,000g 以上）においても Ⅱ 型糖尿病リスクが上昇する（オッズ比 1.27）。このように出生体重とその後の Ⅱ 型糖尿病リスクとの関連は U 字型カーブを示しており、出生体重が小さすぎても大きすぎても Ⅱ 型糖尿病リスクが有意に上昇する（Harderら 2007）[12]。低出生体重は、低・中所得国で依然として非常に多く

見られる一方で、近年、巨大児も増加してきており、その背景に生殖年齢女性の糖尿病と肥満の有病率の上昇が関連していることが分かってきている（Adugnaら 2020）[13]。このように低栄養による低出生体重も過栄養による巨大児も、将来のⅡ型糖尿病リスク上昇と関連している。

（3）発達の可塑性、臨界期、世代間効果

　この DOHaD 概念の重要なメカニズムに、脳の発達の可塑性と臨界期（critical period）ということが挙げられる。胎児期と新生児期の成長と発達は、発達の可塑性の期間によって特徴付けられ、この時期に胎児は想定される将来の環境を予測して予測適応を起こすというものである。ほとんどの臓器とシステムの臨界期は子宮内発育期と言われ、DOHaD 研究では特に妊娠初期の低栄養が成人期の NCDs 発症と関連することが報告されている（Hoffmanら 2021, Flemingら 2018）[9), 14)]。

　母親の栄養不足を例にすると、妊娠中の母親の栄養不足を受けて、胎児は自分の生後環境が栄養的に好ましくない可能性があるというシグナルを受け取ることになる。母親からのこのシグナルに反応して胎児は代謝を変化させ、想定される出生後の環境を予測して予測適応を起こし、倹約的な表現型の遺伝子が形成される。この倹約的な遺伝子は胎児生存のために栄養素とエネルギーを節約し、胎内での短期的な生存には有利であるものの、予想される出生後の環境（低栄養環境）と実際の出生後の環境との間にミスマッチがある場合、つまり出生後の肥満誘発環境（過栄養、運動不足など）の場合、成人期の NCDs リスクが高まることになる。

　さらに胎児期に形成されたこの疾病素因は、次世代のみに留まらず、そのまた次の世代へと引き継がれて行くことも分かっている。戦時中である 1944 年から 1945 年の冬の間、オランダ西部への食糧供給は劇的に削減され（1 日の熱量摂取量は 400 〜 800kcal に低下）、多くの妊婦も低栄養にさらされた。この「オランダ飢餓の冬」の時期に妊娠初期であった妊婦から生まれた児は、出生体重は正常あるいは正常群よりむしろ大きかったが、その児から生まれた次世代の児の体重は小さく、さらに成人期以降に NCDs を高率

に発症していた（Hoffmanら 2021, Steinら 2000）[9), 15)]。この NCDs リスクの上昇につながる疾病素因が世代を超えて受け継がれることを世代間効果（Trans-generation effect）と言う。

(4) インドにおけるミスマッチ

インドでは、急速な経済化と栄養転換の結果、近年、急激に肥満、糖尿病など代謝性疾患が急増している。先述の世界における栄養不良の二重負荷の現状で述べたように、この 30 年間で低体重を減らしてきた一方で、肥満が増加してきている背景に、この DOHaD 概念で言うところのミスマッチのメカニズムが関与していると言われている。インドの都市部で育った若年成人の耐糖能と血漿インスリン濃度を評価した研究では、乳児期のやせと若年成人期の耐糖能障害または糖尿病との間に関連があることが報告され、さらに、この耐糖能障害または糖尿病である若年成人グループは、過体重ではあるがその幼少期は過体重であったわけではなく、2 歳以降の体重増加率が高いのが特徴であると報告されている（Bhargavaら 2004）[16)]。この 2 歳児以降に起こる急激な追いつき成長はキャッチアップ成長（catch-up growth）と言われ、将来の肥満や糖尿病発症と関連していることが分かっている（Brensekeら 2013）[11)]。

このインドの例のように、胎児期や出生当時は低栄養環境であったのが、出生後の肥満誘発環境と胎児期に形成された疾病素因の相互作用によって、将来の NCDs 発症リスクを増大させていることは、今日の世界的トレンドである「低体重優位から肥満優位」に劇的に移行している栄養不良の二重負荷の生物学的メカニズムの一因であると考えられている。

(5) DOHaD と栄養不良の二重負荷

2020 年ランセット誌による栄養不良の二重負荷に関する論文シリーズの中において、「低・中所得国において起こっている栄養不足と過栄養の共存について、この 2 つの栄養不良はさまざまな形でこれまで個別の公衆衛生上の問題として理解され取り組まれてきたが、新たに浮上した事実は、栄養不

足と過栄養は相互に関連している」と述べている（Wells ら 2020）[17]。つまり、この DOHaD パラダイムが全世界で起こるトレンドと化している栄養不良の社会的、生物学的メカニズムとして認識され、その対策の方針転換も求められてきている。

　ここで、低・中所得国における栄養不足と過栄養が相互に関連していることについて、いくつかの研究結果から明らかになってきていることに触れたい。世帯レベルにおける栄養不良の二重負荷は、同一世帯内に 1 人以上の消耗・発育阻害・やせと 1 人以上の過体重・肥満の人がいる状態と定義して報告された研究では、主に母親が過体重でその子どもが発育障害の組み合わせが最も高い有病率であり、母親がやせでその子どもの 1 人が過体重は 1% 以下ととても少ないことが報告されている（Popkin ら 2020）[18]。この低・中所得国における世代間影響は、肥満や代謝障害のある母親の子どもは、幼少期の成長と発達が不良であることを明らかにし、さらに、生後の急速な体重増加は 2 歳頃を過ぎると脂肪蓄積を促進し、急激に BMI が増加し、その後の肥満や NCDs リスクが高くなることと関連することが分かっている（Popkin ら 2020）[18]。

　先の 2020 年ランセット誌による栄養不良の二重負荷に関する論文シリーズの報告を受けて、インドの糖尿病研究者・医師の Yajnik 教授は、ランセット誌に以下のようなコメントを寄せている。「DOHaD パラダイムは母親が健康でいることは、胎児期だけでなく、その生涯を通じての子孫の健康を決定するうえで中心的な役割を果たすことを教えてくれる。身長は成長期における栄養の総合的な指標であり、身長が低い人は一定の BMI でも心疾患リスクが高い。そして 2 世紀（1830 ～ 1980 年）において、ヨーロッパの人々の身長が 15cm も伸びたのに対し、インドや東南アジアの人々の身長はほぼ伸びていないことは、植民地支配と搾取政策の結果である飢餓（低栄養）が一因であることを物語っている。また、動物実験において、多世代にわたる低栄養は正常栄養レベルに置かれたとしても肥満への感受性が高いことも分かっており、この何世代にもわたる低栄養はインド人における肥満・糖尿病への感受性の高い疾病素因を形成してきており、未だに深刻な低栄養が存在

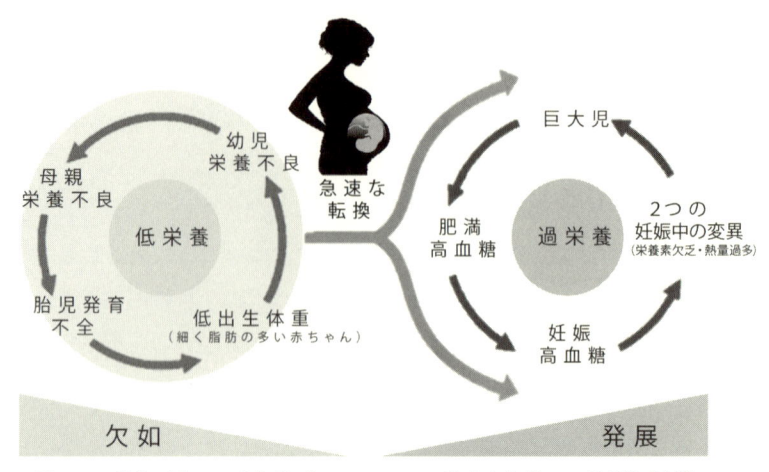

図 4-4　栄養不良の二重負荷（Yajnik C. S の論文を参考に、著者作成）[19]
出典：(注 19) 参照。

する一方で、インドが糖尿病流行のホットスポットであることも理解できる現実である」と述べている（Yajnik 2024）[19]。

　以上のように Yajnik は述べ、図 4-4「栄養不良の二重負荷」において、現代の世界における低栄養（図中、左サークル）と早期過栄養（図中、右サークル）の 2 つのサイクルが急速に融合し、ライフコース全体で栄養不良の二重負荷の状態を促進していることを示した。図の左下の「欠如」は、栄養的、社会的、経済的な利用可能性の欠如を意味し、右下の「発展」は、社会的、構造的、経済的な発展が含まれる。Yajnik は、「世代を超えて栄養不良の二重負荷を伝達する生物学的単位は、母親と乳児のペアである。そして、母親と乳児の健康を改善することは、社会の健康を改善することになる」とコメントしている（Yajnik 2024）[19]。

(6)　日本における栄養不良の二重負荷の長期影響

　2021 年 Hoffman らの「代謝性疾患の発症起源」という総説論文の冒頭で、妊娠中の栄養と胎児期発達が成人期の健康におよぼす長期的な影響について、日本の現状が以下のように述べられている（Hoffman ら　2021）[9]。「おそらく

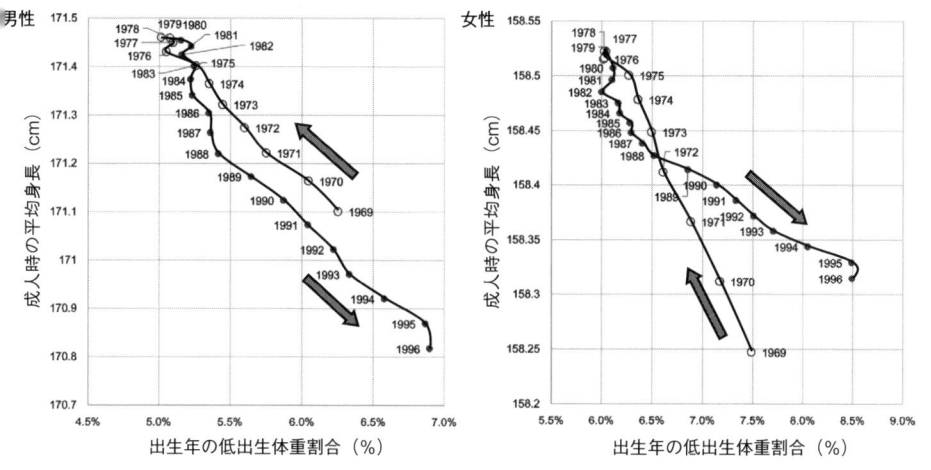

**図 4-5　出生年（1969-1996 年）の低出生体重割合と成人時の平均身長（Morisaki, N.ら
の論文を参考に、著者作成）[20]**

　出典：注 20）参照。

　近代史上初めて、米国人の身長が頭打ちになり、同時に、日本の子ども世代
は親世代よりも身長が伸びないかもしれない。日本では妊婦の体重増加が推
奨量を下回る傾向であり、それに伴って低出生体重児の増加や、成人の平均
身長が 1990 年代半ば以降、年間数ミリずつ低下している。これは単なる体
格の自然な変化に過ぎないと主張する人もいるが、「胎児プログラミング」
の観点からみると、日本では今後、栄養関連の慢性疾患の発症増加が顕在化
すると予測される」以上のように日本の現状を述べて、この主張の根拠は広
く DOHaD として知られる関連分野の研究成果から明らかであることが述べ
られている。

　この日本人の成人身長が低下し始めたことを報告した Morisaki らは、低
出生体重児割合と身長の間の年次プロットは、強い負の相関がみられると報
告し（図 4-5）、この身長低下の傾向は低出生体重児の長期的増加に起因す
る可能性があり、成人の身長が低いことと健康状態の悪化との間には既知の
関連性があることを考慮すると、日本での低出生体重児の増加の長期的な影
響により、国民レベルで成人の 健康状態が低下することが予想されると述
べている（Morisaki ら 2017）[20]。日本における、過去 30 年間における生殖

年齢女性の低体重増加による栄養不良の二重負荷は、先進国に例をみない低出生体重児の増加を生み、身長の低下という現象を通じて、来る将来の国民レベルでの健康悪化を予測している。

4. 栄養不良の二重負荷——DOHaD パラダイムから予防へ——

(1) 鉄栄養と日本における次世代研究

1) 生殖年齢女性における鉄栄養

WHO によると、貧血は世界中で約 15 億人を悩ませ、アフリカ、アジア、インド、ラテンアメリカ、東ヨーロッパ、中国での有病率は非常に高く、先進国でも高い割合で発生している。生殖年齢女性では貧血により労働力が低下し、さまざまな感染症に罹りやすくなる。また、妊娠中の貧血は、低出生体重、胎児発育遅延（SGA）、早産、周産期および新生児死亡率、母親死亡率の上昇とも関連する。WHO は、世界中の妊婦の約 42％と妊娠していない生殖年齢女性の 29.4％が貧血に罹患していると推定している。

このように妊娠中の貧血は出生アウトカムに負の影響を与え、児のその後の人生への長期的な影響についても多数報告されている。乳児期以降における長期的な健康影響は、主に神経発達アウトカムに焦点が当てられ、認知、運動機能、言語、記憶などに負の影響を与える（Quezada-Pinedoら 2021）[21]。

ここで日本人における鉄栄養、貧血の現状について簡単に述べる。日本人における 20 歳以上の女性 50,967 名の研究では、平均ヘモグロビン（Hb）値は 1989 年以降の 15 年間ですべての年齢階級において減少し、貧血割合が増加していることが報告されている（Hayashiら 2008）[22]。このように貧血割合が高く増加してきた背景として、日本人女性における鉄摂取量の減少がその理由の一つとしてあげられている（Hayashiら 2008）[22]。また、日本人妊婦の食事摂取基準の推奨量を下回っている者の割合は、とりわけ鉄摂取量において、妊娠初期で 71.8％、中期で 98.1％と、ほとんどの妊婦において推奨量を下回っており、さらに、妊娠貧血の割合は妊娠後期で半数以上である（渡

辺ら 2013)[23]。また、やせ体格の妊婦では Hb 値が普通体格の妊婦に比べて有意に低いことも報告されている（宇野ら 2016)[24]。

2）日本における次世代研究

　これまで筆者は、日本人における低出生体重児の予防を目的に、その原因となる関連因子の検討を行ってきた（次世代研究）。特に、先行研究でも指摘されてきた、妊娠前体格、妊娠中体重増加量、妊娠中の栄養素摂取状況などを中心に、出生体重との関連について交絡要因を調整した解析にて検討を行ってきた。一連の解析から得られた結果は、(1) 妊娠中の栄養素摂取状況と妊娠貧血および出生体重との間に有意な関連がみられず、妊娠が分かってからの食事介入では妊娠貧血の予防や低出生体重の予防には大きな効果が期待できないことが示唆された。また、(2) 妊娠中体重増加量と出生体重との間にも有意な関連がみられず、妊娠が分かってからの体重管理では出生体重に影響を与えないことが考えられた。一方、(3) 妊娠前体格と出生体重との間に独立した正の相関関係がみられ、妊娠前の体格が痩せすぎでないことが低出生体重予防に重要であることが考えられた。

　また、この妊娠前体格との関連には妊娠中の鉄剤処方が関与していた。妊娠前 BMI が 21 以下では 22 以上に比べて鉄剤処方されるような Hb 低値になるリスクが有意に高いことを報告した（小西 2024)[25]。このことは、妊娠前から痩せている妊婦では、体内の鉄貯蔵量が少ない状況で妊娠を開始し、結果として Hb 値が妊娠の経過とともに低下し、妊娠貧血（鉄剤処方）となっている可能性が考えられた。このように日本における低出生体重予防には、妊娠前の体格がやせでないことおよび妊娠開始時に体内に鉄が十分貯蔵された状況で妊娠が開始されることが重要であり、妊娠が分かってからの食事介入では遅く、妊娠前からの予防介入が重要である。

(2) 英国 Southampton 大学 MRC ライフコース疫学研究センター

　ここで著者が現在、研究留学中の Southampton 大学 MRC ライフコース疫学研究センターにおける研究を幾つか紹介したい。本研究センターは、

111

DOHaD 概念を確立した David J Barker 博士が研究所長を務められた研究所であり、これまで DOHaD 分野の研究を世界的に牽引してきている。Barker 博士らが、出生時体重が低いほど循環器疾患死亡率が高いことを最初に報告した Hertfordshire の出生コホート研究においては、今も 1930 年代に生まれた対象者の追跡調査が行われている（Denison ら 2012）[26]。このコホート研究から近年では、胎児期の状況と高齢期の骨粗しょう症、サルコペニアなどとの関連、対象者とその子ども・孫の 3 世代におよぶ世代間効果の研究などへと広がっている。また、同様に病院に残る出生時の記録を利用した出生コホート Mysore Birth Records Cohort も、南インドのマイソール市にて行われている（Krishna ら 2015）[27]。これらの成果は、インドの公衆衛生政策に影響を与え、妊娠中の女性や乳幼児への栄養サポートの重要性を強調し、また、早期介入が将来の健康リスクを減少させる可能性を示唆してきている。

　妊娠前からの前向き研究である Southampton Women's Survey（SWS）は、妊娠前の女性を対象とした前向きコホート研究で、健康状態やライフスタイル、栄養摂取に関する詳細なデータを収集し、その後、妊娠した女性と生まれた子どもの追跡調査が行われている。この研究の重要な成果は、妊娠前や妊娠中の栄養バランスが不適切な女性は、低出生体重や子どもの骨密度の低下につながる可能性が高いことを明らかにしたことである。さらに、女性の教育レベルと貧困度が児の健康状態と関連していたことから、行政とともに Southampton Initiative for Health（SIH）というプロジェクトを立ち上げ、このハイリスクグループの女性をターゲットに、啓発と行動変容プログラムを開始している（Barker M ら 2011）[28]。

　そして最後に紹介するのが、現在、著者がデータ解析に携わっている Nutritional Intervention Preconception and during Pregnancy to maintain healthy glucose levels and offspring health（NiPPeR）Study である。本研究の特徴は、妊娠前からの予防的栄養介入研究であること、英国、シンガポール、ニュージーランドの 3 か国共同研究であること、研究デザインが最も精度の高い二重盲検法によるランダム化比較試験（RCT）であることである。研究代表である Southampton 大学の Godfrey 教授は、妊娠前からの適切な

栄養摂取が、健康の維持と早期発達のサポートに大きな影響があることが実証されれば、健康政策に影響を与え、一般の人々に対して妊娠前の栄養指導の重要性を示す貴重なエビデンスを提供することになるとコメントし、妊娠前からの精度の高い介入研究の必要性を述べている。

　以上のように、MRC ライフコース疫学研究センターではリスク因子の解明から、健康政策の構築に向けての精度の高い妊娠前からの介入研究にシフトしながら、公衆衛生政策にとって重要な示唆を与え続けている。

（3）世代間効果を考慮したライフコースアプローチ

　これまで代謝性疾患の発症は人生の後半に急速に増加するため、疾患発症に影響を与える重要なリスク因子が作用するのは、主に壮年期以降であると考えられてきた。しかし、近年の DOHaD 研究の成果は、母親がその次世代の代謝性疾患発症リスクに重要な影響をおよぼすこと、また、その母親の影響は疾病素因として次世代に引き継がれていくということを明らかにしてきた。つまり、代謝性疾患の発症起源はもっと人生の早期にあるということである。NCDs リスクを軽減するためのライフスタイル変更の介入を壮年期以降に始めてもその効果は低く、乳幼児期に始めることで NCDs リスクは大幅に減少する可能性がある。Southampton 大学の Godfrey 教授らは、「この世代間効果を考慮したライフコースアプローチを予防に採用することは、特に急速な経済移行を経験している低・中所得国の集団において、NCDs 予防に重要な意味をもつ」と述べている（Godfreyら 2010）[29]。

　図 4-6 は Tohi らの早期予防による慢性疾患リスクの減少を示している（Tohiら 2022）[30]。NCDs リスクはライフコースを通じて増加するため、発達の可塑性が最も高い時期、つまり介入に対する反応が最も良い時期は妊婦（胎児期）と出生後の早期である。既に発症した疾患を治療するよりもNCDs の有病率低下に大きなインパクトを与える可能性があり、このようなアプローチは疾病素因の世代間伝達の可能性を軽減することにも有効である（Tohiら 2022）[30]。

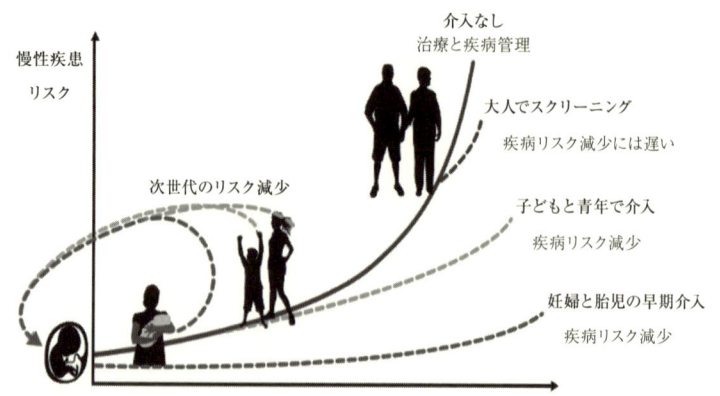

図4-6　早期介入の力（Tohi, M. らの論文を参考に、著者作成）[30]
出典：注30）参照。

1）The first 1,000 days of life

　胎児期から 2 歳時頃までのライフコースの最初の 1,000 日間は、成人期以降に発症する NCDs 感受性が形成（プログラミング）される時期で、予防の標的となる期間であると言われている（Garmendia ら 2014）[31]。この時期に適切な介入に成功すれば、成人期以降に発症する NCDs リスクを大幅に低減する効果があると考えられている（Hanson ら 2014, Brands ら 2014）[32),33]。よって、受胎から 2 歳時頃までの 1,000 日は「The first 1,000 days of life」と言われている。

　中国における大飢餓を生き延びた成人の調査では、子宮内で深刻な飢餓に曝露された成人は、曝露しなかった成人に比べて高血糖になる可能性が 1.5 倍高かったが、飢餓に曝露されて生後「西洋式」の食事をした成人は、曝露しなかった成人に比べて高血糖になる可能性がほぼ 8 倍高かった。出生前に形成された疾病素因と出生後の環境（食生活など生活習慣など）が相互作用し、慢性疾患のリスクに影響を与えている（Hoffman ら 2021）[33]。このことは低出生体重あるいは胎児期低栄養で生まれても、生後の食事の質や生活習慣で NCDs 発症リスクを抑えることができる可能性を示唆している。また、母乳育児で NCDs リスクが減少することも報告されており（Brands ら 2014）[33]、生後の母乳栄養や乳児期の食事改善などで小児肥満や成人期の

NCDs 発症リスクを軽減する可能性がある。

2) Preconception Health

　プレコンセプションヘルスとは、妊娠する前の女性の健康のことである。2018 年のランセット誌のプレコンセプションヘルス 3 報シリーズでは、Southampton 大学の MRC ライフコース疫学研究センターの研究者らが中心となり、妊娠前の健康がその児の将来の健康におよぼす影響の重要性を強調し、その証拠を総説にまとめている（Stephensonら 2018, Barker M.ら 2018, Flemingら 2018）[34],[35],[36]。その中で、妊娠中の食事介入や微量栄養素の補充介入では、母親や新生児の重要な健康アウトカムやその後の子どもの健康改善には十分ではないことが述べられ、胎児プログラミングの重要な時期を過ぎてからの予防的介入では遅い可能性が述べられている（Stephensonら 2018）[34]。著者の研究においても、妊娠前体格が最も出生体重に影響を与えており、妊娠が分かってからの栄養管理や体重管理では予防効果が期待できないことが示唆されている。

3) 父親による世代間効果

　当初、母親とその児の世代間効果に焦点が当てられていたが、近年では父親の健康にも注目が集まっている。過去 10 年間で、父親の生活習慣（食事や喫煙など）が次世代の健康アウトカムに独立した役割を果たしていることを示す豊富な研究報告が得られている（Flemingら 2018, Östら 2014）[36],[37]。男性の食事も生殖能力に影響を与えることが分かっており、飽和脂肪を最も多く摂取した兵士では、精子濃度は 38％低く、精子数は 41％減少していることが報告されている。また、男児における胎児期の低栄養が生殖細胞系に悪影響をおよぼし（精子の健康に影響）、それが時間の経過とともに環境誘発性疾患の発症リスクを通常より高くする原因となっていることが報告され、父系の世代間効果が明らかになってきた。このような近年の知見により、プレコンセプションヘルスにおける対象者は、妊娠前の女性のみならず男性の健康へのアプローチも重要であることが明らかとなっている。

5. 結語

　本稿では、生殖年齢女性の健康とその次世代の健康に焦点を当て、世界における栄養不良の二重負荷の様相が「低体重優位から過栄養優位」へと変化するトレンド、とりわけ低・中所得国における肥満・糖尿病などが急増する背景について、DOHaD 概念に基づいて述べてきた。

　DOHaD で言うところのプログラミングは受胎から 2 歳ごろまでに主に行われ、形成された疾病素因は次の世代へと引き継がれる（世代間効果）という新たな科学的知見は、世界における栄養不良の二重負荷の現状に新たなパラダイムをもたらした。この栄養不足と過栄養は相互に関連しているという DOHaD パラダイムから、我々は新たな解決策を見出す必要がある。この解決のポイントとなるのが、The first 1,000 days of life とプレコンセプションヘルスである。つまり、低・中所得国における妊婦や乳幼児の低栄養は、乳幼児期の罹患率や死亡率におよぼす短期的な影響に焦点を当てた政策から、生涯を通じての持続的な健康影響をも考慮した政策へとシフトする必要がある。特に、母乳育児や生後の食事の質など生活習慣の改善により出生後の急激な体重増加を予防し、生殖年齢女性の過体重や糖尿病予防で、次世代へ引き継がれる世代間効果の負の連鎖を軽減する必要がある。

　また、政策的解決を効果的にするための NiPPeR 研究のような妊娠前からの予防的介入研究や Southampton Initiative for Health のような社会実装プロジェクト研究も不可欠である。限られた資源の中で効果的な NCDs 発症リスク低下の政策が求められる。このことは低・中所得国に限ったことではない。日本を含む先進諸国における、異なる様相の栄養不良の二重負荷にも対応するものであり、特に日本における生殖年齢女性の低体重による二重負荷の解決は、日本人における国民的な健康悪化が予測される中で急務である。

注
1）2022 Global Nutrition Report

(https://media.globalnutritionreport.org/documents/Executive_summary_2022_Global_Nutrition_Report.pdf., 2024/10/6 アクセス)

2）Obesity and overweight. World Health Organization. 2024; published online 1 march.
(https://www.who.int/news-room/fact-sheets/detail/obesity-and-overweight., 2024/10/6 アクセス)

3）World Obesity Atlas 2023
(https://www.worldobesityday.org/assets/downloads/World_Obesity_Atlas_2023_Report.pdf., 2024/10/6 アクセス)

4）UNICEF-WHO-The World Bank Joint Child Malnutrition Estimates（JME）-Levels and Trends-2023 edition.
(https://data.unicef.org/resources/jme-report-2023/., 2024/10/6 アクセス)

5）NCD Risk Factor Collaboration（NCD-RisC）.（2024）Worldwide trends in underweight and obesity from 1990 to 2022: a pooled analysis of 3663 population-representative studies with 222 million children, adolescents, and adults. *Lancet, 403*（10431）: 1027-1050.

6）Obesity. World Health Organization.
(https://www.who.int/health-topics/obesity/#tab=tab_1., 2024/10/6アクセス)

7）Victora, C. G., Christian, P., Vidaletti, L. P., Gatica-Domínguez, G., Menon, P., Black, R. E.（2021）. Revisiting maternal and child undernutrition in low-income and middle-income countries: variable progress towards an unfinished agenda. *Lancet, 397*（10282）, 1388-1399.

8）Barker, D. J., Osmond, C.（1986）. Infant mortality, childhood nutrition, and ischaemic heart disease in England and Wales. *Lancet, 1*（8489）, 1077-1081.

9）Hoffman, D. J., Powell, T. L., Barrett, E. S., Hardy, D. B.（2021）. Developmental origins of metabolic diseases. *Physiological reviews, 101*（3）, 739-795.

10）Chavatte-Palmer, P., Tarrade, A., Rousseau-Ralliard, D.（2016）. Diet before and during Pregnancy and Offspring Health: The Importance of Animal Models and What Can Be Learned from Them. *International journal of environmental research and public health, 13*（6）, 586.

11）Brenseke, B., Prater, M. R., Bahamonde, J., Gutierrez, J. C.（2013）. Current thoughts on maternal nutrition and fetal programming of the metabolic syndrome. *Journal of pregnancy, 2013*, 368461.

12) Harder, T., Rodekamp, E., Schellong, K., Dudenhausen, J. W., Plagemann, A. (2007). Birth weight and subsequent risk of type 2 diabetes: a meta-analysis. *American journal of epidemiology, 165* (8), 849-857.

13) Adugna, D. G., Enyew, E. F., Jemberie, M. T. (2020). Prevalence and Associated Factors of Macrosomia Among Newborns Delivered in University of Gondar Comprehensive Specialized Hospital, Gondar, Ethiopia: An Institution-Based Cross-Sectional Study. *Pediatric health, medicine and therapeutics, 11*, 495-503.

14) Fleming, T. P., Watkins, A. J., Velazquez, M. A., Mathers, J. C., Prentice, A. M., Stephenson, J., Barker, M., Saffery, R., Yajnik, C. S., Eckert, J. J., Hanson, M. A., Forrester, T., Gluckman, P. D., Godfrey, K. M. (2018). Origins of lifetime health around the time of conception: causes and consequences. *Lancet, 391* (10132), 1842-1852.

15) Stein, A. D., Lumey, L. H. (2000). The relationship between maternal and offspring birth weights after maternal prenatal famine exposure: the Dutch Famine Birth Cohort Study. *Human biology, 72* (4), 641-654.

16) Bhargava, S. K., Sachdev, H. S., Fall, C. H., Osmond, C., Lakshmy, R., Barker, D. J., Biswas, S. K., Ramji, S., Prabhakaran, D., Reddy, K. S. (2004). Relation of serial changes in childhood body-mass index to impaired glucose tolerance in young adulthood. *The New England journal of medicine, 350* (9), 865-875.

17) Wells, J. C., Sawaya, A. L., Wibaek, R., Mwangome, M., Poullas, M. S., Yajnik, C. S., Demaio, A. (2020). The double burden of malnutrition: aetiological pathways and consequences for health. *Lancet, 395* (10217), 75-88.

18) Popkin, B. M., Corvalan, C., Grummer-Strawn, L. M. (2020). Dynamics of the double burden of malnutrition and the changing nutrition reality. *Lancet, 395* (10217), 65-74.

19) Yajnik C. S. (2024). Early life origins of the epidemic of the double burden of malnutrition: life can only be understood backwards. *The Lancet regional health. Southeast Asia, 28*, 100453.

20) Morisaki, N., Urayama, K. Y., Yoshii, K., Subramanian, S. V., Yokoya, S. (2017). Ecological analysis of secular trends in low birth weight births and adult height in Japan. *Journal of epidemiology and community health, 71*

(10), 1014-1018.

21）Quezada-Pinedo, H. G., Cassel, F., Duijts, L., Muckenthaler, M. U., Gassmann, M., Jaddoe, V. W. V., Reiss, I. K. M., Vermeulen, M. J. (2021). Maternal Iron Status in Pregnancy and Child Health Outcomes after Birth: A Systematic Review and Meta-Analysis. *Nutrients, 13* (7), 2221.

22）Hayashi, F., Yoshiike, N., Yoshita, K., Kawahara, K. (2008). Trends in the prevalence of anaemia in Japanese adult women, 1989-2003. *Public health nutrition, 11* (3), 252-257.

23）渡辺優奈，善方裕美，石田裕美，上西一弘．(2013) 妊婦の鉄 摂取量と鉄栄養状態の縦断的検討，栄養学雑誌，71，S26-S38.

24）宇野薫，武見ゆかり，林芙美，細川モモ．(2016) 妊娠前 BMI 区分やせの妊婦の栄養状態・食物摂取状況の特徴，日本公衆衛生雑誌，63，738-749.

25）小西香苗 (2024) 妊娠中の鉄剤処方と妊娠前体格との関連，栄養学雑誌，82 (5)，121-134.

26）Denison, H. J., Simmonds, S. J., Syddall, H. E., Robinson, S. M., Dennison, E. M., Cooper, C., Sayer, A. A., Hertfordshire Cohort Study Group (2012). The Hertfordshire Cohort Study: from historical to high-tech studies of musculoskeletal ageing in men and women entering their ninth decade. *International journal of epidemiology, 41* (2), 386-389.

27）Krishna, M., Kalyanaraman, K., Veena, S. R., Krishanveni, G. V., Karat, S. C., Cox, V., Coakley, P., Nagaraj, K., Stein, C., Paul, B., Prince, M., Osmond, C., Fall, C. H. (2015). Cohort Profile: The 1934-66 Mysore Birth Records Cohort in South India. *International journal of epidemiology, 44* (6), 1833-1841.

28）Barker, M., Baird, J., Lawrence, W., Jarman, M., Black, C., Barnard, K., Cradock, S., Davies, J., Margetts, B., Inskip, H., Cooper, C. (2011). The Southampton Initiative for Health: a complex intervention to improve the diets and increase the physical activity levels of women from disadvantaged communities. *Journal of health psychology, 16* (1), 178-191.

29）Godfrey, K. M., Gluckman, P. D., Hanson, M. A. (2010). Developmental origins of metabolic disease: life course and intergenerational perspectives. *Trends in endocrinology and metabolism: TEM, 21* (4), 199-205.

30）Tohi, M., Bay, J. L., Tu'akoi, S., Vickers, M. H. (2022). The Developmental Origins of Health and Disease: Adolescence as a Critical Lifecourse Period to

Break the Transgenerational Cycle of NCDs-A Narrative Review. *International journal of environmental research and public health, 19* (10), 6024.

31) Garmendia, M. L., Corvalan, C., Uauy, R. (2014). Assessing the public health impact of developmental origins of health and disease (DOHaD) nutrition interventions. *Annals of nutrition & metabolism, 64* (3-4), 226-230.

32) Hanson, M. A., Gluckman, P. D. (2014). Early developmental conditioning of later health and disease: physiology or pathophysiology?. *Physiological reviews, 94* (4), 1027-1076.

33) Brands, B., Demmelmair, H., Koletzko, B., EarlyNutrition Project (2014). How growth due to infant nutrition influences obesity and later disease risk. *Acta paediatrica (Oslo, Norway : 1992), 103* (6), 578-585.

34) Stephenson, J., Heslehurst, N., Hall, J., Schoenaker, D. A. J. M., Hutchinson, J., Cade, J. E., Poston, L., Barrett, G., Crozier, S. R., Barker, M., Kumaran, K., Yajnik, C. S., Baird, J., Mishra, G. D. (2018). Before the beginning: nutrition and lifestyle in the preconception period and its importance for future health. *Lancet, 391* (10132), 1830-1841.

35) Barker, M., Dombrowski, S. U., Colbourn, T., Fall, C. H. D., Kriznik, N. M., Lawrence, W. T., Norris, S. A., Ngaiza, G., Patel, D., Skordis-Worrall, J., Sniehotta, F. F., Steegers-Theunissen, R., Vogel, C., Woods-Townsend, K., Stephenson, J. (2018). Intervention strategies to improve nutrition and health behaviours before conception. *Lancet, 391* (10132), 1853-1864.

36) Fleming, T. P., Watkins, A. J., Velazquez, M. A., Mathers, J. C., Prentice, A. M., Stephenson, J., Barker, M., Saffery, R., Yajnik, C. S., Eckert, J. J., Hanson, M. A., Forrester, T., Gluckman, P. D., Godfrey, K. M. (2018). Origins of lifetime health around the time of conception: causes and consequences. *Lancet, 391* (10132), 1842-1852.

37) Öst, A., Lempradl, A., Casas, E., Weigert, M., Tiko, T., Deniz, M., Pantano, L., Boenisch, U., Itskov, P. M., Stoeckius, M., Ruf, M., Rajewsky, N., Reuter, G., Iovino, N., Ribeiro, C., Alenius, M., Heyne, S., Vavouri, T., Pospisilik, J. A. (2014). Paternal diet defines offspring chromatin state and intergenerational obesity. *Cell, 159* (6), 1352-1364.

第5章　女性のキャリア追求と子育て両立可能な制度への改革

——日本の雇用慣行、保育制度、公共政策の視点から——

八代尚宏

はじめに

　日本では、過去 30 年間に、女性の経済的地位は大きく向上した。四年制大学への進学率は、男性の水準に急速にキャッチアップしており、男女間の賃金格差も縮小している。他方で、企業の管理職に占める女性比率は、いぜん 10% 台にとどまっており、非正規社員の比率が高いことなど、働き方の質的な面での格差は大きい。このため日本のジェンダーギャップ指数は、2024 年で 146 か国中 118 位と低い水準のままである。

　女性の働き方の変化は、家族の行動変容を通じて少子化の進展とも結びついている。合計特殊出生率は、戦後の高い水準から持続的に下落しているが、この主因は、家族の子ども数の減少だけでなく、未婚率の持続的な上昇による面が大きい。これは、とくに高学歴女性にとって、結婚することの機会費用が高まっていることの反映とみられる。

　これらジェンダーギャップ指標の低さと出生率の持続的な低下には、職場と家庭の両方で男女の役割分担を前提とした日本の雇用慣行による制約という共通点がある。男女雇用機会均等法は、企業内における女性の地位向上に貢献したが、それは日本企業の男性社員の働き方を所与として、それに女性を適合させることが大きな前提となっていた。日本の大企業で顕著な働き方は、労働者に対して職種や働き場所を限定しない代償として、長期の雇用保障や年功賃金を保障される包括的な契約である。これは、男性世帯主の働き方を支援する家事・子育てに専念する主婦を含めた家族と一体的な雇用慣行となっている。

この働き方は、ゴールデン（2023）が指摘した、仕事を最優先する「貪欲な働き方（Lusty work）」であり、男性と同様にフルタイムで働く既婚女性の子育てと継続就業との両立を困難なものとしている。子育てを優先すれば女性のキャリア形成に不利となる一方で、キャリアを優先すれば子育てを諦めざるを得ない。このトレード・オフ関係を改善し、女性の働き方の質向上と、出生率の回復のためには、現行の女性よりも男性の働き方の改革が不可欠となる。

しかし、政府は戦後の日本経済の発展を支えてきた日本的雇用慣行自体の改革を避けてきた。このため、無限定な男性の働き方に適合しようとする女性を支援するため、育児休業制度の充実や認可保育所等の整備を図ってきた。しかし、こうした支援策だけでは、真の男女雇用機会の均等化の目標達成には限界がある。以下では、この女性よりも男性の働き方の現状を改善するために必要な労働法を中心とした制度改革、家族による子育てを前提とした児童福祉法にもとづく認可保育所、および多様な家族形態に中立的な公共政策のあり方、等の課題について検討する。

1. 女性就業の現状

2023年の女性の就業率（15-64歳）は73.3%と、男性の84.3%との差は縮小している[1]。これは女性が結婚・出産を機に離職し、子育て後に再就職することによる、年齢別に見た「M字型」の就業率が持続的にフラット化しており、またその底の年齢層が、徐々に高まってきたことによる面が大きい（図5-1）。

しかし、これを女性の配偶関係別にみると、より別の要素も明らかになる。単身女性の労働力率のパターンは、男性と類似した釣り鐘状となっているが、有配偶女性では過去には子どもが小学校に入学するころに再就職することが多かったことから右上がりの形状であったものが、最近時ではほぼ横ばいとなった（図5-2）。既婚女性の就業率が、とくに25-29歳で大きく高まっていることは、保育所の増加で継続就業者が増えたことと、育児休業の普及で

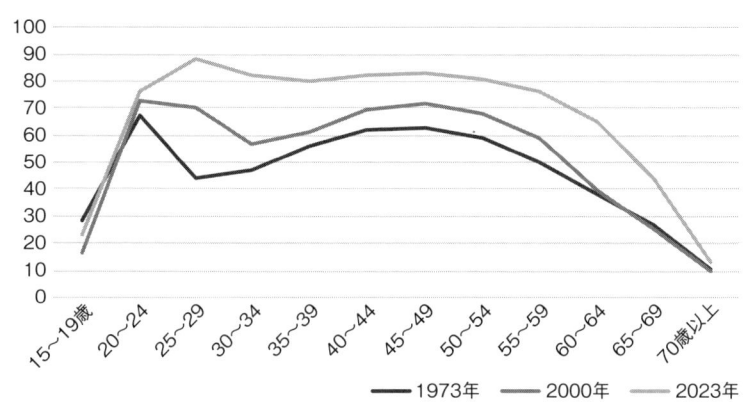

図 5-1　女性の年齢別労働力率の推移
出典：総務省（2023）。

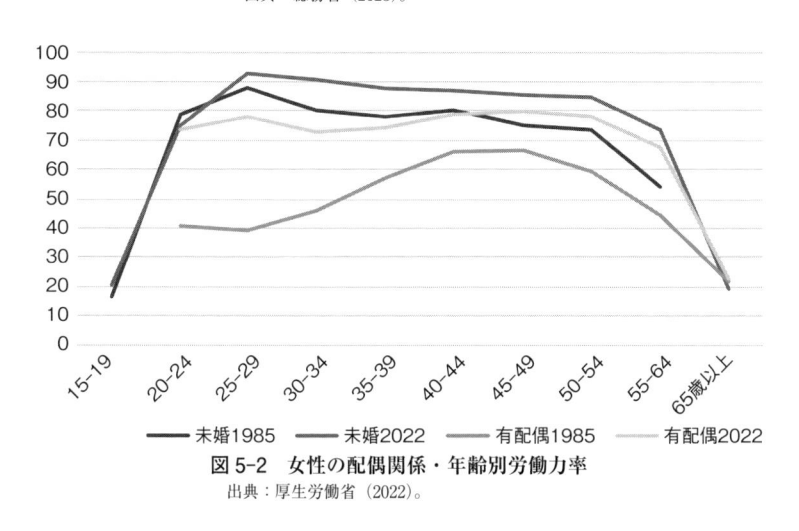

図 5-2　女性の配偶関係・年齢別労働力率
出典：厚生労働省（2022）。

女性の労働力人口に含まれる休業者が増えたことによる[2]。

　他方で、女性の就業率の高まりには、未婚率の上昇も貢献している。単身女性の就業率は、元々、男性に近い高い水準にあることから、女性全体に占める未婚者比率の高まりは、女性の平均就業率を押し上げる効果がある。これは女性人材の活用にはプラスとなるが、日本では結婚以外での出産は 2％に過ぎないため、少子化を促進する大きな要因となる。この女性労働の活用と少子化とのトレード・オフ関係の改善のためには、女性の単身者と比べて

差がある既婚女性の内、就業希望者の就労化への支援が必要とされる[3]。

　女性の就業率は高まっているものの、その内での正社員比率は49.3％と男性の77.4％と比べて依然として低い。女性の正社員比率は、若年時には男性と大差ない水準にあるものの、結婚・出産年齢後に持続的に低下するためで、この傾向は過去20年で、ほとんど変化していない。これは男性の正社員比率が持続的に高い水準にあり、定年退職年齢時に大きく低下することと対照

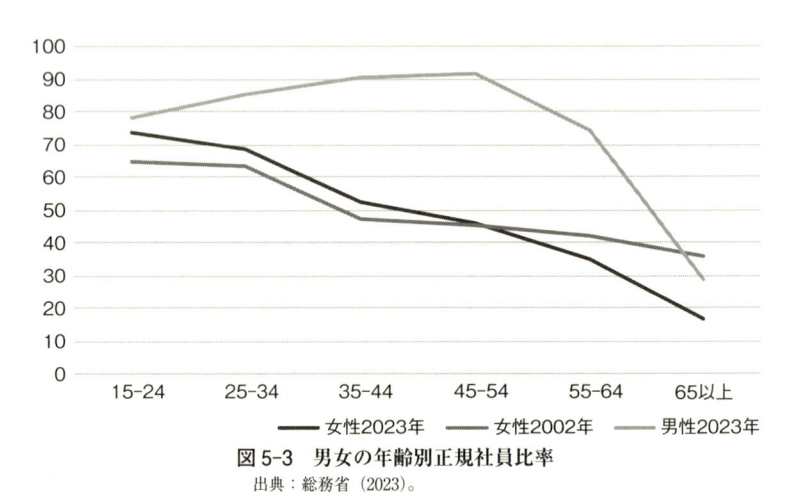

図 5-3　男女の年齢別正規社員比率
出典：総務省（2023）。

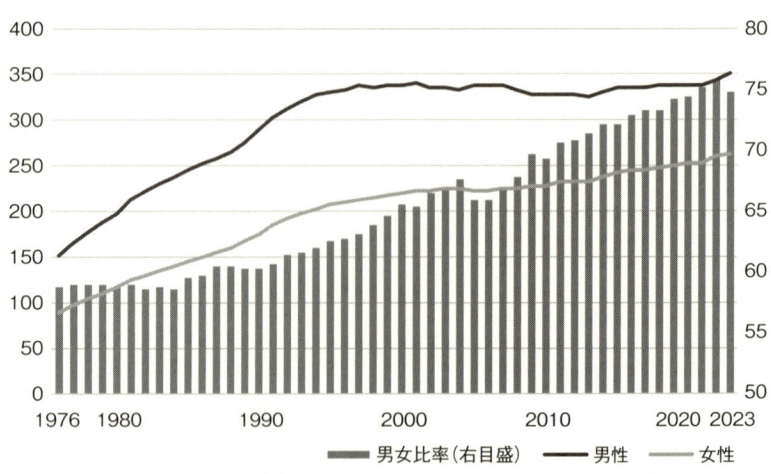

図 5-4　男女間所定内給与水準と格差の推移（月額、1000 円）
出典：厚生労働省（2023）。

的である（図5-3）。これは、男女を問わず、いったん離職すると、正社員としての再就職が困難な日本の労働市場の状況を反映している。

　女性の就業率の高まりは、その平均賃金の持続的な上昇と同時に生じている。他方で男性の賃金が2000年初より停滞していることから、男性に対する女性の平均賃金の比率は徐々に改善し、最近時点では75%の水準に達している（図5-4）。

　日本の男女間賃金格差を主要先進国と比較すると、ほぼ男女間の平均勤続年数の差に対応しており、勤続年数差が小さい国ほど、それに比例して賃金格差も小さい。他方で、日本の女性の平均勤続年数を他国と比較すると、イタリア、フランスを除く欧米諸国と比べて同程度か、むしろ長いことが分かる。このため日本の男女間の勤続年数差を広げている主因は、他国よりも際立って長い男性の勤続年数である（表5-1）。この国際比較でみると、日本の女性の働き方は他の先進国と比べて大差がないことに対して、日本的雇用慣行から派生する男性の固定的な働き方が顕著となっている。この国際比較からも、男女間賃金格差の是正には、日本の女性の働き方よりも、男性の働き方の見直しが大きな課題となることがうかがえる。

表5-1　男女間の賃金と勤続年数格差（2021-22年）

	賃金格差（%）	平均勤続年数（年）		
	女性／男性	男性―女性	男性	女性
ノルウェー	95.2	0.1	8.1	8.0
デンマーク	94.9	0.6	6.7	6.1
スウェーデン	92.6	− 0.3	7.7	8.0
イタリア	92.4	− 0.1	11.2	11.3
フランス	88.2	− 0.1	10.2	10.3
英国	87.7	0.3	9.6	9.3
ドイツ	86.1	0.3	9.9	9.6
米国	82.3	0.5	4.3	3.8
日本	77.5	3.9	13.7	9.8
韓国	68.5	2.2	7.0	4.8

出典：日本労働政策研究・研修機構「データブック国際労働比較（2024）」により作成。

2. 日本的雇用慣行と女性の働き方の矛盾

　日本の雇用慣行についての体系的な説明としては、日本の経営者へのインタビューにもとづく、アベグレン（1958）の著作がある。これは終身雇用、年功昇進・賃金、企業別組合の三本の柱で示され、企業経営者のパターナリズムから派生するものとした。しかし、日本の製造業の高い国際競争力を、パターナリズムだけで説明することは困難である。その本質は、Becker（1964）が唱えた人的資本理論であり、企業内で労働者の熟練形成（人的投資）を効率的に行うための合理的なメカニズムと考えられる。人的資本への投資は、設備投資と同様に、投資の収益率が高い状況で活発に行われる。その意味で、戦後の日本で幅広く普及した雇用慣行は、日本に特殊な文化的な要因だけによるものではなく、高い経済成長と豊富な若年労働力に支えられた、他の先進国と共通した経済合理性にもとづくと考えられる。従って、それを支える経済的な環境が変化すれば、より流動的な別の合理的な形態に変わることは十分に可能といえる（八代 1997）。

　日本の大企業は、新卒者を一括採用し、企業内の多様な業務を経験させる「業務上の訓練（On-the-job training, OJT）」を通じて、熟練労働者を形成する。これを効率的に行うため、労働者は長期雇用を保障される代わりに、頻繁な配置転換や転勤等の人事管理に従う、包括的な契約を受け入れなければならない。この「職務の定めなき包括的（メンバーシップ型）な雇用契約」が、日本的雇用関係の本質とされる。これは、欧米諸国で普遍的な特定の職務についての事前の明確な契約で労働者を雇用する働き方（ジョブ型）と対比される（濱口 2009）。

　日本の包括的な働き方では、企業の社員とその家族に関する裁量性が大きい。これは労働時間の長さと頻繁な配置転換・転勤の受入れ等の雇用慣行と密接にかかわっている。第1に、慢性的な長時間労働は、日本人の勤勉性等の文化的な要因ではなく、長期雇用保障と一体的なものである。これは不況時には、労働組合と定められた一定の補償ルールの下で一時解雇が可能な米

国等の企業と異なり、日本企業では、正規労働者は解雇されないことが原則となっている。このため、生産活動が落ち込む不況時には、雇用の調整ではなく労働時間の削減で対応できるよう、普段から慢性的な残業を前提とした働き方を維持する必要がある。この典型例は、バブル崩壊時の 1992-93 年のゼロ成長期であり、生産活動の低迷にも関わらず雇用は維持され、失業率は2.1％にとどまった。これはバブル期に大幅に増加した所定外労働（残業）時間が、前年比 13％もの大幅減となったことで雇用調整に代替したものであった。

　第2に、企業内の熟練形成では、多くの業務を経験するための頻繁な配置転換だけでなく、管理職に昇格するために、本社以外の多様な働き場所を経験する必要がある。このために、企業の命令による転勤は大きな意味をもっている。ここで世帯主（その大部分は男性）が転勤する場合には、それに伴って家族も移動することが一般的な慣行とされており、家族用の社宅等も整備されている場合が多い。こうした労働者の職務や働き場所等に関する無限定な働き方が可能になるためには、家事・育児に専念する専業主婦が大きな前提となる。このため企業は配偶者への手当を、また政府は所得税の配偶者控除や社会保険制度で被扶養配偶者を優遇する仕組みが形成された。

　第3に、企業がコストをかけて訓練し、育成した社員に、そのスキルやノウハウを持ち逃げされないためには、雇用保障だけでは不十分であり、労働者が中途で退職すると不利になる仕組みが必要となる。これは勤続年数に応じて賃金が高まる年功賃金制度であり、若年の独身時には低いが、年齢が高まれば、結婚や子育てのための費用を賄う「生活給」とされる。これは企業のパターナリズムだけではなく、社員が中途で退職することが不利になる、「生涯を通じた賃金の後払い」という意味もある。また退職金も、企業による社員の老後生活の備えとみなされているが、同時に企業が毎月支払われる賃金の一部を、企業内に事実上貯蓄することを強制し、それを退職時に後払いするための仕組みでもある。これは労働者が懲戒解雇された場合にはゼロになるが、自己都合での退職の場合にも、企業都合や定年退職等と比べて半分になる場合がある等、不利な扱いを受ける場合が多い。また、生涯に受け取れる退職金は、年功賃金とリンクするため、中途で転職すると大幅に減少

するというペナルティー[4] が生じ、これも実質的に労働者を企業内に閉じ込める効果を持っている。

　こうした特定の企業内で、専業主婦を暗黙の前提とした男性世帯主の無限定な働き方は、夫婦が共にフルタイムの正規社員として働く既婚女性にとって極めて不利なものとなる。慢性的な残業は、家事・子育てに専念する配偶者をもつ男性世帯主にとって時間コストは少なく、むしろ追加的な収入源となる。これに対して、共働き世帯にとっては、残業で生活時間が削減されることの時間コストは大きい。また、夫婦のいずれかの転勤は、家族の事実上の別居生活を意味し、とくに子育て中の生活上の費用や損失額は大きい。このため、既婚女性が管理職への昇進に必要な慢性的な残業や転勤のある働き方を避ければ、正規社員として長期に勤続しても、男性世帯主と同様なキャリアパスにとどまることは困難となる。

●雇用の流動化の促進

　日本的な雇用慣行は、元々、法律に基づくものではなく、労使の共通合意にもとづき維持されてきた。長期雇用保障についても労働基準法には明確な規定はなく、労働者の解雇についても、単に解雇予告が必要であり、さもなければ最大で 30 日分の賃金支払い（解雇予告手当）が義務付けられているのみである[5]。また賃金についても政府による最低賃金が定められているだけで、年功給を定めた規定もない。

　しかし、社会的に幅広く普及した雇用慣行の下で、労働者の利益を守るために、企業が整理解雇を行う場合の四要件や、賃金の不利益変更の禁止等の判例法が発展した。また、不況期に過剰な雇用者を守る企業への補助金である雇用調整助成金や退職金についての所得税の優遇措置等、様々な形での政策的な支援がある。これらの企業の固定的な雇用慣行が、社会にとって望ましいものとして、それを政府が間接的に支援する制度が設けられている。しかし、その結果、企業に留まる労働者と比べて、転職する労働者には大きな不利益が生じている。この雇用流動化を妨げている諸制度を見直し、労働者にとって損得のない「中立的な制度」とすることが問われている。

　日本の企業内訓練を新卒採用時から定年退職時までの間に継続的に行うというビジネスモデルは、戦後の高い経済成長期に企業が持続的に成長し、豊富な若年労働者に高い教育投資の効果が見込めることを暗黙の前提としていた。しかし、日本経済が長期間にわたって停滞し、若年労働者が大きく減少するという、これまでの雇用慣行を支えてきた経済社会環境が大きく変化している。それにもかかわらず、企業の労使にとって、過去の成功体験の呪縛から、現行の働き方の見直しは困難となっている。

　経済社会環境が大きく変化したにもかかわらず、企業が固定的な雇用慣行を変えられなければ、その対象となる正規社員数を限定しなければならない。その結果、雇用保障の対象外の非正規社員の比率が高まった。この非正規社員の雇用者全体に占める比率は、2023年で37％だが、女性雇用者では53％と高い。この背景には女性が出産等の事情で退職した後は、パートタイムや契約・派遣等の職務や働き場所を限定した働き方に就く比率が高いことがある。他方、男性の非正規社員比率は、平均では23％だが、定年退職後の65歳以上では71％と高い。

　この男女格差を防ぐために、現行の男性が主な無限定な働き方を基準として、それに女性を合わせるのではなく、現行の正規社員と非正規社員の中間的な働き方である「限定正規社員」を法制化することが検討されている。これは職種・働き場所・労働時間等を予め限定した雇用契約での働き方で、すでに一部の企業では実施されている。しかし、労働者に転勤の義務がない以上、企業にも特定の事業所等の閉鎖の際に、他の部署への配置転換の責任も、通常の労働者と比べて小さいとすれば雇用の安定性を欠くとした反対論から、この法制化には十分な合意が得られていない。

　これについては、労働者にとって雇用保障と働き方の柔軟性のいずれを重視するかが焦点となる。一般に、世帯主だけが働く世帯では、その雇用保障が最優先され、そのために家族の生活のある程度の犠牲は許容される。これに対して、二人のフルタイムの働き手のいる共働き世帯では、いずれかの雇用保障が一時的に損なわれても、他方がその間の生活を支えることができ、むしろ転勤等のない働き方が優先される場合がある。また、一方が家計を支

えることで、他方が高度な資格を得るための一時的な休業も可能となる。さらに雇用の流動化が進めば、現在の不本意な職場を離れ、より良い条件の働き方を求めるための転職活動も容易となる等の選択肢が広がる。この他、とくに女性にとって男性の転職率が高まれば、男女間の平均した勤続年数格差が縮小し、その結果、賃金格差の縮小に結びつき易いことになる。

●解雇の金銭解決の必要性

　雇用の流動化を促進するためにカギとなるのは、長期雇用関係を解消するためのルールの形成である。しばしば日本では、「解雇規制が厳し過ぎる」という批判があるが、すでにみたように、労働基準法で一般的な解雇規制に相当するものは解雇予告手当のみである。しかし、これだけでは雇用が不安定になるために、法律上の明確な根拠なしに、裁判所が「雇用主は労働者を解雇する権利はあるが、その権利を濫用してはならない」という、民法の一般的なルールに基づく判例が蓄積されてきた。

　こうした現状では以下のような三点が問題となる。第1に、この「権利の濫用」とは、「解雇は、客観的に合理的な理由を欠き、社会通念上相当であると認められない場合は、その権利を濫用したものとして、無効とする（労働契約法第16条）」という抽象的な規定に過ぎないため、それを個々の裁判事例について当てはめる場合の予見性が乏しいことである。とくに、前段の「客観的に合理的な理由」とは、例えば欠勤日数の多さ等、ある程度まで客観的に判断できるものの、後段の「社会通念上相当」の基準は、もっぱら裁判官の判断に委ねられる部分が大きい。

　第2に、解雇無効判決の場合、元の職場への復帰という原状回復の選択肢しかない。現実には、解雇された労働者にとっても職場復帰を望まない場合が多いが、その場合には和解という形で、事実上の補償金の金額を企業と交渉する場合が多い。しかし、その基準が明確でないため、企業の支払い能力等で大きな差が生じ、労働者間の不公平が生じる。

　第3に、民事裁判に訴えられる資力や時間のある労働者と、そうでない労働者との格差である。ここで、手続きが簡便な労働審判や労働委員会のあっ

せんに依存する労働者は、民事裁判で解雇無効判決の後の和解と比べて、補償金に大きな差が生じている（労働研究・研修機構 2012）。

　こうした問題に対処するため、欧州主要国では、解雇無効判決と同時に、当企業での勤続年数等に比例した補償金のルールを定め、それを個々の事情に応じて裁判官が増減する制度がある。これが解雇の金銭解決制度で、解雇の補償金額の水準がある程度まで明確になっていれば、裁判に訴えなくても事前の紛争解決に準用されることで多くの労働者の救済に活用される。これは、とくに個別労使紛争では、弱い立場にあることの多い女性労働者にとって有用といえる。

　この制度については、「カネさえ払えば解雇可能になる」という典型的な批判がある。しかし、それは補償金の水準次第であり、現在、わずかの補償金しか受け取れない中小企業の労働者にとっては大きな改善となる。また、労働紛争以外の離婚訴訟や交通事故等の裁判でも補償金の額については一定の相場があるなかで、個別解雇紛争に関してだけ、補償金での解決が明確に制度化されていないことの根拠は乏しい。

　この制度が普及すれば、企業にとって、新卒採用者と比べて個人の仕事能力に大きな差がある中高年層の中途採用についても、仕事能力が不足した場合には解雇が容易となるため、それだけ企業が積極的に採用機会を増やせる。転勤等、家庭の事情で離職せざるを得ない場合の多い既婚女性にとっては、正規社員としての再就業機会が広がる可能性が大きい。

3. 管理職に占める女性比率の低さ

　日本企業で管理職に就いている女性の比率の低さを改善すべく、2003 年に、内閣府男女共同参画推進本部で、2020 年までに「指導的地位（国会議員や企業・官庁等での管理職）」に就く女性比率の 30% 達成目標を掲げた。しかし、その後、大きな進展は見られず、2022 年で 13% と、30-40% 台の欧米諸国だけでなく、他の東アジア諸国と比べても、いぜん大きな格差が生じている（図 5-5）。

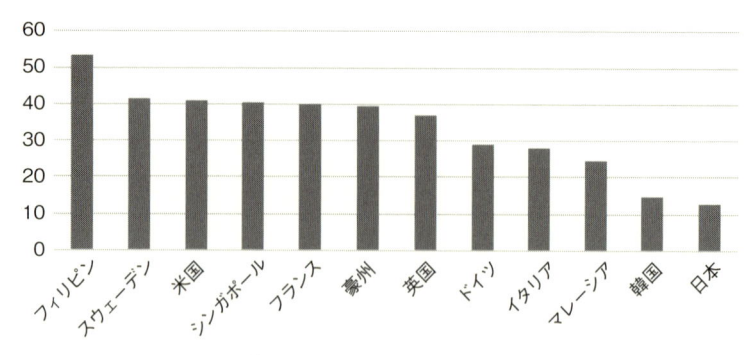

図5-5　管理職に占める女性比率（2022年、%）
出典：労働政策研究・研修機構（2023）。

　この要因について、日本では女性を差別しているのではなく、単に管理職候補者が不足しているためという説明もある。これは企業内訓練を蓄積し、「職務が明確でない働き方」の下で、年功的な昇進を通じて管理職に到達する日本のキャリアシステムの下では、その途中のプロセスで多くの女性が離職するためである。もっとも、同一企業に長期勤続の女性も少なくないが、企業は女性社員を、中途で離職しても不都合が生じないよう、管理職に結び付き難いキャリアパスに配置している可能性が高い。これは個人の将来の離職率が不明のため、その代理変数として、個人が属する集団の平均的なデータを持いる「統計的差別」[6] が働いている可能性が大きい（八代 1980、山口 2017）。最近の永瀬（2024）の研究によれば、「女性の躍推進企業データベース（2015）」でみた 2008 年時点の正規社員の内、男女間の平均勤続年数には大きな差はないものの、職能資格等級の分布において多くの女性が管理職に届いていない、つまり男女間でキャリアコースが明確に分かれていることが示された。これは企業にとって、平均離職率の高い女性社員に、当初から中途で離職されても損失の小さいキャリアパスを与えている結果とみることができる。

　この点で、政府による最近の男性の育児休業取得促進策は、従来とは逆に、女性の働き方に男性を合わせることで男女平等を図るための新しい動きである。しかし、男性の育児休暇取得率を引き上げても、その平均取得期間の長さには女性と比べて大きな差がある。また、女性にとっても 1-2 年間の育児

休業から職場に復帰した後の長時間労働等の働き方が変わらなければ、子育てと就業継続の両立の問題は解消し難いといえる。

4.　女性の社会進出と少子化の関係

　日本的雇用慣行の下での女性の高学歴化と平均賃金の上昇は、少子化と密接な関係にある。日本の合計特殊出生率（一人の女性が一生の間に産む子ども数の指標）は、1947 年の 4.54 をピークとして、23 年の 1.20 まで、ほぼ持続的に低下してきた（国立社会保障人口問題研究所 2023）。

　少子化の要因として、一般には、子どもの教育費等の負担が大きくて子どもを育てられないといわれる。しかし、現実には、国民の所得水準の高まりにともない、「子どもを少なく産んで大事に育てる」という家族の行動は、先進国の間では普遍的なものである（Becker 1981）。とくに戦後、高い経済成長を遂げ、子どもの教育を重視する東アジア諸国では、日本よりも少子化が進んでいる場合も多い。

　政府による子育て支援は、家族への支援政策として必要だが、金銭給付が出生数に及ぼす影響は大きくないという内外の研究は多い（山口 2019）。政府は児童手当の大幅な拡充で子どもを増やそうとしているが、そうした金銭給付は、それが新たな子どもを産むためよりも、現在の子どもの教育費に向けられる可能性が大きいためといえる。

　家族にとって子どもを育てるための最大の費用は、生活費や教育費のような実費よりも、子育てのために母親が働けなくなることで失われる所得である。この子育ての機会費用は、女性の経済的地位の上昇に比例して高まっている。従って、子育てと女性の就業継続を可能とするための働き方改革や、効率的な保育サービスの整備を通じた現物給付は、児童手当のような現金給付と比べて、少子化対策として大きな意味をもっている。

　これまで少子化対策としては、もっぱら子育て中の家族への支援が中心であった。しかし、これを既婚女性だけの出生率についてみると 2021 年で 1.9 と、人口を安定させる 2.1 の水準とほとんど差はなく、平均出生率の 1.2 と

の差は大きい。日本では結婚をすれば、現在でも子どもは2人弱生まれており、結婚しない単身者が増えていることが少子化の大きな要因である。

●未婚率高まりの要因

　女性の未婚率は、各世代とも高まっているが、とくに20歳代後半では1980年の24%から2020年の66%にまで急上昇していることが大きな特徴となっている（図5-6）。この未婚率の高まりの要因については、三つの説がある。

　第1は、「パラサイト・シングル仮説」で、男女に関わらず、社会人になっても親と同居している場合に、男女を問わず、その居心地の良さで独身生活を堪能する一方、結婚すると住居費等の負担が増え、生活水準が低下することが結婚の障害になるという説（山田 1999）である。しかし、日本では、元々、長男や長女は親と同居する場合が多く、次男・次女以下が別居することが普遍的である。ここで少子化により、兄弟姉妹の数が減少すると、相対的に親と同居する長男・長女の比率が高まるという、逆の因果関係も考えられる。

　第2に、経済の停滞により、若年層で雇用が不安定な非正規社員の増加や、正規社員でも低賃金の場合が多く、結婚するための費用が賄えないという男性側の要因が強調される。しかし、年功賃金の下で若年男性の賃金が低いこ

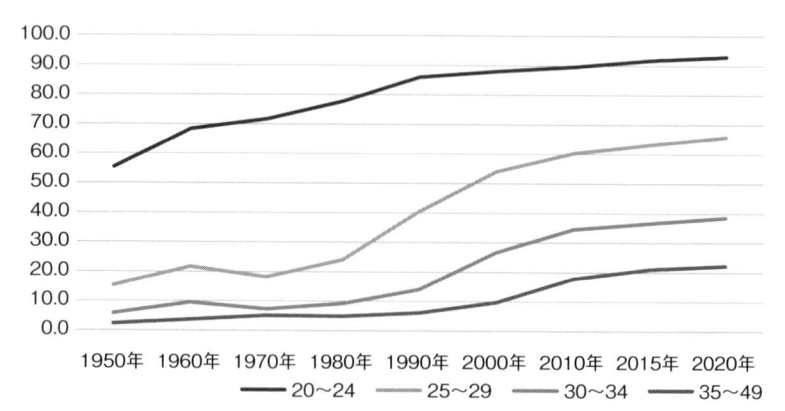

図 5-6　女性の年齢別未婚率
出典：国勢調査。

とは過去も同様であった。他方で女性の経済力の高まりから、とくに若年層では共働き世帯が増えている現状では、「妻子を養えない所得だから結婚できない」という男性側の説明要因は、やや困難になっている。

　第3に、過去数十年間で大きく変化しているのは女性の経済力の向上である。女性の経済的な地位が低い時期には、高学歴・高所得の男性と結婚することが、その社会的な地位向上の有力な手段であった。しかし、女性の高学歴化と、それに伴う高所得化で、結婚以外の選択肢が増えるとともに、結婚や出産により自らのキャリア形成が阻害されることの機会費用が高まる。この結果、女性に結婚する意志があっても、結果的に、機会費用の高さに見合うだけの男性と出会わないことで婚姻率の低下が生じてしまうことがある。

　結婚という行動は、企業の利潤最大化と同様に、自らの魅力という制約条件の下で、できるだけ良い相手を見つける「最大化行動」と考えられる（八代 1993）。その場合、探索活動の締め切りが明確でなければ、結婚のタイミングが決められない。過去には、女性の初婚年齢のタイムリミットが25歳という社会的な認識があり、それまでに出会った内で最適な男性を選ぶという明確な結婚戦略があった。しかし、大学卒女性の増加とともに、従来の初婚年齢の25歳は早過ぎることになる。これは社会的に見た結婚年齢のばらつきが大きくなり、結婚の意思決定が困難になることを意味する。とくに、女性の年齢が高まると、過去に費やした探索活動のための金額と時間のコストに見合うだけの良い相手を見つけなければならないと考える一方で、良い候補者の数は時間とともに減少するという基本的な矛盾がある。

　この結婚行動についての政策的な支援としては、結婚への補助金やマッチング機会の提供等があるが、いずれも明確な効果は乏しい。これに対して、最近の鈴木・小島（2024）では、結婚前同棲を通じた結婚確率の高まりを指摘している。これは若者の結婚行動についての国際比較（内閣府 2015）では、欧米諸国では、同棲期間を通じてお互いの情報を確認することで結婚に結び付くことが普遍的であるが、日本と韓国では、結婚か未婚かの二者択一しかないことが示されている。このため、女性の経済的な地位向上を前提に、フランスの PACS（Pacte Civil de Solidarité）のように、結婚前の同棲関係に

ついて、婚姻に準じた法的な地位を認めることで、同棲関係への社会的な障壁を軽減すれば、結果的に出生率の向上に結び付く可能性もある。

5. 認可保育所の改革

女性の継続就労への支援にとって、保育所の量的な拡大と質的な充実が大きな役割を果たしている。ここで保育所の内、児童の定員数で71%と最大のシェアを占めているのが認可保育所で、これに認定こども園が25%、特定地域型保育事業が4%となっている。この他、事業所内保育所制度を拡大し、地域の児童も含めた企業型保育所[7]や民間企業が設立する認可外保育所もある。

政府はこれらの保育所の定員数を持続的に増やして来たが、それにもかかわらず保育所への入園待ちの待機児童数が長らく高止まりしており、2018年から減少に転じた後、2023年には全国で2,700人程度にまで減少した（図5-7）。

この2017年以降の待機児童減少のひとつの要因として、待機児童の定義の厳格化がある。これは認可保育所の利用希望者が、①自治体に指定されたもの以外の特定の保育所を希望、②仕事がなく求職活動も休止、③自治体が

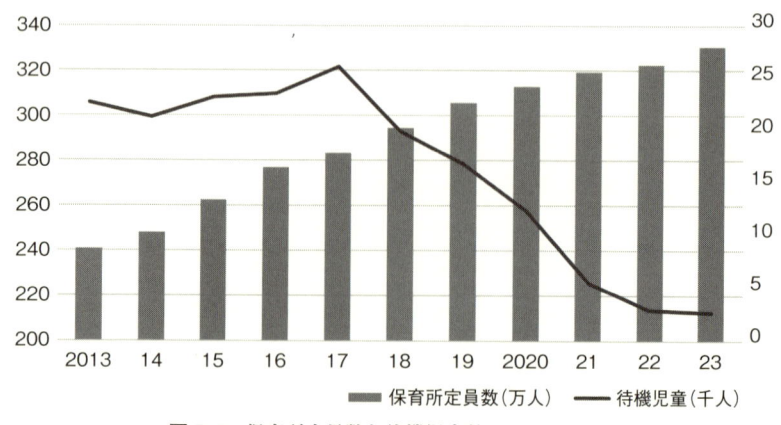

図 5-7　保育所定員数と待機児童数
出典：厚生労働省「保育所等関連状況取りまとめ（2024）」。

補助する保育サービス（保育ママ、東京都の認証保育所など）を利用、等の場合には、待機児童の定義から除外されたことがある。このため保育所への潜在的な需要はいぜん大きい可能性がある。これを全国ベースでは、保育所の利用率には地域差が大きく、待機児童は大都市部に集中する一方で、それ以外の地方では定員割れも生じており、2023年では全国の保育所定員数の11％が未利用になっている。

　この背景には、認可保育所が子育て家族の就労支援ではなく、「保育を必要とする子どもの保育を行う」という児童福祉法にもとづいていることがある。この「保育の必要性」は、家族ではなく政府が決めるもので、本来は家庭で育児をすべき両親が働かざるを得ないために放置される子どもを公的に保護することが認可保育所の目的となる。このため保育所を利用するためには、市町村や福祉事務所等で「保育の必要性」の認定を受ける必要がある。この場合、専業主婦や育児休業中の個人等は、原則として保育所の利用はできず、また働いていてもフルタイムでなければ優先順位が低くなる。さらに、行政による保育所の割当制度のため、利用者が必ずしも希望しない保育所を指定される場合もある。

　これは利用者が希望する先に直接申し込み、事業者との間で対等な契約にもとづく教育サービスを提供する幼稚園との大きな違いでもある。さらに新規に認可保育所を運営したい民間事業者は、市町村の公募に応じる形でなければならず、利用者のニーズに応じた弾力的な供給が困難となる。

　こうした現行の認可保育所の仕組みは、2000年の社会福祉の基礎構造改革や介護保険制度以前の老人福祉制度と共通した面が多い。現行の介護保険制度では、保育と同様に家族による無償労働とされていた高齢者介護について、同居家族の就業の有無にかかわらず利用が可能となっている。また、保育所に対応する高齢者のデイケアセンター等の通所施設については、地域の需要に応じて民間企業等が自由に設立可能であり、待機高齢者はほぼ存在しない[8]。このように介護保険には、「利用者のニーズに対応したサービス供給」のメカニズムが働いていることに比べて、保育制度については、政府が利用者のニーズを判断して自ら提供するという福祉の仕組みが維持されている。

最近では、小学校入学以前に、非認知能力を主体とした幼児教育の重要性が指摘されている（ヘックマン 2015）。これは少子化が進む下で、保育所がその重要な機能の担い手となっており、多くの希望する子育て家族が、その就労の有無にかかわらず、利用できることが望ましい。

　すでに一部の市町村では保育所に空きがある場合には、親が就業していない家族の子どもも受け入れる「一時保育」の制度がある。また、これを全国的にも拡大した「こども誰でも通園制度」が2024年に設けられた。これらは、認可保育所等に通っていない満3歳未満の子どもの通園への補助制度であるが、毎月の限られた時間数だけ保育所を利用できるものに過ぎない点で限界がある。

　女性が結婚・出産後も企業で働き続けることが一般的な社会になり、保育サービスへのニーズが飛躍的に拡大した現在でも、家族が自ら保育することが原則で、それができない例外的な家庭の児童への福祉を目的とした認可保育所の仕組みが基本的に変化していない。現代の保育サービスは、家族の就労支援だけでなく、幼児教育も含む質的な充実が求められていることを考えれば、現状の児童福祉法にもとづく保育所制度を、高齢者介護と同様な普遍的な仕組みへと改革していくことが必要とされる。

6.　家族の多様化と夫婦別姓選択

　戦後日本の家族形態は大きく変化した。これは第1に、働く場所と生活の場が一体的な農業等の自営業者が減少し、通勤や働くための時間が拘束される被用者が大幅に増加したことである。第2に、親と同居する三世代家族が減り、核家族の増加がある。これは家族の生産活動の規模の利益を減少させるが、とくに子育てのために同居家族の支援が弱まることの影響は大きい。第3に、男性世帯主が働いて収入を得て妻子を養う専業主婦家族の減少と、夫婦が共にフルタイムで働く家族の増加である。

　この内、妻が家計補助的にパートタイムで働く場合に、夫の扶養家族の範囲内に限定しなければ、税金や社会保険料の面で不利となるという「年収の壁」

の制約がある。これが最低賃金率の引き上げにより、年間の就業日数を抑制せ
ざるを得なくなり、パートタイム主婦に大きく依存している企業から、既存の所
得税制の配偶者控除や社会保険の被扶養者制度の見直しが求められている[9]。

　また、夫婦が共にフルタイムで働く場合に、夫婦の姓（氏）を同一にしな
ければならないとする現行の戸籍法の制約が大きな問題となっており、諸外
国のように、夫婦が同姓か別姓のままとするかを選択できる制度への改正が
求められている。この問題は、とかく夫婦が同姓であるべきか、それとも別
姓であるべきかの意見対立の構図で論じられる場合が多い。しかし、「仮に
結婚の際に姓の選択ができるようになればどうするか」を聞いた 2001 年の
世論調査では、「夫婦同姓を希望する」との答えが 50％であり、「別姓希望者」
は 18％であった。仮に今後、別姓が選択可能になっても、実質的には大き
な変化は生じない可能性が大きい。

　夫婦が同姓であることは、家族単位の社会活動をする自営業や専業主婦世
帯が大部分を占めていた時代には当然のことであった。しかし、夫婦共働き
が増えた現在、各々が個人単位の公的資格や研究実績を持ち、生涯、同姓を
維持するために「夫婦別姓を選択したい」という意見を持つ人が、一定数、
存在することである。そうした人々の希望を禁止しなければならないほどの
「公益性」が、現在の夫婦同姓制度にあるのかが真の争点となる。

　職場などでは、結婚前の旧姓を通称として利用する選択肢もあり、それを
広げれば良いという意見もある。その一方、氏名は個人を識別する重要なデー
タであり、それが複数あることは、今後のデジタル時代にはとくに混乱を呼
ぶ可能性が大きい。また、夫婦の姓が異なると、子どもへの悪影響が生じる
との懸念についても、同姓か別姓の是非を政府ではなく、それも含めて個々
の家庭が判断できない根拠は乏しい。

　内閣府の「家族の法制に関する世論調査（2021 年 12 月）」では、選択的
別姓制度導入のための法改正の是非を聞いた結果は、「通称制度を拡大すれ
ば良い」という中立的な選択肢を除けば、男女別よりも世代別に大きな差が
見られた（図 5-8）。これには高齢層ほど現行の家族制度維持の傾向が強い
こともあるが、何よりもこれから結婚する「当事者」である若年世代の改正

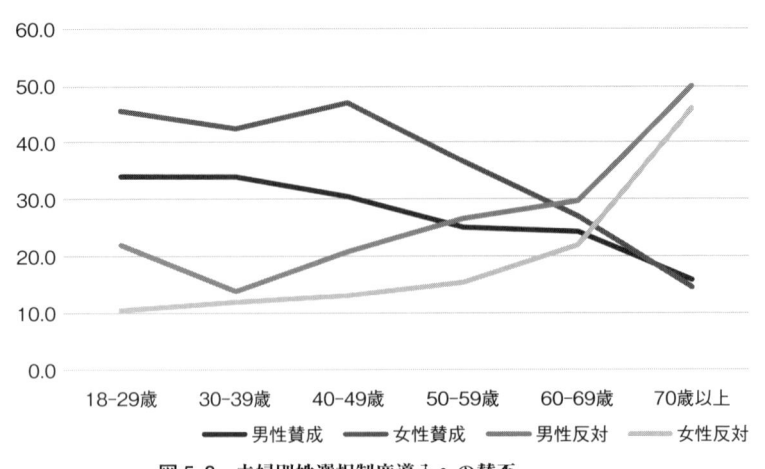

図 5-8　夫婦別姓選択制度導入への賛否
出典：法務省「夫婦の氏に関する調査結果の整理」(2022)。

意見が、より重視されるべきではないか。既に見たように、現在の少子化問題は未婚化問題に起因する。男女の所得格差が大きかった時代には、女性にとって結婚が社会的地位向上の重要な手段であり、夫の姓になることはメリットが大きかった。しかし近年は、若年層の女性と男性との給与差が縮まる傾向がある中、平等であるべき結婚なのに、なぜ女性の95％が姓を変えなければならないのかという疑問が生じたとしても何も不思議ではない。

　本来の民主主義社会では、他人に迷惑を及ぼさない限り、個人の自由度はできる限り尊重されることが原則である。保守層にとって伝統的な家族の形骸化を危惧することは当然だろうが、旧い家族制度に固守することで、新しい家族の形成が損なわれるリスクがあるという視点も必要といえる[10]。

結論

　日本の労働市場の現状では、女性のキャリア追求を妨げる大きな要因として、配偶者の家事・子育てのための無償労働に支えられた男性世帯主の無限定な働き方が主流となっている。これは過去の高い経済成長期に普及したものであり、当時は合理的であった働き方であったが、そうした経済社会環境

が大きく変化し、その持続性が困難になった現在でも、過去の成功体験から、その抜本的な改革が困難となっている。このため企業で雇用者として働く多くの既婚女性にとって、あくまでキャリアを追求するか、それとも子育てのためにキャリアを犠牲にするかの二者択一を迫られることになる。

　このトレード・オフ関係を改善するためには、第1に、女性の継続就業への支援だけでなく、男性の職務や働き場所についての無限定な働き方の改革が必要とされる。これは、例えば、大部分の社員についての業務と責任の範囲を明確化にすることである。また、新卒採用後に会社内の様々な業務を経験する企業内訓練は維持するものの、遅くとも40歳台初めまでに、自ら選択した分野の職務や働き場所に特化した働き方を可能とする仕組みの構築である。それにより、慢性的な長時間労働の是正とともに、裁量労働制やオンライン就労等の弾力的な働き方が容易となる。

　第2に、現行の児童福祉法にもとづいた認可保育所を、高齢者介護のように、民間事業者による保育所の設立・運営の自由化と、それらを利用者が自由に選択できる、質の高い保育サービスに置き換えることである。今後、少子化時代の保育所は就学前教育を提供できる貴重な場であり、両親の就業の有無にかかわらず利用できることが必要となる。現行の「こども誰でも通園制度」は、そのための望ましい改善の方向であるが、現行の児童福祉制度の補完的な位置づけではなく、本来の保育サービス提供のためのあるべき制度と位置付ける必要がある。

　第3に、家族の多様化に対する公共政策の中立性の確保である。これは、現行の世帯主に扶養される配偶者への税制や社会保険制度上の優遇措置を撤廃し、家族の働く形態の違いに中立的な社会制度への転換を図る。また、夫婦が個人として働く時代には、生涯を通じて同一の姓名を維持できることが必要な人々も増えている。多様な家族のあり方に対応した家族制度への規制改革を進める必要がある。

　　謝辞

　　＊本論文について貴重なコメントを頂いた伊藤純教授に感謝する。

注

1 ）年齢を限定しない公式の 2023 年労働力率（15 歳以上人口に占める労働力人口の割合）では、女性は 54.8％と低く、男性の 71.4％との差は大きい。この男女の労働力率の差の主因は、女性の平均寿命が男性よりも長く、分母の年齢の上限を定めていない 15 歳以上人口が著しく大きくなるためである。このため分母の人口と分子の労働者を 15-64 歳に限定する OECD 基準を用いなければ女性就業の実態を示せない。

2 ）育児休業中の労働者は、その間の賃金が支払らわれず、雇用保険制度から育児休業給付を受けている場合でも休業者として労働力人口に含まれる。

3 ）25 ～ 44 歳の子育て期間中の女性の非労働人口の内の就業希望者は 66 万人と同年齢の就業者の 6％を占めている（総務省 2023）。

4 ）標準的な年功賃金の下で、同一企業に 40 年間勤務した場合の退職金（退職時賃金と勤続年数の積で試算）と比べて、勤続 20 年で転職した場合、両方の企業から受け取れる退職金の総額は、一方の企業に 40 年勤続時と比べて約 4 割減少する（厚生労働省「賃金構造基本統計調査（2023 年）」を用いて筆者試算）。

5 ）個別の労働法では、労働組合員であることによる解雇は禁止される労働組合法や、育児休業中の社員の解雇を禁止する育児休業法等がある。

6 ）日本企業は、採用やキャリアパスの選択時に個人の学歴（偏差値の高い大学歴）を勤勉さや忍耐力等の潜在的能力の指標として用いている可能性が高いが、これも統計的差別の一例である（八代 1980）。

7 ）企業型保育所は、働く家族の子育てを支援するための保育サービスの提供という旧労働省の政策にもとづくもので、旧厚生省の児童福祉のための保育所とは対照的な仕組みといえる。

8 ）民間事業者が参入できない介護施設の特別養護老人ホームには多くの待機老人が存在している。

9 ）社会保険で世帯主の被扶養家族となるためには、年収 106 万円と 130 万円の二つの異なる基準の壁があり、それを満たすために年間労働時間を抑制する必要性がある。

10）夫婦別姓は家制度を壊すものという通念があるが、少子化社会では一人っ子同士の結婚で、いずれかの家系が存続できなくなるリスクが高まる。その場合、夫婦別姓制度を活用し、複数の孫に各々の家系を継承してもらえるという利点もある。

参考文献（著者姓アルファベット順）

アベグレン、ジェームズ著・占部都美訳（1958）『日本の経営』ダイヤモンド社

Becker, Gary（1964）, Human Capital, National Bureau of Economic Research.

Becker, Gary（1981）, A Treatise on The Family. Harvard University Press.

ゴールデン、クローディア著・鹿田昌美訳（2023）『なぜ男女の賃金に格差があるのか』慶應義塾大学出版会

濱口桂一郎（2009）『新しい労働社会：雇用システムの再構築へ』岩波書店

ヘックマン、ジェームズ著・古草秀子訳（2015）『幼児教育の経済学』東洋経済出版社

Ito, Takatosh and Hoshi, Takeo（2020）, The Japanese Economy, 2nd.ed, MIT Press.

国立社会保障人口問題研究所（2023）「人口統計資料集」

厚生労働省（2022）「働く女性の実情」

厚生労働省（2023）「賃金構造基本統計調査」

永瀬伸子（2024）『日本の女性のキャリア形成と家族』勁草書房

内閣府（2015）「少子化社会に関する国際意識調査」

労働政策研究・研修機構（2012）「日本の雇用終了：労働局あっせん事例から」労働政策研究・研修機構

総務省統計局（2023）「労働力調査」（基本集計）

鈴木亘・小島宗一郎（2024）「独身者データと既婚者の振り返りデータを用いた結婚の決定要因に関する経済分析」、『日本労働研究雑誌』、第 768 号、pp.35-52

山田昌弘（1999）『パラサイト・シングルの時代』ちくま新書

山口一男（2017）『働き方の男女不平等：理論と実証分析』日本経済新聞出版社

山口慎太郎（2019）『「家族の幸せ」の経済学：データ分析でわかった結婚、出産、子育ての真実』光文社新書

八代尚宏（1980）『現代日本の病理解明：教育・差別・福祉・医療の経済学』東洋経済新報社

八代尚宏（1993）『結婚の経済学：結婚とは人生における最大の投資』二見書房

八代尚宏（1997）『日本的雇用慣行の経済学：労働市場の流動化と日本経済』日本経済新聞社

第6章　子どもを産み・育てることの意思決定に関する研究
——特別養子縁組の養親に焦点を当てて——

北本佳子

1.　はじめに——研究の目的——

　1995年に北京で開催された第4回世界女性会議では、世界中の女性が直面している12の重要関心分野に対して、その解決のために政府や国際機関がとるべき戦略目標と行動が行動綱領（以下、北京行動綱領）として採択された。その中の「権力及び意思決定における女性」では個人レベルから政治レベルに至るまでの女性及び男性の意思決定への平等な参加という目標達成が謳われ、「仕事と親としての責任を女性及び男性で分担すること」[1] も明記された。日本では、その後法制度面での整備として男女共同参画社会基本法（1999年）が制定され、性別にかかわりなく、その個性と能力を十分に発揮することができる男女共同参画社会の実現が目指された。こうした法整備に加え、近年の生殖補助医療技術の進展・普及や不妊治療に対する保険適用、後述する特別養子縁組制度の改定などにより、子どもを産み育てることに関する選択肢は増えてきている。

　しかしながら、日本においては「産む性」である女性に対して、配偶者やパートナーの男性、家族等の周囲の期待が課せられるなど、産むことを個人（女性）に促す社会構造の存在が指摘されている（江原 2002：163, 浅井 2005：74-75）。また、「男は仕事、女は家事・育児」という性別役割分業意識の影響で、不妊を含めて妊娠・出産の問題は女性の問題とされ、男性の関与が消去されていくという（江原 2012：50-57）。一方、子どもを育てることに関しても、養子縁組里親や養親に対しては「実親子が標準とされている社会」（野辺 2018：242）の中で、「偏見やスティグマ」があること（宮里・

森本 2012：4-5）や、「失敗できない子育て」というプレッシャーなどから「子どものために」養子縁組を諦めている（野辺 2018：301-309）と言われるように、血縁以外の親子が子育てをすることの困難さや課題が指摘されている。そうした中で、特別養子縁組の養親は、不妊治療の結果、挙児を得られなかった場合にその選択を検討することが多い（梅澤 2018：107）と言われることから、子どもを産むことを諦めること、血縁以外の子どもを育てることの決定の中で様々な葛藤や意思決定を経験していると考えられる。さらに、特別養子縁組は子どもがほしい親のための制度のように理解されがちであるが、後述するように子どものための制度であることから、子どもの権利や幸せの実現が重要となるが、支援上の課題があるとも言われている（富田 2020：52-55）。

　以上から、本研究では北京行動綱領以降の様々な社会情勢や環境の変化の中で子どもを産まずに育てることを選択した特別養子縁組の養親に焦点を当て、そこから子どもを産み・育てることの意思決定に関する現状を照射し、課題を明らかにする。その上で、男女がともに子どもを産み・育てる上での平等な参加と責任の分担を可能とし、子どもの権利・幸せも実現するためのあり方を考察することを目的とした。

2. 研究の背景と意義

　本研究で対象とする特別養子縁組について、普通養子縁組との差異をみながら確認していく。まず、普通養子縁組（民法第 792 条から第 817 条）は、当事者の合意（契約）に基づいて親子関係を成立させる縁組で、縁組の成立後も子どもと産みの親（実親）の間には法的な親子関係が残り、戸籍には実親と養親の双方の親の名が並記され、子どもは「養子」「養女」と記載される。一方、特別養子縁組は「子どもの福祉」を目的として 1987 年の民法改正で追加された制度で、「子の利益のために特に必要がある」（民法第 817 の 2）場合、例えば棄児・被虐待児等の要保護要件を満たす場合に、家庭裁判所の調査と審判によって成立するものである。また、特別養子縁組では、養子の

実親に代わる新しい父母（養親）との安定した養育環境を与えるためにも、養子と実親との法的な関係は終了し、戸籍には「長男」「長女」というように一般の親子と同様の記載がされ、離縁は原則として認められない。さらに、特別養子縁組には成立要件が厳密に規定されており、上述した家庭裁判所での調査・審判のほかに①実親の同意が必要、②養親は成年の夫婦で一方が25歳以上、③養子の年齢は原則として15歳未満（2020年の児童福祉法の改正で6歳未満から15歳未満に引き上げ）、④養親による養子の監護期間（6か月以上の試験養育）の状況が考慮されるなどがある。

　なお、2016年の児童福祉法の改正では、実親による養育が困難な場合に、永続的解決（パーマネンシー保障）の手段として特別養子縁組の活用や里親による養育が推奨された。それにより行政の責務も明示され、特別養子縁組に関する相談・支援が児童相談所の業務として位置づけられるとともに、知見や経験のある民間団体への業務委託も可能とされた。一方、特別養子縁組を推進するにあたり、養子縁組のあっせん事業に関する法規定がなかったことから、2016年に「民間あっせん機関による養子縁組のあっせんに係る児童の保護等に関する法律」（以下、あっせん法）が制定され、2018年より施行された。この法律によって、あっせん事業は従来の届出から都道府県等による許可制になり、業務内容（養子縁組前の相談支援、養親希望者への研修等を含む対応、児童と養親希望者とのマッチング、マッチング以降の相談支援、養子縁組成立後の対応等）や罰則等が規定された。それに付随して許可を受けたあっせん機関への財政的支援（助成事業）や業務指針、あっせん機関と児童相談所との連携のための手引き、あっせん機関における自己評価・第三者評価等も定められ、全体としてあっせん機関による適正な養子縁組と児童の保護、福祉の増進が図られたと言える。特に、同法の施行以降、①養子・養親への縁組成立後の支援、②実親への支援、③記録の保管や開示、情報提供など、民法の特別養子縁組の規定の中ではなかった養子縁組成立後の支援も展開されるようになった。

　ただ、特別養子縁組はあくまでも子どもの福祉を目的とした制度であり、養子に対する不当な差別や偏見から守るため、上述通り戸籍には実親の名の

記載がされない。加えて、民法では養子の出自を知る権利に関する明文規定がないため、実親に関する情報提供等を含む真実告知がされない限り、養子は真実を知らずに一生を終える可能性があり、養子の出自を知る権利の観点から課題が残ったとされる（梅澤 2018：114-116）。以上を踏まえつつ、特別養子縁組に関する先行研究を見てみると、縁組成立までの支援プロセスや養親候補者への研修・アセスメントに関する研究（川村 2016，林 2014、2015）、縁組成立後の継続支援に関する研究（赤尾・ロング 2017，林 2019）、真実告知に関する研究（森 2017，安藤 2020）、記録の保管・情報開示・アクセス支援に関する研究（阿久津 2021，徳永 2017）など多様な研究が行われているが、養親に関しては養親という一括りでの研究が多く、養親の男女（父親と母親）の違いやジェンダー視点を取り入れた研究は十分に行われているとは言えない。

　そこで、本研究ではジェンダー視点を取り入れ、養親に対する調査結果を男女別に分析をし、現状と課題を考察することで、研究の独自性と意義を見出せると考えた。加えて、従来の研究では、あっせん事業者に関する記述がないことが多い。しかし、どのようなあっせん事業者を利用し、どのような支援を受けたかは、子どもを産み・育てることの意思決定に大きな影響を及ぼすと考えられるため、本研究では調査にあたりあっせん事業者による支援体制等を確認した。

3.　子どもを産み・育てることの意思決定に関する調査の概要と結果

（1）調査協力機関と調査の枠組み（倫理審査の承認を含む）

　今回の調査は、養子縁組民間あっせん事業者である一般社団法人アクロスジャパン（以下、アクロスジャパン）の協力を得て実施した[2]。アクロスジャパンは、2016 年の特別養子縁組あっせん法の制定以前の 2009 年より事業を開始し、2011 年には東日本大震災の被災妊婦の受入保護も行うなどの養子縁組に関する長年の実績がある。また、同法の制定年度から養子縁組民間あっせん機関助成事業者として採択され、特別養子縁組事業（国際養子縁組を含

む）のほか妊娠相談・子育て相談事業も行っている。なお、この中の特別養子縁組事業においては、厚生労働省の定める養子縁組研修・実習（合計 8 講義）を少人数方式で丁寧に行い、家庭調査も実施している。その上で、アクロスジャパンでは生みの親、育ての親、子どもの全てが平等に幸せへとつながり、人種、生活背景、性別で差別されることなく世界中の子どもが家庭で養育されることを目的とし、医療（医師・助産師）と司法（弁護士・行政書士）と福祉（ソーシャルワーカー）の協働体制の下で当事者主体の特別養子縁組を行っている。今回の調査では、こうした実績と体制をもつアクロスジャパンのあっせんで特別養子縁組を選択した養親を対象に、第 1 調査としてアンケート調査を行い、さらに第 2 調査としてそのアンケート調査の協力者にインタビュー調査を実施した。前述したように、従来の研究では、事業者の支援体制等が明確でないことが多いが、本研究では上記のように、その点を確認した上で調査を実施した。なお、第 1 調査・第 2 調査とも昭和女子大学倫理審査委員会の承認を得た（承認番号 23-26）。

（2）第 1 調査の目的と方法

1）目的

本調査では、北京行動綱領以降の社会制度や環境の変化を踏まえ、特別養子縁組を選択した養親（男女）を通して、子どもを産み・育てることの意思決定に関する現状と課題を明らかにすることを目的とした。

2）方法

第 1 調査では、アクロスジャパンのあっせんで特別養子縁組を選択した（養子を迎えた）養親を対象に、Google フォームを使用したアンケート調査を実施した[3]。調査にあたっては、一般社団法人日本社会福祉学会の研究倫理指針を遵守し、倫理的配慮の内容をアンケート票に明記して実施した。なお、ごく少数であるが機縁法によりアクロスジャパンと同様の適格性がある事業者で養子を迎えた養親（父母）も調査の趣旨等に賛同した場合には回答可とした。調査期間は、2024 年 1 月 18 日～ 30 日で回答者数は 60 名（無効票は

なし）だった。分析は、単純集計と男女別のクロス集計で行った。以下では
特別養子縁組について、普通養子縁組と区別する必要がない限り、養子縁組
ないしは縁組と表記する。また、属性を除く選択式の設問に対する結果は、
紙幅の関係から、全体的な傾向や養親の男女別での特徴的な回答等を中心に
見ていく。〈　〉内は筆者の補足で下線部も筆者によるものである。

(3) 第1調査の結果

1）属性

　回答者（養親）の性別は、男性25.5%、女性73.3%、その他1.7%である。
年齢別では男性30歳代13.3%、40歳代60.0%、50歳代26.7%で、女性30歳
代11.4%、40歳代54.5%、50歳代29.5%、60歳代4.5%で、男女ともに40歳
代が半数以上を占めている。就業状況に関しては、男性は常勤職（正規雇用）
が66.7%、その他が33.3%だが、女性は常勤職（正規雇用）が31.8%、非常勤・
パート（非正規雇用）が18.2%、無職が34.6%、その他が13.6%で、女性の
常勤職割合は男性の半数以下になっている。

　養子の人数は、1人が68.3%、2人が27.7%、3人が3.3%で、その他が1.7%
で、第1子から第3子までの性別は男児が58.5%で女児が41.5%である。養
子縁組をしたときの養子の年齢は、0歳〜1歳未満が88.3%、1歳〜2歳未
満が11.7%、2歳〜3歳未満が5.0%で、1歳未満での縁組が圧倒的に多い。
養子の現在の年齢は、全体で0歳〜1歳未満が25.0%、1歳〜5歳未満が
56.7%、5歳〜10歳未満が21.7%、10歳〜15歳未満が13.3%、15歳以上が8.3%
で、養親の約8割に5歳未満の養子がいる。

2）養子縁組について

①養子縁組の理由（複数回答）

　男女ともに「不妊治療で子どもが授かれなかった」が最も高く、男性
86.7%、女性84.1%である。次いで高いのは「子どもを養育する経験をしたかっ
たから」で、男性66.7%、女性61.4%である。一方、「自分の親に孫の顔を
みせたかった」は、男性が40.0%であるのに対し、女性は18.2%で差がある。

②養親になるかどうかの検討時に心配だったこと（複数回答）

　男女ともに「真実告知の時期や方法について」が最も高く、男性 53.3%、女性 54.5% である。次いで高いのは、「どのような子を養子として迎えることになるのか」で、男性 40.0%、女性 34.1% である。一方、男性は「養子とうまく家族になれるのか」も 40.0% だが、女性は 4.5% で大きく差がある。また、「養子を迎えることについて、自分の親族・両親がどのような反応をするか」は、男性 20.0%、女性 25.5% であまり差がないが、「養子を迎えることについて、配偶者（パートナー）の親族・両親がどのような反応をするか」は、男性 13.3%、女性 22.7% で女性の方が相手の親族・家族の反応を気にしている。

③相談相手（養親になるかどうかの検討時）（複数回答）

　②の時期における心配事の相談相手は、男女とも「配偶者（パートナー）」が最も高く、男性 100%、女性 97.7% である。次いで高いのは、「養子縁組あっせん団体の職員」で、男性 73.3%、女性 40.9% である。なお、「自身・配偶者の両親」は男性 40.0%、女性 45.5% となっており、男性は両親よりも専門職への相談が多い。また、専門職以外では、男性は「仕事仲間（同僚・上司）」が 20.0% であるが、女性は就業状況の違いもあり 6.7% と低い。その分、「友人」が男性 13.3% であるが、女性は 36.4% と高くなっている。

④養親になることを正式に決めた後の不安や決心の揺らぎ（複数回答）

　③で確認したように、配偶者や専門職など多様な人に相談して養親になることを決めたあとは、男女ともに不安等は「特にない」が最も多く、男性 55.3%、女性 54.5% である。②の時期に最も心配だった「真実告知の時期や方法について」も男性 26.7%、女性 13.6% で、半分以下の割合になっている。また、「どのような子を養子として迎えることになるのか」も、男性 33.3%、女性 15.9% に低下している。一方、養育に関する内容では「自分と養子との間で親子関係がうまく持てるか」が男性 20.0%、女性 9.1% で、「自分の年齢・健康状態から成人まで育て上げられるか」も男性 20.0%、女性 4.5% で、男性の方に不安等があることがわかる。

⑤自己決定割合

　様々な過程を経て、養子縁組をすることにした自己決定割合（100 を上限）

は、男女ともに「100」が全体の51.7%で最も高く、男性40.0%、女性56.8%である。次いで、全体では「89〜90」と「59〜60」が13.3%で2位であるが、前者は男性6.7%、女性15.9%で女性の割合が高く、後者は男性40.0%、女性4.5%で男女差がかなりある。全体的に女性の自己決定割合が高い傾向にある。

⑥相談相手（養子縁組後）（複数回答）

　養子を迎えてから相談した人は、③の時期と同様に、「配偶者（パートナー）」が最も高く、男性93.3%、女性90.9%である。次いで、全体では「自身・配偶者の家族・両親」が61.7%で高いが、男女別に見ると、女性は65.9%、男性は46.7%で差がある。一方、「友人・近隣の人」は女性が61.4%で上記の身内と同程度であるが、男性は33.3%に止まっている。また、「養子縁組あっせん団体の職員」は男性66.7%、女性47.7%で、男性は身内や友人・近隣の人よりも専門職への相談が多いことがわかる。なお、③の回答では低かった「小児科医・産科医」が全体では33.3%で、男性46.7%、女性27.3%となっている。ここからも男性は専門職への相談を重視していることがわかる。

⑦必要・有益な情報や支援（複数回答）

　養子縁組にあたって必要・有益な情報や支援は、養親になることを検討していた際からの心配時であった「真実告知の時期や仕方」が全体では71.7%（男性73.3%、女性70.5%）で最も高い。なお、男女別では男性が「養親になるための手続き」が73.3%（女性63.6%）で高いが、女性は「養親当事者からの体験談」が72.7%（男性53.3%）で高くなっている。また、「養子の出生の記録や健康状態・既往歴」（男性80.0%、女性52.3%）や「養子を養育する上で利用できる子育て支援」（男性60.0%、女性36.4%）では男女差が目立ち、男性の回答割合が高くなっている。男性は健康面の情報や利用できる制度など、③⑥で見たように専門職からの情報を重視していたことと符合する。

⑧養子縁組以前の葛藤・意見の違い（複数回答）

　養親になる前の配偶者間での葛藤や意見の違いは、「葛藤や意見の違いはなかった」が男女ともに最も高く男性66.7%、女性65.9%である。ただ、その中でも「養子縁組についての理解や受け止め方の違い」が男性では26.7%、

女性では15.9%ある。なお、「不妊治療を継続するか止めるかについての意見の違い」は、男性13.3%、女性15.9%でともに高くない。

⑨養子縁組後の葛藤・意見の違い（複数回答）

縁組後の配偶者間での葛藤や意見の違いは、「配偶者（パートナー）の仕事と家庭にかけるバランス」で男女差があり、女性は45.5%、男性は20.0%となっている。「養子にかかわる時間の長さ」は男性20.0%、女性18.2%で差がないが、「配偶者（パートナー）の育児以外の家事にかける時間の長さ」は女性が34.1%であるが男性は20.0%で、さらに、「養子に対する教育方針」に関して女性は25.0%であるが、男性は0%となっており、全体に女性の方に生活（家事等）や育児に関して葛藤や意見の違いを感じている割合が高い。

3）子どもの権利・真実告知について

①出自を知る権利

出自を知る権利に関して自分の考え方に近い設問肢は、「養子は実親について知る権利があると思う」が全体で男女ともに高く、85.0%（男性80.0%、女性86.4%）になっている。次いで、全体では「養親は養子からの質問に対応するため養子の生まれた背景を知っている必要性がある」が68.3%で高いが、男性80.0%と女性63.6%で差が出ている。また、「養子が実親のことを知りたがらない場合、実親について説明する必要はないと思う」も男性73.3%、女性38.6%でかなり差があり、男性の方が養子の意向次第と考えていることがわかる。しかし、「実親は養子のためにも自身の情報提供をする義務がある」という点に対しては、男性46.7%、女性27.3%で、男性の方が実親からの情報提供については強い希望があることがわかる。

②真実告知

真実告知に関して自分の考え方に近い設問肢は、全体では「真実告知は早期（幼少期・思春期前）にした方がよいと思う」が最も高い（80.0%）が、男女差があり男性66.7%、女性84.1%になっている。次に、「必ずした方がよいと思う」が全体では続く（71.7%）が、男性86.7%、女性65.9%と差がある。女性は真実告知をするならば早い時期がよいと考えていることがわか

る。なお、「真実告知という言い方に違和感がある」は男性40.0%、女性40.9%で、真実告知という表現に違和感がある養親が一定以上いることがわかる。

4）養子縁組・養親子について（複数回答）

養子縁組・養親子に関して感じていること等は、男女とも「養子縁組で子どもを養育する選択をしてよかった」が最も高く、全体で96.7%（男性93.3%、女性97.7%）であった。次に、「養子縁組制度の利用を考えている人には制度の利用を勧めたいと思う」が続き、全体で71.7%（男性73.3%、女性70.5%）である。さらに、「子どもは施設で生活するよりも養子縁組で恒久的な家族を得る方が幸せだと思う」が続き、全体で68.3%（男性73.3%、女性65.9%）となっている。なお、「母親の方が父親よりも養育に関する決定が求められる」（男性13.3%、女性20.5%）と「母親の方が父親よりも養育の責任が問われる」（男性6.7%、女性15.8%）については、両方とも高くはないが女性の方の回答割合が高い。

5）周囲（社会）の受け止め方（複数回答）

養子縁組・養親子に対する周囲（社会）の受け止め方や対応であてはまると思うことについては、男女ともに「周囲（社会）は養子縁組制度の利用を特別なこと（めったにないこと）と思っている」が最も高く、全体では75.0%（男性80.0%、女性72.7%）になっている。次いで、全体では「周囲（社会）から養子縁組家族のあり方が認められてきている」が続く（41.7%）が、男女差がある（女性47.7%、男性20.2%）。ただ、「周囲（社会）は養子縁組に関心があまりない」が全体では30.0%（男性26.7%、女性31.8%）で続いていることから、以前より承認されてきているということともに、周知（社会）の関心のなさを実感していることがわかる。一方、「周囲（社会）の生活場面で養親子ということで一般の子育て制度（育休・保険加入など）が利用しづらい」が全体では23.2%であるが、男性40.0%、女性18.2%と差がある。

6）養親に必要な支援、女性に必要な支援、社会・法制度のあり方

　養子縁組に関連して、①養親に必要な支援、②女性に必要な支援、③周囲（社会）の理解・対応、④社会・法制度のあり方について自由回答を求めた結果、① 44、② 32、③ 38、④ 23、合計 137 の回答があった。詳細な分析は紙幅の関係で別稿に譲るが、①に関しては、5）の回答と同様に「特別なことではなくまわりと同じ子育てをしていることの理解」や「特別ではないことがイメージできるように養子縁組の実際を伝えること」、など縁組親子は特別ではなく普通であることの理解の必要性が多くあった。②に関しては、「妊娠・出産に関するエピソードがないので、そういった話が出たときにもやもやが残る。こういったことを話せる場や集まりがあるとよい」などの養親女性だからこそ感じることへの支援と、働く女性の立場からの困難として「共働きで母親がフルタイムで働いていると養子を迎えるのが難しい」、「子どもを授かったらすぐに養育しなければならないので、通常の出産よりハードルが高い」という指摘があった。さらに、「〈養子縁組家族だけでなく〉子育ては女性がやって当たり前という文化（考え方）をやめるべき」という性別役割分業に関する意見もあった。さらに③に関しては、「不妊治療をしている人に養子縁組を周知すること」と、一方で「養子縁組は不妊治療の最終手段の選択肢になっている感があるが、もっと手前の選択肢になればよい」、「思いがけず妊娠した女性に堕胎だけでなく養子縁組の選択肢があることを周知すること」など養子縁組に関する理解と周知の必要性が訴えられていた。④については、「行政手続きの大変さ」や「子どもの福祉を優先すべき状況で実親の元では生活が困難な事由でも実親が親権を手放さない等の場合の制度の対応」、「縁組家族への経済的支援」など、現制度での不十分な点に関する課題があげられていた。

（4）第 2 調査の目的と方法

1）目的

　先行研究からは、養親が子どもを産まずに育てることに関する困難さや課題等が指摘されていることを確認したが、第 1 調査の結果はネガティブな回

答だけではなかった。男女差とともに制度面や周囲（社会）の対応に関する問題の指摘はあったが、様々な相談対応等を経て、全体としては養子縁組への肯定的な評価が確認できた。第2調査では、その結果も踏まえ、先行研究では課題として残されたとされる子どもの出自を知る権利や真実告知の実際や、先行研究ではあまり言及されていない養子縁組の肯定的側面も含めた実態から、子どもを産み・育てることの意思決定に関する養親（男女）の現状と課題を明らかにする。

2）方法

　インタビュー調査の協力者（以下、協力者）は、第1調査の回答者の中からアクロスジャパンの代表者の紹介を受けた養親男女8名（4組の夫妻）である（表6-1）。調査は、相互のグループダイナミックスを活用し、個別のインタビューでは気づきにくいこと、特に他の協力者に触発された多様な意見を把握できることから、グループインタビュー調査（以下、GI調査）の方法をとり、2組4名（表6-1のA・BとC・D）に分けて行った。調査時には、一般社団法人日本社会福祉学会の研究倫理指針を遵守し、同意説明書に基づいて調査内容とICレコーダーで録音をすること、データの扱い等について口頭と文書で説明し文書で同意を得た上で、インタビューガイドに沿って実施した[4]。調査期日は2024年4月21日と5月26日で、インタビュー時間は105分、112分であった。分析方法は、インタビューデータをもとに逐語録を作成し、Mayring（2004:266-269）の質的分析法を参考にした[5]。

表6-1　第2調査の協力者の概要（年齢は調査時）

ID	夫	妻	養子（性別と年齢）
A	40歳代	40歳代	女児2歳
B	50歳代	40歳代	男児13歳・女児11歳・女児8歳
C	40歳代	40歳代	女児11歳・男児9歳
D	40歳代	40歳代	女児14歳・男児11歳

（5）第 2 調査の結果（GI 調査の結果）

　協力者の発言をもとに、項目別に夫婦別（男女別）の回答の特徴等をみていくが、養子縁組の選択・意思決定と真実告知に関しては、夫婦間での回答に関連があることから夫婦単位で記述・分析する。なお、以下の文中の「　」内は協力者の発言で、A ～ D は表 6-1 の協力者の ID である。また、文中に出てくる「小川さん」はアクロスジャパンの代表のことである。〈　〉内は筆者の補足で、下線部も筆者によるものである。

1）養子縁組の選択・意思決定（理由・きっかけとその後）

　A 夫によれば「不妊治療を一定期間して立ち止まって考えたとき、養子縁組もあると思い」、その後「考え始めてから実行に移すまでに〈研修等を通して〉いっぱい覚えることが多かったので大変だなと思ったんですが、養子縁組をしたかった」と言う。それに対し A 妻からは「子どもを持つ方法には色々あるというのは主人が言ってくれて、自分も確かにそうだなと思ったので〈養子縁組をすることを〉納得して」決定したと言う。ただ、その後は「正直思っている以上にすごく大変だったんですけれども、自分の中では皆さん女性が妊娠を 9 か月、10 か月するってすごく大変なことなので、それは自分たちは違う形で子どもを迎える準備をしているんだなと思って、……家族を持った気持ちというのは、変わらないと思って」いると言う。特に「低出生体重児で生まれたので、……家に来るまでの時間が 3 カ月くらいありましたんで、身近になるというか、家に来たときは〈親になる〉スタートは切れていた」（A 夫）と言う。このように、夫婦双方が大変な準備期間等を経て、親意識を確立して養子を迎えたことがわかるが、「主人も頑張ってくれてはいるんですけれど、……どうしても育児の負担っていうのは女性にずっとかかってくる」（A 妻）というように受け入れ後の育児の負担は女性にかかる現状が確認された。

　B 夫からは「妻が妊娠できないということがあって、『養子縁組っていうのもあるよ』って妻の方が言って……やってみて、普通の家族だなってとい

うのが感想」だという。一方B妻からは「不妊治療は1年くらいでやれることはないみたいな形で終わって……一緒に生きていく我が子と出会いたいという想いがあって、どうしても親と一緒にいられない子がいたら、私たちと一緒に家族になることができないだろうかと思って」縁組を選択したことがわかった。また、「〈自分の親も〉異父兄弟がいたり……血のつながりがない家族、血がつながらなくても家族になっている中で育ったので、血のつながりにはこだわりはなかった」（B妻）と言う。ただ、養子を迎えに行ったとき、「最終同意というのがあって、お母さんが育てたいよという話になったら、二人で帰るんだなと思っていて、……そういう段階を経ているので責任感というか、普通の出産と違うインパクトがあった」（B夫）と言う。またB妻も「産みのお母さんも育てたいだろうなって、……そこから受け取るっていう責任感があって、子どもを育てる責任感より、そっちの方が強い」と言うように、産みの親の代わりに育てることの責任感を夫婦ともに感じていることがわかる。その中で、「子どもを迎える前は……夫の血を残してあげられなかった自分への申し訳なさがあったけど夫の言葉〈いとこがいるから〉で解消した」（B妻）と言う。その経験から、「男性側で血がつながらない子はちょっと考えられないみたいな家庭を結構知っているので、そこが和らいでいくといい」（B妻）と言うように、男性側の血のつながりへのこだわりが減ることを求めている。

　C夫からは「二人とも子どもはほしいと思っていたのですけれど、自然にはできず、不妊治療も何年かしていました。その中で血縁にはこだわっていなくて、もともと自分の子も人の子も好きで、そういう道〈養子縁組〉もあるということで小川さんとご縁を頂いた結果、二人の子どもを文字通り授かった」と言う。ただ、周りの親族に関しては「障害があるないとか、男なの女の子なのみたいな話、全く選べないわけです。これは普通に産むのと同じだと思うんですけれど、……〈親族には〉本当に自分の子でないのにちゃんと育てられるの……と言った漠然とした不安があった可能性がある」と言う。ただ、縁組後の育児は「そこに至るまでの覚悟、そこが一番大事だと思うし、そこがちゃんとできていたので、想定外なんてことはまずなくて、普

通に子どもが生まれて育つ上での悩みと何ら変わらない」とのことである。同様に、C妻からも「実家の母は、結構厳しくて、どちらかというと反対でとりあえず半ば黙認みたいな感じ」であったと言う。その背景には、C妻の体調の問題もあり、子育ては「女の人の方が負担が大きいということもあって、……『大丈夫なの？』と心配していた」ということであった。縁組に関しては「児童相談所では数年先だと言われていたのが、……小川さんのところに登録して、長女と出会うまでのスピードがすごく速かったのが一番の驚きで、……ほかは養子縁組に関してのイメージが違うとかは全くなかった」と言うように、二人とも縁組後の育児経験は想定内だったことがわかる。

　D夫からは「不妊治療を行っていたんですが、無精子病が原因で〈子どもが〉できなくて。二人で生きていくという考えもあったんですけれど、健康な大人が二人おるのに子どもがいないのは考えにくいというのがあって、養子縁組の道に進んだ」と言う。また縁組後については「最初は一生懸命でした。嫁さんが産もうが引き取ろうが、子どもは子どもなんで別に関係なかったというのが正直〈な気持ち〉です」ということだった。それに対して、D妻からは「無精子病が発覚した際に医師から、体外受精と養子縁組という方法があることを伝えられた」が、「〈縁組の選択は〉私自身が保育士をやっているので、養子縁組制度は授業で習って知っていたのが大きい」と言う。縁組後の子育ては「想定内っていうか、実子を育てたことがないので、違いも分からないし、あることないこと、こんなもんやろうって受け止めていた」とのことである。ただ、「妊婦さんの時に受ける新生児のお世話の仕方の練習もなく、いきなりうちに来ることになったんで、その扱いとか、上の子は口唇口蓋裂を持って生まれてきたので、病院の手配とか、他のお母さんたちにない苦労は多分あったと思うんですが、それもそんなもんと思っていた」と言う。口唇口蓋裂の件については、「園内に同じ病気をもったお子さんがいたり、私が病気自体を知っていたのが大きかった」のと「もともと二人で養子縁組の登録をする時に、私が産んでも産まなくても100%健常児が生まれてくる可能性は絶対ないわけで、なのでそういう可能性をもった子がうちに来るかもしれないということは二人で合意したうえで手続きを踏んだ」の

で、「小川さんから連絡を頂いたとき、知っている病気やし、全然うち、いいです」と返事したと言う。このように、病気や障害のある子どもの受け入れについては事前の知識や経験の有無が影響すると言えるが、事前の十分な合意があれば、養親の方が実親よりも受容しやすい場合もあると言えた。また、「嫁さんが産んだら乳をあげなあなんから、男が起きていてもしゃあないというのはあるでしょうけど、養子縁組なんでその辺は二人でやらなあかんので…ある意味、子どもの大変さを体験できたし、いい経験やった」（D 夫）と言うように、養親縁組の方が夫婦間での平等な育児参加が可能な場面があることがわかる。

2）子どもの権利・真実告知

A 夫にとっては「〈養子縁組は〉実親が養育できない子どもがいて、子どもが授からない夫婦がいて、それでご縁があったと。〈子ども・親・社会の〉三方良しの制度だ」と捉えている。その上で、真実告知は、「理屈上は早い方がいいなと思っていて、……でも子どもの状態によるので、一律早いうちからというよりももっとフレキシブルでもいいのかなと思う」と言う。また、A 妻は「養子縁組制度は社会的養護が必要な子どもを守る、ということがベースにあると思うのですが、裁判制度〈を通していることから〉は子どもと養親、生みの親が平等というか三極に位置するものだと思っている」と言う。真実告知は、「〈これからだが〉早い方がいいのかなと思っていて、それは子どもに何か聞かれた場合、嘘はつきたくない、信頼関係を築いていくためにも。ただ、その子の性格もあるので、そこを見ながら慎重に伝えていきたい」というように、夫と同様に一定の柔軟性をもっていた。ただ、「自分も言いたいな、というときがあって、……今 2 歳 7 ヵ月ですが、誕生日とかには生まれてきてくれてありがとう。来てくれてありがとう、私たちを親として選んでくれてありがとう、っていうことはどこまで理解しているかわからないですが伝えています」というように自然の会話の中でそれとなく触れていることがわかった。

B 夫からは、制度認識として「昔の家制度のときの縁組は生みの母親や子

どもの権利がほぼ認められていなかったので、それとの対比で子どものための制度ですよということで、ちゃんと見てやらないといけないと」理解していると言う。また、真実告知は「自分が子どもだとして、育てる親以外のところから聞いたとしたら、それは嫌だなって思うので自分で伝えたい。……時期を待ってとか、分かるようになってというふうなことは自分としてはあまり必要ないかなと。おなかも大きくなっていないのに〈子どもを〉迎えているので、それで説明するのも面倒というか〈早く〉理解してもらった方がいいと思っている」ことがわかった。それに対し、B妻からは「産みの親の存在は必ずあって、あなたのことを考えたからこそ、ここに一緒に家族になれたんだって伝えていて、……この制度は子どもにとって一番幸せになれる方法、人として子どもが大切になれるような制度であってほしいし、そうなっていると思うんです。……自分たちが、というより、マッチングの中で産みの親も家族もあっせん機関の方も、そう思って託してもらったんだという思いがある」と言う。真実告知に関しては、「最初は緊張した」が「自分が言いたいなって、この子にとって大切なことだから言いたいなっていう気持ちが湧き上がってきたというのがまず一つ。」と「赤ちゃんでも言葉はわからなくても感じていると思っていて。だから、赤ちゃんのときから〈伝えている〉」と言い、夫婦ともに子どもの幸せということを意識して、告知も早くから（赤ちゃんのときから）していることがわかる。

　C夫からは、子どもの権利ということも踏まえて「真実告知は真っ先に話すべき。知るのはいいけど、周りから先に知るのではなくて、必ず我々から先に知る。その順番性だけは絶対守りたいと思っていたので、0歳位から『産みのお父さんとお母さんがいるんだ』」と、「だた『産んでくれたお父さん、お母さんはいるんだけど、お父さん、お母さんは僕らだし、今までもこれからもずっと変わらないぞ』ということだけはしっかり伝えてました」と言う。さらに、よりポジティブに「『普通、お父さん、お母さんって一人しかいないだろ。僕、知っているよ、二人もいるんだぞ。いいな、羨ましいな』みたいな感じで、繰り返しもう分かったっていうくらい伝えていた」と言う。C妻も「真実告知は夫と同じ〈対応〉」で、それに関連して「娘が小学校4年

の時に『普通の家の子と違うんじゃないか』ということをクラスの男の子に言われたってポロっと話したことがあるんです。……その時の娘の反応もすごく驚いたということは特になく、日常の中で言えるくらいに私たちのことも産んでくれたお母さんのこともちゃんと理解しているのだということはすごく感じました。〈それだけの〉親子関係ができていた。」というように、夫婦ともに早くから繰り返し、ポジティブに真実告知を行うことで子どもとの関係形成が可能になっている語りがあった。

　D夫からは、「真実告知は嫁さんに任せていたんですけれど、見た感じも子ども自体そんなに気にしていない感じなんです。……でも、産んでくれた人には会ってみたいっていう気持ちは持っているのは分かります。」と言うように真実告知をもとに実親に会ってみたいという気持ちが子たちにあることを理解している。それに対してD妻からは告知の時の様子として「2歳半くらいの時に、娘の方から一緒にお風呂に入っていたら、『私、ママのお腹から産まれてきたの？』って聞いてきたんで、『いや、ちゃうで。あなたには産んでくれたママがもう一人いてね』っていう話をして、『どこどこに住んでいて』という話をしたら、『やったー、私にはママが二人いる！』って喜んでパパのところに走って行って、『パパ、私にはママが二人いるって』と言ったんで、パパが『よかったね』という話」の紹介があった。また、「『産みの親に興味ある？』って聞いたら『興味ある』と。『このママ捨ててそっち行く？』と言うと『それは違うと思うな』みたいな感じ」だと言う。真実告知というと、特別な場面設定をして説明するような印象が伝わるが、「〈長女は〉何の気なしに『血のつながった人がおるんかな、ほかに』みたいなことをポンと日常会話で言ってくるんで、〈真実告知に関する〉特別感はない」と言うように、D夫妻は日常の中で自然に養子であることや実親について話せる環境（状況）を作っていることがわかる。ただ、何でも話すことは可能でも、実親との面談は「会った時に何か困ったことがあった時に自分で判断して解決できるのは目安として20歳かなって。大人になったら自分のした行動は自分で取らないといけないと言っているので、〈20歳過ぎて実親に〉会いたいと思ったら、会いにいけばいいと思っている」（D妻）と言うように、

20 歳以降の本人の判断と考えていることがわかる。

3）周囲（社会）の受け止め方、養子縁組の今後のあり方

　周囲（社会）の受け止め方や今後の養子縁組のあり方については、必ずし
も夫妻の回答が連動しているとは言えないため、夫婦単位ではなく内容別に
男女の回答をみていく。

①特別視と女性が産むことが前提の認識

　周囲（社会）の受け止め方に関しては、養子縁組に対する「典型的なパター
ンとして二つあります。一つは『すごい』みたいなパターン。もう一つは『悪
いこと聞いちゃったな』みたいな。あとは、普通に受け入れて下さるパター
ン。それを入れると三つですが、前者の二つのパターンが結構あります」（C
夫）と言う。同様に、「養子縁組について相談したり、引き取ったあとも『す
ごいね』みたいに言われる」（D 妻）というように、周囲からは大変なこと
のように特別視される経験を男女ともにしている。また、「〈子どもが〉0 歳、
1 歳のときは、どうしても産むことが前提なので出産の話って、ママさん同
士で出てくるというところで、私はなかなか初めての人には言いづらかった
り、言葉を濁すとか」（A 妻）やお店でも「もう女性は産むだけで素晴らし
いですからと言われて、言葉に詰まってしまって」（A 妻）というように、
女性は子どもを産むことが前提の認識になっている発言を受けている。また、
こうした産むことが前提の認識は教育現場でも同様で、「2 年生で生い立ち
の授業があるって知っていたので、産んではいないけれど一から育てている
状況は娘もお話できるけれど、妊娠はしていないので、その時の状況を聞か
れると困りますと学校にしていたんです。入学の時から。いざふたを開けた
ら、産むことが前提で妊娠中のことを書いて下さいっていうのが入っていて。
娘が自分の意思で相手に伝えるのはいいけれど、そういうところで自分が養
子であることを知られたくないという思いを持っていたので、学校にはそれ
は話が違うと抗議させて頂いた」（D 妻）と言う。さらに、学校では「一度
お友達に話しても、クラス替えをすると、知らない人、前提で話さなきゃい
けない」（C 夫）ことがあったり、「上のお兄ちゃんが同級生の子に『捨てら

れたんでしょ』みたいに言われた」（B妻）と言うように、学校でも親から産まれることが前提理解になっていたり、養子への理解不足が指摘されている。

　一方、男性の場合は、職場での対応が中心になると言えるが「会社の部署の中の必要なところには言ってあるので、よかったねという感じで特にネガティブなことはない」（A夫）という。同様に「長男を迎えて帰ってきたときに、たまたま新幹線内に職場のナンバー1、2がいて、『うちの子どもです』って見せて、それで報告済みみたいで、職場では隠したことがない」（B夫）と言うように、男性は産む側ではないこともあり、産むことが前提の認識に基づく対応や影響を受けないで済みやすいことがわかる。

②養子縁組制度と多様な家族への理解と利用周知・体制づくり

　今後の養子縁組のあり方に関しては、①の周囲（社会）の受け止め方と連動して、「日本では〈養子縁組〉制度浸透しなさすぎているので理解が必要」（D妻）ということや、「特別養子縁組と言うけど、特別じゃないです。またそうなってほしい」（C夫）というような制度理解や特別視をなくすことが求められている。特に、「学校側でも産んで育てるというステレオタイプみたいな形ではない家族関係があるのだということを私たちとの出会いによって知ってもらえると2分の1成人式のやり方も変わってくるのではないか」（B妻）という提案や「子どものための制度なんだっていうことを、きちんと授業で伝えられるように、教師も勉強すべき」（D妻）というに、学校現場への理解を求める意見がある。

　一方で、「特別養子縁組は何カ月と審査されて、家庭裁判所で審判が下りるというのは賛成です。僕らは〈養育に〉当然責任があるのですが、社会、国からも認められたという気持ちがすごくあります。」（C夫）というように、現在の手続き（家庭裁判所での審判制度）を評価している。また、「血縁社会っていうのがアジアは強すぎると思うのですけど。ヨーロッパやアメリカだと人種のるつぼになっていて白人の親御さんに黒人の子がいたり、明らかに違うっていうのがわかると思うのですけど、アジアは顔が似ているので、そういうのにこだわるのだと思うのです。なので、将来日本も色々な国の人を受

け入れていくと思うので、〈養子縁組の親子は〉ちょっと先取りしている」（A夫）と言う。このように、今後の社会のあり方（多様性の浸透）との関連で、肯定的な意見があるように、どちらかというと男性は制度や社会のあり方との関連で養子縁組への評価をしている。

　一方、女性（妻）からは「私たちのように子どもを授かりたい、子どもを育てたいという人がもっといるんじゃないかと思うんです。……〈子どもを育てる〉選択肢の中に養子縁組がもっと広まったらいいと思う」（C妻）というように同じ立場の人たちへの周知の必要性が言われている。また、「夫のお父さんが『命だからな、大切にしようね』って言ってくれて。命を受け入れるってところには、家族の中に血のつながりは関係ないんだなと。みんなが血のつながりでなく、この命をどうするかって考えてくれたら、……優しい社会になって子育てもしやすくなる」（B妻）というように子どもの命や幸せを重視する視点の発言もある。さらに、「多様性と結びつくと思うんですけど、色々な生き方があるっていうのをもっと認めていける社会になったらいい」（A妻）というように子どもを産み、育てることに関する選択肢が広がることだけでなく、色々な生き方ができる社会の実現が求められている。最後に、男性（夫）からの意見として男女の平等なかかわりという点から、「養子縁組〈家族〉に限定しないが、女性が安心して産み育てられるために男性の育休などの制度をもっと広める」（C夫）など、男性（夫）が育児にかかわれる体制づくりの必要性が指摘されている。

　次節では、第1調査と第2調査の結果を踏まえた上での現状について考察し、男女がともに子どもを産み・育てる上での課題を検討する。

4. 考察と課題

(1) 公私の相談支援体制の充実

　子どもを産まずに育てること（養親になること）の意思決定においては、困難さと課題があることを先行研究で確認したが、その中には不妊に悩む女性（妻）が男性（夫）も含めて「誰にも相談できずにひとりで抱え込む」（安

田 2005：213）現実に関する指摘があった。今回の第1調査の結果からも、養親になることの意思決定にあたっては、夫婦ともに真実告知をはじめ多様な心配事等を抱えていたことが確認された。しかし、夫婦間やあっせん事業者、親族や養親当事者など様々な人への相談を経て意思決定をしたあとには、心配事の多くが解消・緩和されていた。このように、様々な人への相談が可能になった点は、上記の先行研究当時の状況と大きく変化したと言える。その変化には国の少子化対策等により、不妊治療に関する話題がオープンに取り上げられ、実際に不妊治療（生殖補助医療等）の利用者が増大したことなどが大きく関連していると考えられる。特に、不妊治療自体が夫婦の合意と協力で成り立つため、夫婦間の話し合いが必然的に求められ、その延長で養子縁組の選択がされることが多いため、夫婦間での相談も自ずと行われるようになったと言えよう。ただ、養子縁組の選択に関しては、手続きや真実告知、養育のあり方など夫婦間だけではわからないことも多々ある。そうした中で、今回の第1調査の結果からも、あっせん事業者を中心とする専門相談機関等が相談先となることで、専門的な立場からの相談支援や当事者の話を聞く機会の設定などが行われ、心配事の解消・緩和につながっていたと言える。以上から、北京会議以降の養親の意思決定に関する現状として、夫婦間での相談とあっせん法等による制度整備を背景とした夫婦を支える多様な相談支援体制の充実が実態としても確認できたと言える。

(2) 子どもの権利の理解と普通の親子関係の形成

　子どもの権利（子どもの出自を知る権利や真実告知）に関しても、先行研究では「親は生みの親の情報を（子どもの人権を守るために）『伝えなければならない』という規範的要請と（子どもの心理を守るために）『伝えてはいけない』という規範的要請との間でジレンマを抱える」（野辺 2018：238）という指摘があり、特に「生みの親の子どもに対する『愛情の物語』を構築し、維持しようとしても、それを裏切るような現実が存在する時には、…ジレンマによる葛藤を回避するために、児童相談所から生みの親に関する詳しい情報をあえて受け取らない、あるいは児童相談所の方が生みの親に関する

詳しい情報を提供しない場合もある」（野辺 2018：238-239）という記述が
されていた。一方で、今回の第1調査結果からは、出自を知る権利に関して
は、「養子は実親について知る権利がある」が圧倒的に多く、「養親は養子か
らの質問に対応するため養子の生まれた背景を知っている必要がある」こと
についての回答率も高かった。こうした結果から、出自に関する子どもの権
利についての理解がされていることがわかるとともに、先行研究の指摘のよ
うに実親のことを「伝えてはいけない」というような規範的要請からのジレ
ンマを感じたり、実親情報を受け取らないというような現状は確認できな
かった。

　実際に、真実告知に関しても「真実告知は早期にした方がよい」という意
見が多く、「伝えてはいけない」というような規範的要請を感じている状況
はうかがえなかった。さらに、第2調査の結果からも、真実告知に関しては、
自分から言いたいという意見が多く、葛藤を感じているというよりも、日常
の中で自然と伝えられているなど、上記の先行研究と一致しない状況が確認
された。また、先行研究では「子どものため」と言う専門家の言説によって
葛藤を抱えている側面があるという指摘（野辺 2018：303）もされていたが、
第2調査からは確かに養親から「子どものための制度」、「子どもの幸せ」と
いうことが言われていたが、それが葛藤につながっているというよりは、実
親に代わって育てる責任感につながっていたと言えた。加えて、そうした責
任感に基づく親子関係は、普通の（実親子との）親子関係と異なる特別なも
のではないという認識をもっていることも第1調査、第2調査の双方から明
かになった。以上から、養親は子どもの出自を知る権利や真実告知は子ども
の権利として理解した上で対応しており、普通の親子関係が形成されている
という認識をもっている現状を確認できた。なお、専門家に関しては、先行
研究当時の専門家が適切な相談支援を行っていたのかが明確でないため断定
はできないが、前出の 3.(3)③⑥ でも確認したように意思決定における相
談支援の重要性が改めて浮き彫りになったと言える。

（3）家族の多様性の理解・啓発と産んでも産まなくても
安心して育児ができる体制づくり

　養子縁組は特別なものではなく普通の親子関係と変わらないという認識を
養親がもっている現状を3.（3）6）で述べたが、一方で周囲から特別視され
ている現状や子どもは産むことが前提になっている反応を受けていることも
明かになり、実親子以外の家族の多様性が受け入れられにくい状況が確認さ
れた。今回は養子縁組親子に焦点を当てて研究を行ったが、家族の多様性に
関しては、北京行動綱領作成時から「性的な志向の問題と合わせて、いわゆ
る家族の多様性を認めなければいけないというときに、日本では男女の法的
な結婚のみが家族という捉え方が強い。しかし人と人が一緒に暮らすのが家
族」（清水・北沢 1996：72）と言われていた。このように、家族の多様性を
認めるということが当時から課題となっていたことを鑑みると、現在の養子
縁組親子への周囲の反応等からは課題として残ったままになっていると言え
た。特に、今回は学校現場でも理解がされていない状況が明らかになったこ
とから、家族の多様性を理解する教育が今後の課題としてあると言えた。別
の言い方をすれば、不妊治療や望まない妊娠という状況に直面してからの相
談支援体制は前出の3.（3）③⑥で確認したように充実しつつあると言えるが、
それ以前からの養子縁組を含む多様な家族に対する理解・啓発が求められ、そ
れが子どもを産み育てることに関連する意思決定をしやすくすると言えよう。
　次に、養親には子どもの出産がない代わりに、多様な手続きや研修等を夫
婦で対応する必要があったり、子どもを受け取ってからも協働して対応する
部分がみられた。それでも育児と家事に関しては、女性（妻）側の負担が多
くなっていること、とりわけ女性（妻）が働きながら子育てをすることの大
変さを確認できた。北京行動綱領作成時から、子どもの養育に関しては「日
本の場合は相変わらず女性の役割である。また、社会全体の責任も不完全で、
主として個別家庭の責任に課せられている」（清水・北沢 1996：76）と指摘
されていたが、今回の調査結果からも課題として残っていることが明かに
なった。今日、男性（夫）の育休制度をはじめ、男女がともに育児を分担す

る制度が実施されつつあり、養親の男女も 2017 年の改正育児休業法施行以降、育休取得が可能となったが、養子縁組の場合は妊娠期間がなく、急に子どもが来ることになるため、職場の理解や受け入れ風土が不可欠である。いづれにしても、女性が産んでも産まなくても安心して子どもを育てることができるような社会制度の実現と推進体制づくりが今後の課題と言える。

　最後に、今回はあっせん事業者のアクロスジャパンの支援内容や体制を確認した上で調査を行ったことから、全般的に養子縁組がうまくいっている家族の結果となっている可能性が高い。そのため、養子縁組家族の実態をすべて反映しているとは言えず、本研究の限界と言える。しかし、これまでの研究は、課題や問題のある養子縁組家族に焦点があてられることが多い傾向にあったと言えることから、本研究を通して、養子縁組家族の新たな理解が深まり、子どもを産んでも産まなくても安心して育てることの意思決定の促進につながれば幸いである。

　　謝辞

　　　　本調査にご協力頂きました養親の皆様に心から感謝・御礼申し上げます。また、調査の実施にあたり、様々なご支援・ご配慮を頂きましたアクロスジャパンの代表の小川多鶴様にも感謝申し上げます。

　　　　本研究は、「女性問題図書目録刊行会」からの助成を受けて実施しました。

　注
　1)「北京宣言及び行動綱領」の中の戦略目標 G1「権力構造及び意思決定への女性の平等なアクセスおよび完全な参加を保障するための措置を講じること」の中の 190（i）に明記されている。
　2) アクロスジャパンの名称の公表に関しては、同代表の小川多鶴氏に承認を得るとともに、同氏の氏名の公表についても同意を得た。また、アクロスジャパンの概要は、同団体の以下の HP を参照した（https://www.acrossjapan.org/ 2024/7/7 アクセス）。
　3) 調査内容は、基本属性（養親・養子）のほか、養子縁組に関する項目として、きっかけ（理由）、心配・不安だった内容、相談した人、有益だった情報と支援、

配偶者間での葛藤・意見の違い、自己決定割合、子どもの出自を知る権利について、真実告知について、養子縁組・養親子に関する考え、社会（周囲）の受け止め方、今後のあり方（養親に必要な支援、女性に必要な支援、周囲・社会の対応、社会・法制度のあり方）である。

４）調査内容は、基本属性（養親・養子）のほか、養子縁組について、子どもの権利・真実告知について、周囲（社会）の受け止め方について、養子縁組の今後のあり方、である。

　　なお、感染予防等の観点から、ZOOM によるインタビュー実施となった。

５）この分析方法は、多くの質的分析法のようにデータからカテゴリーを生成するのではなく、既定のカテゴリーに基づいてデータを割り振る（分析する）方法をとる点が特徴となっている。第2調査では、第1調査結果をもとに質問項目（分析の枠組み）をあらかじめ設定しているため、この分析法の採用が妥当だと判断した。また、コード化せずに GI 調査中の発言を活かして割り振る（分析する）ことで、養親の回答が具体的に理解しやすく、本研究の目的である現状と課題も確認しやすいと考えた。

引用文献（著者姓アルファベット順）

赤尾さく美・ロング朋子（2017）「民間養子縁組機関による実親支援と養子縁組」『子どもの虐待とネグレクト』19(1). 16-22.

阿久津美紀（2021）「自らを証明するため、知るための記録——各国の状況から日本の特別養子縁組の記録と記録管理を考える」『養子縁組と里親の研究：新しい家族』64, 44-45.

安藤茎子（2020）「特別養子縁組を行った家族への支援の取り組み——真実告知を通して生い立ちの整理を考える——」『社会福祉研究』139, 82-89.

浅井美智子（2005）「ジェンダーフレイムから見た新生殖技術」上杉富之編『現代生殖医療』世界思想社, 59-77.

江原由美子（2002）「女性の自己決定権　再考」法社会学会編『法と倫理』有斐閣, 56, 150-165.

江原由美子（2012）『自己決定権とジェンダー』岩波書店.

林浩康（2019）「特別養子縁組制度の改正と実践上の課題」『社会福祉研究』136, 2-10.

林浩康, 他（2014, 2015）『国内外における養子縁組の現状と子どものウエルビーイングを考慮したその実践手続きのあり方に関する研究. 厚生労働科学研究

補助金政策科学総合研究事業』報告書.

川村隆子（2016）「特別養子縁組における試験養育期間に関する一考察」『法政論叢』52(2), 81-94.

Mayring.P.（2004）*Qualitative Content Analysis*, Uwe Flick, Ernst von Karodroff and Ines Steinke eds, A Companion to QUALITATIVE RESEARCH, Sage Piblications, 266-269.

宮里慶子・森本美絵（2012）「養子縁組里親、養親の抱える困難とその対処――里親支援枠組みからの離脱とスティグマ」『千里金蘭大学紀要』9, 1-12.

森和子（2017）「血縁によらない親子関係の再構築――真実告知後の養子と養母のやりとりの記録から――」『家族心理学研究』30(2) 34-148.

野辺陽子（2018）『養子縁組の社会学――〈日本人〉にとって〈血縁〉とは何か――』新曜社.

清水澄子・北沢洋子（1996）『女性たちがつくる21世紀――私たちの北京「行動綱領」――』女性政策研究所.

徳永祥子（2017）「特別養子縁組と『知る権利』：養子・養親・実親（アダプション・トライアングル）を視野にいれて」『子どもの虐待とネグレクト』19(1), 23-28.

富田庸子（2020）「『子どものため』の養子縁組――特別養子縁組の動向」『日本家政学会誌』71(1), 49-56.

梅澤彩（2018）「特別養子縁組法制の再検討――子の福祉の観点から」『社会と倫理』33, 103-117.

安田裕子（2005）「不妊という経験を通じた自己の問い直し過程――治療では子どもが授からなかった当事者の選択岐路から――」『質的心理学研究』4, 201-226.

参考文献（著者姓アルファベット順）

アジア女性資料センター編（1997）『北京発、日本の女たちへ――世界女性会議をどう生かすか――』明石書店.

日比野由利編（2013）『グローバル化時代における生殖技術と家族形成』日本評論社.

総理府内閣総理大臣官房男女共同参画室編（1996）『北京からのメッセージ――第4回世界女性会議及び関連事業等報告書――』大蔵省印刷局.

第7章　家族法の進展と残された課題
——父の位置づけと国の責任——

武川恵子

1.　はじめに

　第4回世界女性会議（以下、北京会議という。）が北京で開かれた1995年9月当時、筆者は総理府男女共同参画室（内閣府男女共同参画局の前身）に勤務していた。北京には日本からも約5千人の女性が参加し、国内には、この機に、女性に関わる様々な課題解決に向けて前進しようという高揚感、連帯感が満ちていたように思う。

　家族法（民法のうち第4編親族と第5編相続を指す。以下同じ。）についても、1991年から法制審議会民法部会において行われていた婚姻制度等の見直し審議が大詰めを迎えており[1]、女性団体等が要請を重ねてきた選択的夫婦別氏制度等を含む民法改正は、あの固い役所である法務省が綿密な審議と各方面の意見聴取を積み重ねて進めていることから、順調に実現すると思われていた。ところが、1996年2月に法制審議会答申[2]（以下、「1996年答申」と言う。）が出され、いよいよ民法改正法案が国会提出に向けて閣議決定される前の与党プロセスとして自由民主党（以下、自民党という。）法務部会に掛けられたところで、法務省民事局の担当参事官が反対派の議員からの集中砲火を浴びて[3]国会提出の断念を余儀なくされる現場を目撃することとなってしまった。このように、北京会議の頃の高揚感は水を掛けられた形となってしまい、その後も国内での家族法を巡る展開は思うように進まなかった。

　1996年答申の頓挫以降、2000年12月の第1次以来5年ごとに閣議決定される男女共同参画基本計画[4]には、夫婦の氏に関する改正について「検討する」と書かれ続けたものの、実際の進展はなかった。2010年に民主党政権

下の千葉景子法務大臣が 1996 年答申と同様の内容の民法改正を目指したが、連立を組んでいた国民新党から入閣していた亀井静香金融担当大臣の反対により閣議決定できず、改正法案の国会提出を断念した[5]。1996 年答申に盛り込まれていた事項のうち、婚外子の相続差別撤廃、再婚禁止期間の 100 日への短縮、婚姻適齢の男女統一などについては、最高裁判所（以下、最高裁という。）での違憲判決や成年年齢の引下げ等のための民法改正に伴って実現したものの、夫婦の氏に関しては、2015 年[6]、2021 年[7]の二度の最高裁判決でも現行規定が合憲とされたことから国会でも議論は進まず、1996 年答申の中でも未だ実現されないままの事項となっていることは周知のとおりである。2024 年 6 月には日本経済団体連合会が選択的夫婦別氏の導入を提言[8]したことから、自民党の中で議論が再開したものの、まとまる見通しは立っていない。

　1996 年答申に含まれていない家族法の課題で法改正が行われた主な事項としては、2022 年 12 月に改正された嫡出推定に関する規定と再婚禁止期間の全廃、2024 年 5 月に改正された離婚時の選択的共同親権等の導入がある。このうち、嫡出推定に関する規定の改正等は、法的な夫（離婚後 300 日以内を含む）がいる場合は父の欄にその名を記入しなければ出生届が受理されず、かつ、嫡出否認権が法的な夫にのみ与えられていたため、DV などのケースで母が出生届を出さず、子の無戸籍という重大な人権問題につながっていたことの解消という目的から検討が進められたものである。また、選択的共同親権は、離婚に際しての熾烈な親権争いで子が辛い思いをするといったケースや、他方、離婚後は面会交流も養育費の支払いもしない非親権者が少なくないことに鑑み、子の利益を確保するという目的で、選択的導入が図られたものである。

　このように、2020 年代に入って、家族法分野の検討は、一時の停滞を徐々に脱し、活発化している様相が伺える。しかし、現実に顕在化した課題に対応するための改正をその場その場で行っていくに留まらず、男女共同参画の根本的な問題ともいえる子に関わる父母の責任と、その位置づけに関わる国の責任に関し、現行規定の制定時の背景と現状の課題、今後の展望について

整理することが必要ではないだろうか。本稿においては、先行研究や行政資料、裁判資料等と筆者の当時の職務上において見聞した事実をもとに、これまでの動向を確認し、北京会議以降の家族法の進展と残された課題、中でも父親の位置づけと国の責任について、考察することを目的とする。

2.　明治民法の制定・戦後の「家」制度の廃止・1996 年以降の動き

(1)　戦後の「家」制度の廃止と残された課題

　1946 年 11 月 3 日に公布され、1947 年 5 月 3 日に施行された日本国憲法 14 条（法の下の平等）、24 条（婚姻における個人の尊厳と両性の本質的平等）に矛盾する「家」制度の法的根拠を取り除くため、民法改正案が 1947 年 7 月 15 日に国会提出され、同年 12 月 22 日に成立し、「家」制度・戸主権・家督相続、さらには、妻の無能力制度・相続における男女間差別・離婚原因における夫婦間の不平等・親権における父母の差別等は廃止された。なお、憲法 24 条の起草については、GHQ のベアテ・シロタ・ゴードンが多大な貢献を行ったことが知られている[9] が、「家」制度の廃止においては GHQ のエセル・ウィードが大きな役割を果たした（上村 2023：197-202）。

　このように大改正が行われたものの、短期間で、抵抗の大きい「家」制度の廃止にエネルギーを費やしたことがあってか、人権意識の時代的制約があってか、新民法になっても、現在のジェンダー視点からは課題のある様々な規定が残されていた。嫡出推定制度、夫だけに認められる嫡出否認権、女性だけに 6 か月間課せられた再婚禁止期間、婚外子の母の同意なき認知、婚外子の父の任意認知、婚外子の相続差別、男女別の婚姻適齢年齢、強制的夫婦同氏などが挙げられる。

(2)　1996 年法制審議会答申に盛り込まれた事項のその後

1)　1996 年法制審議会答申の内容

　1. で述べたように、1996 年 2 月に法制審議会の答申に盛り込まれた主な内容は、以下の 2)〜5)であるが、そのうち 2)、3)、4)については、現

行規定で不利益を被った当事者が訴訟に訴え違憲判決を勝ち取る等して改正に至ったが、5）の夫婦の氏については現在のところ、改正には至っていない。

2）婚外子の相続差別の解消

戦後の民主化の中で、相続については分割相続に改められたものの、婚外子については嫡出子の2分の1とされていた。これについては、2009年9月30日の最高裁決定までは合憲とされてきたものの、2013年9月4日最高裁判決により違憲とされ、それを受けて同年12月5日に民法が改正され、婚外子の相続差別の解消は実現した。この裁判は、夫が法律上の妻と長らく別居し、内縁の妻やその子らと実質的に正式の夫婦・家族のように暮らしていたケースである。また、途中で和解に至ったものの最高裁まで争われたケースとしては、入籍せずに婚家を去った最初の妻との間の子（両親の事実婚解消後も父の家で長男として育てられた）と次に法律婚をした妻との間の子が争ったケースなどがある[10]。また、90年代には、同じ母の子であるが、最初の法律婚の下で生まれた子と、離婚後、次は事実婚下で生まれた子（同母異父兄弟）が母の遺した財産の相続分を争ったケースなどがある[11]。しかし、俗にいう愛人の子が最高裁まで争ったケースは、管見の限りでは見当たらず、婚外子の権利の主張が難しかったことが推察される。

なお、この改正を受け、自民党から、法律婚の配偶者の立場を強化するために、配偶者居住権が強く要請され、2018年7月に法改正[12]、2020年4月1日から施行されている。

3）再婚禁止期間の100日への短縮

再婚禁止期間については、これも当事者が訴えを起こしたことにより、100日を超える部分については2015年12月16日最高裁大法廷が違憲判決を下し、これを受け2016年6月1日に民法改正、同月7日に施行されている。これにより、1996年答申の内容は実現されたが、その後、残る100日分についても、2.（3）1）⑤に詳述するように、2022年12月15日の嫡出推定規定の改正に伴って、全廃されることになった。なお、婚姻後200日以降、離

婚後 300 日までに生まれた子を嫡出子と推定するので、推定期間が重複しないためだけならば再婚禁止期間は 100 日で良かったと思われるものの明治民法下で 6 か月の再婚禁止期間が設定された理由は、前婚で懐妊した女性をそれと知らず嫁にもらうという不都合を防ぐため、外見からそれと分かる 6 か月を設定したと起草者が述べている（藤戸 2016：2）。

4）婚姻適齢の男女差の解消

戦後、1947 年 12 月の民法改正によって、婚姻適齢は男性が 17 歳から 18 歳へ、女性は 15 歳から 16 歳へと 1 歳ずつ引き上げられたが、女性が 2 歳若く設定されており、国連からも児童婚に当たるという強い批判があった[13]。これは、2018 年 6 月 13 日、成年年齢を 20 歳から 18 歳に引き下げる改正と共に、女性の婚姻年齢を男性と同じ 18 歳に引き上げる民法改正（2022 年 4 月施行）が行われ、1996 年答申内容は実現された。

5）選択的夫婦別氏制の導入

1996 年答申に盛り込まれた主な事項の中で、未だ実現していないのが選択的夫婦別氏制度の導入である。

2015 年 12 月 16 日、最高裁大法廷から、再婚禁止期間については 100 日を超える部分を違憲とする判決が出されたが、同日、夫婦の氏については同氏しか認めない現行規定が合憲と判断された。しかし、15 人中 3 人いた女性の判事は全員、また、男性 2 人の判事も反対意見を述べている。なお、寺田逸郎裁判長は長く法務省民事局での勤務経験があり、選択的夫婦別氏制度の検討においても長く関わってきたという経歴から、関係者は期待を持ってこの判決の行方を見守ったが、合憲の判決理由を[14]「……社会の受け止め方に依拠するところが少なくなく，この点の状況に関する判断を含め，この種の制度の在り方は，国会で論ぜられ，判断されるべき事柄にほかならないというべき……」と述べている。つまり夫婦同氏強制は、司法判断として違憲というほどの人権問題ではなく、どちらがベターか政策判断として国会で議論すべき事柄だという趣旨である。しかし、合憲判決が出れば、いくら最高

裁が促したところで国会での議論は停滞するであろうことは、少しこの問題に関心のある人間であれば分かることだったのではないだろうか。また、違憲とするほどの人権問題ではない理由として、「……近時，婚姻前の氏を通称として使用することが社会的に広まっているところ、上記の不利益は、このような氏の通称使用が広まることにより一定程度は緩和され得るもの……」と述べている。しかし、この点については、2017 年 4 月 11 日に参議院法務委員会[15] で糸数慶子議員から裁判文書での旧姓使用が認められていないことによる女性裁判官の無念についての指摘があり、最高裁判所長官代理者から「……判決書等の裁判文書につきましては、……現在のところ旧姓使用を認めていないところでございますが、この点につきましては今後検討してまいりたいと考えているところでございます。」との答弁がなされ、その後、旧姓使用が可能となったことを考えれば、2015 年判決では自身の足元の状況も確認せずに通称使用の拡大によって不利益が緩和されていると述べたことになり、所詮他人事であったために大きな人権問題とは感じていなかったことが露呈している。

　なお、通称使用については、国会では既に、選挙から国会での議決まで、旧姓で行うことが可能となっていた。当時、筆者の勤務していた内閣府男女共同参画局においては、2015 年の最高裁判決で合憲となった状況を見て、「女性活躍加速のための重点方針 2016」[16] の中に通称使用の拡大を盛り込む方向に舵を切り、マイナンバーカードへの旧姓併記を可能にするとともに銀行口座や国家資格での旧姓使用を可能にするべく取り組んでいくこととした。マイナンバーカードが身分証明のベースとして普及し始めている中で旧姓が併記されていなければ、社会で広まりつつある通称使用にさえも逆風が吹きかねないと危惧されたためである。一方、行政府で働く国家公務員については、日常的な行政部内での旧姓使用は認められていたものの、法的効果を持つ行政文書では戸籍名のみが使用されていた。これが、上記の経緯で、三権分立のうち、立法、司法で旧姓使用が可能となったことを受け、女性活躍を看板政策として掲げる安倍内閣の下であるにもかかわらず行政府のみが認めていないといった事態となることを避けるため、強く反対していた部局もあった

ものの、なんとか、大臣を含め全ての行政府の公務員が、行政文書での旧姓使用を認められるに至った。

　夫婦の氏を巡る現行規定は、2021 年の最高裁判決でも合憲とされて相変わらず国会でも議論は進まず、2024 年 6 月に経団連が選択的夫婦別氏の導入を提言後にようやく自民党の中で議論が再開したがまとまる見通しは立っていないことは、1. で述べたとおりである。

(3) 1996 年答申以降に顕在化した課題

1) 嫡出推定否認権

1996 年答申以降に顕在化した課題としては、まず、2000 年代にメディアでも大きく取り上げられた無戸籍児の問題を生む原因となっていた嫡出推定否認権の問題がある。

①嫡出推定制度の目的と否認権が夫にのみ認められていた沿革と弊害

　　民法 772 条に規定されている嫡出推定制度は、「法律上の父と子供の関係を早期に確定し、家庭の平和が脅かされる事態を防ぐことによって子供の利益を図るというものでございまして、この制度が存在することによってもたらされている子の利益は、全体として見ますと非常に大きいものと思料いたします。」(2016 年 10 月 20 日参議院法務委員会での法務省民事局長答弁) [17] とされている。しかし、大部分の法律婚をしている夫婦の間に生まれた子については、出生届の父の欄に母の法律婚（離婚後 300 日以内を含む）上の夫の名前を記載しなければ出生届を受理しないというような制度を作らなくとも、通常、夫の名を記載して提出するであろうから、子の利益のために特に必要とは思えない。問題は、DV 夫が離婚を拒んでいる間に、他の男性との間に妻が子を懐妊したようなケースである。2022 年改正前の民法 774 条は、嫡出推定を否認する権利を夫のみにしか認めておらず、一度、規定のとおり DV 夫の名前を父の欄に書いて出生届を出してしまえば、DV 夫が嫡出否認の訴えを起こしてくれないかぎり法律上の父を変えることはできず、子の利益どころか、母子の生命の危険すらあった。そのため、母は出生届そのものを出さず、無戸籍という甚大な人権問題につながっていた。

なお、この 2022 年改正前の嫡出否認権については、1898 年制定時から変更されておらず、二宮（2007：67-168）は「起草者の梅謙次郎は，その後，著書の中で，嫡出推定が当たっているかどうかを判断できるのは父母だけだが，母がその子が夫の子でないと主張することは，『有夫姦ヲ犯シ又ハ婚姻ノ前後ニ於テ私通ヲ為シタリト主張スルニ同シ』だから，実際に反証をすることは困難であるだけではなく，『其不品行ヲ法廷ニ主張スルノ権利ヲ之ニ与フルハ風教ニ害アル所ナルカ故ニ夫ニノミ権利ヲ与ヘタルナリ』と述べた[18]。ここでは，妻＝母の姦通を公けにしないという体面が重視されていることがわかる。」と述べている。

②婚外子の父子推定

　①に述べたように、法務省民事局は嫡出推定制度に関して「法律上の父と子供の関係を早期に確定し、……子供の利益を図る」という非常に大きい意義を強調している。しかし、法律上の父子関係の確定が子の利益に非常に重要なものだと本当に考えるならば、法律婚をしていない男女の間に生まれた子で、父が認知を拒んでいるような場合にこそ、後述するスウェーデンのように公的機関が前面に出て父を捜索して DNA 鑑定などによって確定すべきと思われる。しかし、日本では婚外子の認知は民法 779 条により任意で、任意認知がなされない場合の解決は民々に任されており、民法 787 条による認知の訴えを起こしても、DNA 鑑定を拒否されれば、裁判所が強制認知してくれるのは、事実婚や同棲など父母の関係が外観的に認められる場合を除けば簡単ではない。子の利益のため、国は何をすべきで何をしなくてよい、或いはすべきでないのかを、そろそろ一度、整理する時ではないだろうか。

③「嫡出・嫡出でない」という差別的語感

　民法の「嫡出」という用語は、「法律上の婚姻関係にある男女の間に出生した」という事実関係にとどまり、差別的な意味合いを含むものではないとされている[19]。しかし、通常の日本語としては「嫡」という語に正統という語感が厳然としてあり、国民生活に深く関わる法律の用語として、自身の責任に帰さない父母の婚姻関係を基に人間を格付け・差別するような言葉を使うのは不適切である。⑤で述べる法制審議会民法（親子法制）部会での検討

の中でも、中間試案に対するパブリックコメントを始め、多くの意見が出された
が、無戸籍問題の解決に向けた検討を行う部会の中で「嫡出」の用語を見直すことは困難として見送られた（安達・吉川・石橋 2023：74-76）。

④江戸時代生まれの起草者が書いた規定

上記①に明治民法の起草者として登場した梅謙次郎博士は、万延元年に松江藩の藩医の次男として生まれた人である。我々日本人は、江戸時代生まれの人が起草した規定を、2022 年末まで見直さなかったことになる。しかし、問題は梅博士にあるのではない。梅博士は、フランス留学で得た最新の欧州の民法の知識を取り入れ、伝統を楯に時期尚早とした抵抗勢力に負けず、近代化を図る日本国の制度の整備に断固とした姿勢で取り組んだ功労者である[20]。その気概を受け継ぐことなく、21 世紀も 20 年余が過ぎるまで、しかも、無戸籍という甚大な人権侵害の要因となっている男女差別も甚だしい規定を墨守しつづけたその後の日本人に問題があるというべきであろう。

⑤嫡出否認権の改正の経緯

ここまで述べてきたように、無戸籍問題の根本的な解決を図るという趣旨で嫡出推定と嫡出否認権に関する規定が改正されたわけであるが、検討の経緯としては、まず、自民党政務調査会から 2018 年 6 月 5 日「司法制度調査会提言 〜誰一人取り残さない日本を目指して〜」の P5 に、無戸籍問題に関して「ウ 嫡出推定制度見直しの可能性と課題」として解決策が示唆されたことに始まる。これを受け、同年 10 月 18 日から公益社団法人 商事法務研究会において、「嫡出推定制度を中心とした親子法制の在り方に関する研究会」が開催され、13 回の審議を経て 2019 年 7 月 16 日に報告書がまとめられた。その後、法務省法制審議会民法（親子法制）部会で 2019 年 7 月から 2022 年 2 月まで 25 回に亘り審議が行われ、法制審議会から 2022 年 2 月 14 日に答申された。その後、2022 年秋の臨時国会に提出された法案は、法務大臣の交替などがあって関係者のやきもきする中、12 月 15 日の会期末の土曜日の参議院本会議にて可決成立した。無戸籍問題の一番の要因となっていた夫のみの嫡出否認権が子や妻に認められるようになっただけでなく、100 日残っていた女性のみに課せられていた再婚禁止期間も、不要となり全廃された。

⑥婚外子の父子関係確定のための認知を巡る問題点

　②では、婚外子の場合、父が DNA 鑑定を拒めば同棲など外観的に明らかでない場合には強制認知は容易でないという問題を指摘したが、ここでは逆に、男が母の承諾もえず、勝手に認知できてしまう問題を取り上げたい。婚外子は民法 779 条により父の「認知」によって法律上の父子関係となるわけだが、同 783 条に「父は、胎内に在る子でも、認知することができる。この場合においては、母の承諾を得なければならない。」とあることから分かるように、胎児認知でない場合には、母の承諾は不要である。男が虚偽の認知届を出した場合、公正証書原本不実記載罪に問われる可能性はあるが、当面は届は受理され、母と子に受理された旨の通知もされない。これは、1873年太政官布告 21 号が「妻妾ニ非ル婦女ニシテ分娩スル児子ハ一切私生ヲ以テ論シ、其婦女ノ引受タルヘキ事　但シ男子ヨリ己ノ子ト見留メ候上ハ、婦女住所ノ戸長[21]ニ請テ免許ヲ得候者、其子其男子ヲ父トスルヲ可得事」としたことに始まる。1875 年太政官指令においても、「戸長ノ免許ヲ受ケ男子ノ籍ヘ入ルヽトキハ、私生ノ名義ヲ消シテ庶子ト称シ、庶子中長幼ノ順序ヲ以テ相続ノ権ヲ有ス可キ事」とされ、母の承諾が不要とされ、その考え方が明治民法に、そして 21 世紀も 4 半世紀過ぎた現在にも繋っている（二宮 2003：72）。父子関係について母の関与を不要とする考え方としては、2022年 12 月 15 日に改正されるまで嫡出否認権が父にのみ認められていたことと共通していると思われるが、こちらの認知の規定は未だに改正されておらず、前々世紀のまま放置されている。次の 2）で述べる選択的共同親権等の法改正を審議した法制審議会の中でも未成年の子の認知について子や母の承諾を必要とすべきとの意見は出たものの、改正は見送られた（石綿 2024：12）。

　認知は父と子の関係に関することであり、母に直接の関係はない、という考え方であろうが、詭弁である。子が生まれるということは、その男と母が性的関係を持ったということにほかならず、母の承諾なくそのような認定を行ってよい、と国が考えていることになる。女性からすれば侮辱である。因みに刑法の方では 177 条に不同意性交等罪が定められており、たとえ夫婦であっても 5 年以上の有期拘禁刑と明記されている。このようなことが許され

ているのならば、母の方も男性の了解なく婚外子の父を届け出することが許されなければならないのではないだろうか。

　戦前まで、家族の問題は良くも悪くも強い権限を持つ戸主などの自治に任され、婚外子の位置づけや養育などについては、父母である男女の属する戸主同士の話合いなどの機能があった。戦後、家庭裁判所が設立されたとはいえ、「家」制度の廃止や核家族化に伴って戸主や大家族の果たしてきた機能を補うため、公的に調停・支援する機能が十分には再構築されなかった。法律ではあるべき秩序に沿ったルールが決められた上で、そのルールに依らない場合は民々での裁判などに任された結果、脆弱な立場に置かれた婚外子やシングルマザーなどの利益が十分に守られない結果となっていると言えるのではないだろうか。

2）選択的共同親権

　本稿を執筆中の 2024 年 8 月現在、家族法に関する直近の改正としては、2024 年 5 月 17 日に成立した民法改正がある。これは、父母の離婚の後、現状では養育費・親子交流は取決率も履行率も低調である等の課題に対応するため、2021 年 2 月から 2024 年 2 月まで 3 年間に亘り法制審議会において審議されてきたものである。婚姻関係の有無に関わらず父母が子に対して負う責務を明確化するとともに、離婚の際に、共同親権か単独親権かのどちらかとすることかでき、ただし、虐待や DV などのおそれがある場合には単独親権としなければならないことなどが定められた。また、養育費の履行確保に向けて、養育費債権への先取特権の付与、法定養育費制度の導入などが図られた。男性育休の普及など、父親の役割についての社会的認識の高まりも見られる中で、父の責務の確保や子の利益の確保に前進が見られると言えるものの、後述するスウェーデンや米国などのように、国が前面に出て立替え払いや取立てを行う制度と比べるとまだまだ実効性に欠けるだけでなく、家庭裁判所の体制の不十分さや虐待や DV に対する認識の不足から、危険な事案にまで共同親権の指定がされてしまいかねないとの危惧の声も根強い[22]。

　なお、「家」制度は廃止されたものの戦後まもなくは、離婚後は子は婚家

先に残したまま、嫁や婿として家に入った方が家を出る形が多かったようであるが、1970年頃を境に親権は母親が持つ方が多くなり、今は離婚後の親権者の85％が母である[23]。離婚とその後の親子関係を巡る状況は戦後と激変している。また、離婚時の親権争いに負けたり子と交流が絶たれた主として男親当事者がロビー活動を行ったため、2014年3月に「親子断絶防止議員連盟」、その発展形として2018年2月に「共同養育支援議員連盟」が設立されたことが、法務省で検討が始まった背景にある。さらに、ハーグ子奪取条約（1980年10月）の国内実施法として「国際的な子の奪取の民事上の側面に関する条約の実施に関する法律」（2013年6月成立）なども影響している。

(4) 戦後の最高裁違憲判決

　戦後、最高裁で違憲判決は2024年8月末現在、13件出されている。そのうち以下の6件がジェンダーに関係している。

　ⅰ）1973年：刑法の尊属殺人罪（通常の殺人より重い刑罰を課す）が、法の下の平等に反し、違憲。被告女性が子供の頃から実の父親に長年に亘って性虐待を受けていたという悲惨な事案であったことが違憲判決に繋がったと思われる。ⅱ）2008年：国籍法が婚外子の国籍取得を胎児認知のみに制限しているのは法の下の平等に違反。ⅲ）2013年：民法で婚外子の相続分を嫡出子の半分とするのは法の下の平等に違反。ⅳ）2015年：民法で離婚後6か月間の再婚禁止期間を女性のみに課すのは、嫡出推定に必要な100日を超える部分は法の下の平等に違反。ⅴ）2023年：性同一性障害特例法で戸籍法上の性別変更に生殖不能手術を必要としているのは、個人の生命・自由・幸福追求権の尊重に反する。ⅵ）2024年：旧優生保護法の強制不妊手術をめぐる条項は、個人の生命・自由・幸福追求権の尊重と法の下の平等に反する。

　このように、違憲判決の半分近くがジェンダーに関連する案件であったことは、戦後憲法で個人の尊重や法の下の平等が定められても、ジェンダーや人権の感性が薄い法令が多く残っていたことの表れであり、現行の法令の中にもまだまだジェンダー視点からの検証が必要な内容が残っているであろうことを示唆しているのではないだろうか。

3.　諸外国における父の責務の確保

(1)　スウェーデンの父性確定

　スウェーデン親子法第 2 章[24)] は父性確定に際しての社会福祉委員会の協力義務を定めており、その第 1 条では、父性の推定を受けることができない子について、「社会福祉委員会は、子がスウェーデン国内に住所を有するとき、子の父を捜索し、子の父性が確定されるよう積極的に努力しなければならない」としている。つまり、子の父を捜索し、確定するのは公的な責任とされており、そのための広い権限が与えられて、DNA 鑑定なども行える（第 6 条）。また、必要な情報を得ることが不可能である場合などは父の捜索を中止できるが、中止に異議ある者は県行政府に異議を申し立て、また、県行政府の決定に異議ある場合には高等行政裁判所に異議を申し立てることができるとされている。善積（2003）はスウェーデンの父親確定制度の実情について調査を行っているが、社会福祉委員会等の業務の遂行状況から、子に父を確定するのは公的な責務であるとの覚悟が読み取れる調査報告書となっている。

(2)　諸外国の養育費の確保対策

　2024 年 5 月の民法改正では、選択的共同親権制が導入された（離婚家庭の子だけでなく認知された婚外子についても）ほか、養育費の履行確保のため、養育費債権に先取特権を付与すること、父母の生活水準に即した養育費の取決め等がされるまでの当面の間、一定の養育費を請求できるという「法定養育費」の制度を新設するなどした。しかし、これは、民々で解決し、裁判で争う際のルールを作ったにすぎず、公的機関が前面に出て債権を取り立ててくれるわけではない。幼い子を抱えて離婚し、経済的に自立しようとするひとり親は体力的にも時間的にも追い詰められた状況にあり、債務親との交渉や裁判手続きは大きな負担である。

　一方、諸外国においては、ドイツ、フランス、スウェーデン、フィンランド、韓国などで公的機関による養育費立替え払い制度があり、公的機関が後で債

務者に求償する。イギリス、米国、韓国などでは、公的機関が債務者の給与から天引きする制度を持っている。また、英米などでは養育費を支払わなかった債務者への刑事罰や運転免許やパスポートの没収などの措置も取られている[25]。日本でこれらの制度を導入した場合、どの部局が所管するのかといった消極的権限争いもあるかもしれないが、昨今、厳しい国家財政の下ながら少子化対策のために多大な予算が投入されていることを考えれば、日本国民として生まれた子供を最低限不幸にしないために、負担できない額ではないだろう。税であれば国は自分の為にしっかり取り立てる仕組みを持っているのである。2021 年 11 月に厚生労働省が実施した「全国ひとり親世帯等調査結果報告」によれば、離婚の 88％を占める協議離婚をした母子家庭のうち、父から今も養育費を受給しているのは 26.1％に過ぎない。離婚し監護していない親にも共同親権を付与しうる道を開いたのであるから、逆に、養育費の支払いについてもしっかり責任を果たさせる制度を導入すべきであろう。

4. 全ての子の利益と男女共同参画に向けて

(1) 国の責務としての積極的検討

2.(3)1)で述べたように、2022 年 12 月の民法改正により、重大な人権侵害でありながら長年、根本的解決がされてこなかった無戸籍問題については一応の前進が図られ、付随して懸案であった再婚禁止期間の完全な解消等も実現した。また、2.(3)2)で述べたように、2024 年 5 月改正においては、親権の有無や婚姻関係の有無にかかわらず、父母は互いに人格を尊重し協力して、子が自己と同程度の生活を維持することができるよう養育しなければならないとされ、選択的共同親権制度や法定養育費制度などが導入された。このように近年、改正が相次いで行われたが、これは、戦後、「家」制度を廃止しつつも、明治以来の残滓であった条文の改正であり、「個人の尊厳と両性の本質的平等に立脚」した親子関係への移行、そして、父親も家長としてではなく生身の親として子の出生や養育に関わる変化の表れといえる。

しかし、1995 年以降の家族法の改正は、当事者が訴訟の労を厭わず裁判

を戦った結果として最高裁で違憲判決が出されるか、切実な人権問題に関わる問題として自民党や超党派議連から問題提起されたことへの対応として行われたもので、確かに研究者を主な構成員に迎えて法制審議会で長時間に及ぶ緻密で精力的な検討を経たものとはいえ、法務省が自身の所管する法を国民を不幸にしないため、より幸せにするため、主導して検討を始めた結果ではない。筆者は内閣府男女共同参画局に勤務していた 2009 年当時、法務省官房審議官を訪ねて、メディアでも多く報道されていた無戸籍問題解決のため、母と子に嫡出否認権を認めない規定の改正に向けて協力できないか打診したが、「もっともな指摘だが、法務省は、社会が望めばそのような家族法とするだけだ」という趣旨の回答であった。しかし、民法に父母の責務、つまり国民の責務を規定するのであれば、国にも責務があるのではないだろうか。日本国民として生まれた子の幸福のため、父母に責務を全うさせるため、自らの所管する法令について積極的に検討を進めることは公務員の矜持ではないだろうか。

(2)　親子関係の確定についての母の意思の尊重

　2. (3) 1) ⑥でも述べたが、ある男性を父と確定する、あるいは推定するということは、（生殖補助医療のケースを除けば）母である女性がその男性と性的関係を持ったということを国家が認定する、あるいは推定する、ということと同義である。刑法では、不同意性交は夫婦であっても重罰を持って禁じており、もし、子の利益のために母の同意もなく確定、推定してよい、というならば、具体的にどのような場合に母の意思を尊重することが子の利益を害するのかについて検討することが最低限必要である。

　まず、シングルマザーの子について母の同意なく男からの認知届を受理する民法 779 条の規定は女性の尊厳の侵害であり、早急に改正すべきである。このようなことが許されるなら、シングルマザーからの子の父の届出も男性の同意なく受理されなければ男女平等と言えない。しかし、実際は、2. (3) 1) ②に述べたように、強制認知を申し立てても、DNA 鑑定を拒否されれば、同棲関係にあったなど外観的な状況がないと簡単ではない。子の利益を本当

に考えているなら、国が行うべきは、スウェーデンのように、公的責務とし
て父を捜索し確定し、そして、弱い立場の母子に父と民々で裁判で戦わせる
のではなく、諸外国のように公的機関が前面に出て養育義務を果たさせるこ
とではないだろうか。なお、養育費の算定には、子のための金銭的な出費だ
けでなく、母が子のために行ったアンペイド・ワークの評価も含まれるべき
ではないだろうか。

　次に、婚姻中（離婚後 300 日以内で再婚していない場合も含む）の夫婦の
間に生まれた子についても、国は嫡出推定などするのではなく、出生届の父
母の欄に夫婦の名が書かれていればそのまま受理し、夫でない男性の名が書
かれていた場合には DNA 鑑定書の添付や家庭裁判所の関係者への確認等を
もって受理する形として、どんな不都合があるであろうか。

　戦前は、女性は物言わぬ畑であり、畑に所有者がいれば所有者が種を撒い
たと推定し、無主の畑であれば種を撒いたと名乗り出た男の届出をそのまま
受理した。畑の方から種の撒き手を言い立てるようなことは想定されていな
かったと言える。しかし、リプロダクティブ＆セクシャル・ライツの概念の
価値は北京行動綱領により世界に共有されているし、今や、刑法の不同意性
交等罪も創設された。畑が自身の意思で種の撒き手を選ぶのが公序だ。
DNA 鑑定の精度も高い。これからの親子法は、これらを念頭に置いて検討
されるべきと考える。

(3) 婚外子を罰するのではなく守るために国が自ら汗をかくこと

　明治以来の家族法は、国民を従わせるべき婚姻制度という枠組みを定め、
そこから外れることを枠組外で生まれた子とその母に不利益を課すことに
よって抑制してきた（二宮 2003：72）。また、養育費の不払いなどのトラブ
ルは、だんだんと時代の要請にそってシングルマザーなどに有利になるよう
なルールの改定はいくつかあったものの、ルールに則って民々で裁判等で争
うことによって解決させることとなっている。しかし、核家族下でシングル
マザーにとって裁判を起こすことも大変な重荷となる。少子化でもある今日、
日本国民として生まれた子を放置して良いであろうか。公的機関がスウェー

デンのように全面的な責任を持って父を確定し、また、他の欧米諸国も行っているように、養育費の確保について主体的な役割を果たすべきではないだろうか。3.（2）でも述べたが、少子化対策のために現在投入されようとしている予算と比べてもはるかに少額の予算で、子の不幸を減じることができるであろう。選択的共同親権制の施行や安全な面会交流のためにも家庭裁判所の機能の強化は必須である。また、「嫡出・嫡出でない」といった差別的語感を持つ用語は一刻も早く削除すべきである。国民を枠にはめることによって統治するという観点を脱し、公的機関が自ら汗をかくことにより、全ての子やひとり親、離別親を置き去りにせず、支援する方向に舵を切らなければならない。

（4）政策決定過程の透明化

国民の権利義務を定める法律は、国民の選んだ議員からなる国会のみが制定できる。法案の検討・決定過程は透明化され国民の目に晒されなければならない。日本における政策決定は、省庁の審議会等や国会における審議は資料や議事録も公開されているが、実際の政策決定を左右するのは、法案を閣議決定する前に行われる与党プロセスである。このプロセスは、メディアも十分には取材できないし、議事録公開など勿論無い。非公開、非公式の場での意見交換は、政治家と経済団体や労働団体などの間でも日常的に行われており、それ自体悪いこととは言えないが、最近、旧統一教会が選挙のボランティアなどを提供することを通じて自民党に影響力を奮っていたことが明らかにされ大きな問題となった。2000 年代の前半、旧統一教会から男女共同参画行政は激しい攻撃を受けていたが、ジェンダーバッシングといわれたこの時代のことは関係者には鮮明な記憶である。政治と金の問題が今、大きな問題となっているが、宗教団体などに選挙ボランティアを出してもらわなくても成り立つ選挙制度も重要である。

政策を誰が推進しているのか、誰が反対しているのかが闇の中にあることは、民主主義として問題だと言わざるを得ない。これは、2009 年から 3 年間の民主党政権下でも同じであり、当時は民主党の中で部会などが停止状態

にあったため、国連人権諸条約の個人通報制度を含む選択議定書の批准については、党内で強硬な反対者があり実際は頓挫していたにもかかわらず、部会などを通じて表にでることはなく、関係者は空しく期待だけを持たされ続けていたのである。政策を進めたい関係者やメディアは、この与党の政策方針決定過程に大きな関心を払う必要があるだろう。

(5) 本稿で論じなかった課題

　頁数の関係で本稿で触れなかったが昨今の大きな問題として、生殖補助医療や赤ちゃんポスト・内密出産における親子関係がある。生殖補助医療については、長年の紆余曲折を経て 2020 年に「生殖補助医療の提供等及びこれにより出生した子の親子関係に関する民法の特例に関する法律」が一旦成立したものの、超党派議員連盟において積み残した事項の改正のための討議が続いている。赤ちゃんポストや内密出産についても、子の出自を知る権利等の立場から様々な議論がされている。生殖補助医療等では、その制度の最も大きな影響を受け、歪みがあれば最大の被害者となるのが、生まれてくる子である。しかし、生まれる前に意見を述べる機会がないのも子である。ただ、幸いなことに SNS の発達などによって、生まれた子達が繋がり、当事者団体を作る時代となった。法制度を検討する際には、当事者たる子の意見を最大に尊重し、配偶子の提供者や親の利益を優先してはならない。ましてや国の予算や労は厭うべきではない。現在の家族法のように、ルールだけを決めて、トラブルが起これば民々で裁判で争わせるなどというのはもっての外である。また、配偶子の提供はヒト由来の生殖補助薬品のように扱われるべきではなく、もっと尊厳のある、言うなれば、人間の半分の養子として、家庭裁判所などが関与すべきではないだろうか。これらについては、機会があれば別に論じることとしたい。

(6) おわりに

　家族法は、民法の専門家に議論をまかせておけば良いというものではない。もっともっと多くの国民や実務家やメディアが論じ、学術界においても社会

学者など広範な分野の研究者が関わり、特に、近代化以降の性別分業を我が
国の伝統と誤解する「近代の伝統化」（落合 2023）などを解消していくこと
が、より良い社会を次世代に渡すための前提だと痛感する。

謝辞
　　本稿の執筆に当たり、ご多忙の中を、多数の先行研究や参考文献等を
ご教示、ご提供いただき、貴重なコメントもいただきました立命館大学
の二宮周平名誉教授に、心から感謝・御礼を申し上げます。

注
1）法務省 HP
　（https://www.moj.go.jp/MINJI/minji36.html,　2024/8/11 アクセス）
2）民法の一部を改正する法律案要綱
　（https://www.moj.go.jp/shingi1/shingi_960226-1.html,　2024/8/13 アクセス）
3）日本記者クラブ講演動画「選択的夫婦別姓　1996 年答申の意義」講師：小
　池信行・元法務省民事局参事官、弁護士
　（https://www.youtube.com/watch?v=0iOwFd_qORw,　2024/8/13 アクセス）
4）内閣府 HP「男女共同参画基本計画」
　（https://www.gender.go.jp/about_danjo/basic_plans/index.html,　2024/9/4
　アクセス）
5）特定非営利活動法人 m ネット民法改正情報ネットワーク HP
　（https://www.ne.jp/asahi/m/net/keii.html,　2024/9/4 アクセス）
6）2015 年 12 月 16 日最高裁大法廷判決 合憲（夫婦同氏規定を改廃する立法措
　置をとらない立法不作為に対する国家賠償請求を棄却）
　（https://www.courts.go.jp/app/files/hanrei_jp/546/085546_hanrei.pdf,
　2024/9/4 アクセス）
7）2021 年 6 月 23 日最高裁大法廷決定 合憲（別氏での婚姻届の不受理処分に
　対する不服申立を棄却）
　（https://www.courts.go.jp/app/files/hanrei_jp/412/090412_hanrei.pdf,
　2024/9/4 アクセス）
8）2024 年 6 月 18 日一般社団法人日本経済団体連合会提言「選択肢のある社会
　の実現を目指して——女性活躍に対する制度の壁を乗り越える——」
　（https://www.keidanren.or.jp/policy/2024/044.html,　2024/9/4 アクセス）

9）独立行政法人国立女性教育会館　オンライン展示「ベアテ・シロタ・ゴードン展――日本国憲法に男女平等の思いを込めて――」

（https://www.nwec.go.jp/event/archivecenter/Beate_online.html，2024/9/4 アクセス）

10）日本弁護士連合会編「今こそ変えよう！家族法――婚外子差別・選択的夫婦別姓を考える」（日本加除出版 2011 年 4 月）木村義人弁護士事件報告

11）1995 年 7 月 5 日最高裁大法廷　合憲判決（1988 年に亡くなった静岡県の女性の相続について）

12）配偶者居住権とは、生存配偶者が被相続人の所有建物に無償で居住していた場合、相続開始後も、居住建物の全部について終身、無償で使用できる権利。遺産分割で相続人が合意したり、被相続人がこの権利を生存配偶者に遺贈したり、家裁がその必要性を認めたときに、この権利が保障される。生存配偶者は、遺産分割でこの権利と預貯金・現金などを取得することができるので、居住と生活の保障を得られるというのが立法趣旨である。また、婚姻期間が 20 年以上の夫婦の場合、例えば、被相続人である夫が妻に対し、その居住用の建物または敷地を遺贈または贈与したときは、妻の具体的相続分の計算に際して、特別受益として加算する必要がない。この分を除いて、相続分に従ってその他の財産を取得することができる。

13）ユニセフでは、児童婚を男女とも 18 歳未満の婚姻と定義しており、国連女子差別撤廃委員会は、2016 年，2009 年，2003 年等の日本政府定期報告に対する最終見解の中で、婚姻適齢年齢を男女とも 18 歳とするよう勧告している。

14）2015 年 12 月 16 日最高裁大法廷判決 P9-10

（https://www.courts.go.jp/app/files/hanrei_jp/546/085546_hanrei.pdf，2024/9/4 アクセス）

15）第 193 回国会参議院法務委員会 2017 年 4 月 11 日議事録 P10-11

（https://kokkai.ndl.go.jp/#/detail?minId=119315206X00520170411&current=1，2024/9/4 アクセス）

16）内閣官房すべての女性が輝く社会づくり本部 2016 年 5 月 20 日「女性活躍加速のための重点方針 2016」p17-18

（https://www.cas.go.jp/jp/seisaku/kagayakujosei/dai5/siryou1_2.pdf，2024/9/4 アクセス）

17）第 192 回国会参議院法務委員会 2016 年 10 月 20 日議事録 P19

（https://kokkai.ndl.go.jp/#/detail?minId=119215206X00220161020&current=

1，2024/9/4 アクセス）

18）梅謙次郎『民法要義 巻之四 親族編』（有斐閣，1984，第 22 版（1912）の復
　　刻版）p.245。

19）法制審議会民法（親子法制）部会において、最高裁 2013 年 9 月 26 日判決
　　において判示されていることが紹介された。

20）岡孝（2023）『梅謙次郎 日本民法の父』法政大学出版局。

21）1872 年、大区・小区制による地方制度改革で小区ごとに置かれた役人。従
　　来の庄屋・名主から選ばれ、一般行政事務を扱った。1889 年市町村制施行に
　　より町村長と改称。（三省堂スーパー大辞林 3.0）

22）「ちょっと待って共同親権プロジェクト（https://chottomatte.jp/，2024/9/4
　　アクセス）」などの団体が法律の見直しを主張している。

23）厚生労働省「全国ひとり親世帯等調査結果報告（2021 年 11 月実施）」

24）専修大学法学部菱木昭八朗名誉教授 HP スウェーデン親子法第 2 章
　　（https://www.senshu-u.ac.jp/School/horitu/researchcluster/hishiki/hishiki_
　　db/thj0090/parent2.htm，2024/9/4 アクセス）

25）法務省民事局「公的機関による養育費の履行の確保等に関する諸外国の制
　　度例について」2020 年 12 月
　　（https://www.moj.go.jp/content/001337267.pdf，2024/8/30 アクセス）

引用文献（著者姓アルファベット順）

安達敏男・吉川樹士・石橋千明（2023）『民法改正で変わる！ 親子法実務ガイド
　　ブック』日本加除出版

藤戸敬貴（2016）「再婚禁止期間：短縮と廃止の距離」『調査と情報 894 号』国
　　会図書館　調査及び立法考査局，

石綿はる美（2024）「親子法改正の概要――親子法と『子の利益』」『家庭の法と
　　裁判 49 号』日本加除出版，4-15.

二宮周平（2003）「4 現代日本における婚外子と父――法制度の検討――」『シリー
　　ズ比較家族第 Ⅲ 期 1 父――家族概念の再検討に向けて――比較家族史学会監
　　修 孝本貢・丸山茂・山内健治編』早稲田大学出版部，62-91.

二宮周平（2007）「親子関係否定の法理の解釈論的検討――事実主義の立場から
　　――」『立命館法学 2007 年 6 月号』立命館大学

落合恵美子（2023）『親密圏と公共圏の社会学――ケアの 20 世紀体制を超えて
　　――』有斐閣

上村千賀子（2023）『占領期女性のエンパワーメント　メアリ・ビーアド、エセル・ウィード、加藤シヅエ』藤原書店

善積京子　（2003）「8 スウェーデンにおける婚外子と父」『シリーズ比較家族第Ⅲ期1 父——家族概念の再検討に向けて——比較家族史学会監修 孝本貢・丸山茂・山内健治編』早稲田大学出版部，158-182

第8章 「女性とメディア」をめぐる進展と課題
──日本の新聞社・通信社女性管理職調査から──

稲澤裕子

1. はじめに

　北京行動綱領は、「メディアは，固定観念を脱した，多様で調和のとれたやり方で女性及び男性を描くことにより，また，人間の尊厳と価値を尊重することによって女性の地位向上と女性と男性の平等を促進する，大きな潜在能力を持っている」として、「第Ⅲ章　重大問題領域」の一つにメディアをとりあげた。「第Ⅳ章　戦略目標及び行動」で、「女性の数は増加しているが，意思決定レベルの地位を獲得した者（略）はほとんどいない」ため、「ほとんどの国の活字及び電子メディアは，変わりゆく世界における女性の多様な生活と社会への寄与についてバランスよく描写していない。しかも，暴力的で屈辱的又はポルノグラフィじみたメディア作品もまた，女性及びその社会参加にマイナスの影響を及ぼしている」とし、その状況を打開するために、2つの戦略目標を掲げた。

　「メディア及び新たな通信技術における，またそれらを通じた表現及び意思決定への女性の参加とアクセスを高めること」、「メディアにおけるバランスがとれ，固定観念にとらわれない女性の描写を促進すること」である。本稿は、多様なメディアの中から1995年に中心的な役割を担っていた新聞[1]を主な対象に、行動綱領が掲げた目標に対する進展を振り返り、今後に向けた課題を検討、考察することを目的とした。

2. 研究の背景

　日本新聞協会（以下、新聞協会）は日本の新聞 96 社、通信 4 社、放送局 22 社が加盟している（2024 年 1 月時点）。1995 年の記者数は 2 万 166 人、うち女性は 1,636 人 8.1% だった。2023 年記者数は 1 万 5,905 人へ減ったが、女性は増加し 3,930 人 24.7% となった（図 8-1）。

　新聞協会は 14 年から女性管理職について調査を始め、この年は課または課相当以上の組織を管理する「管理的職業従事者」（管理職）の女性比率は 4.5%、デスクやキャップなど社内で指導・教育立場にある従業員を含む「広義の管理職」は 6.6% だった（図 8-2）。23 年、「管理的職業従事者」の女性比率は 9.3% に増加したが、「広義の管理職」は 22 年 9.9% から一転、23 年 6.3%

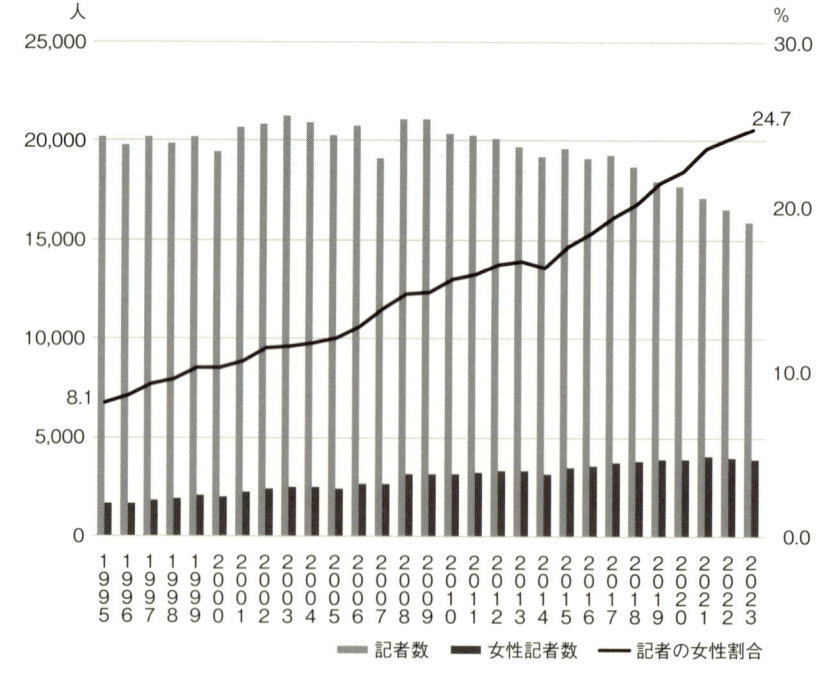

図 8-1　記者数と女性記者割合の推移

出典：日本新聞協会調べより筆者作成。

へと減少し、女性管理職育成が順調に進んでいるとは言い難い。

　女性役員については 17 年から調査を始め、この年は会社法上の取締役・会計参与および監査役からなる「役員」は女性 23 人 2.9%、執行役員を含む「広義の役員」は女性 31 人 3.2% だった。その後 23 年には、「役員」の女性は 35 人 5.3%、「広義の役員」は女性 48 人 5.6% となった。

　男女共同参画白書令和 6 年版によれば、23 年民間企業における管理職の女性比率は係長級 23.5%、課長級 13.2%、部長級 8.3%、女性役員（取締役、監査役及び執行役）は全上場企業 10.6%、東証プライム市場が 13.4% だった。内閣府「女性役員情報サイト」で 33 業種別女性役員比率をみると、石油・石炭製品 18.4%、水産・農林業 13.2%、保険業 12.9%、小売業 12.6%、電気・ガス業 12.5% と続く。新聞・通信社の水準は、最低の倉庫・運輸関連業 5.5%に並ぶ低さで、役員、管理職への女性の登用は日本の中でも遅れている。

　田中・諸橋（1996）は、ジェンダーからみた新聞には「おもて」（紙面＝上部構造）と「うら」（送り手・作られ方＝下部構造）それぞれに問題があるとした。紙面では①「女性の不在」＝新聞の顔である 1 面、政治面、国際面、経済面など、②「女性の強調・二重基準」＝社会面、文化面、スポーツ面など、③「女性の性的対象物化」＝広告も含む、といった問題点がある。一方、職

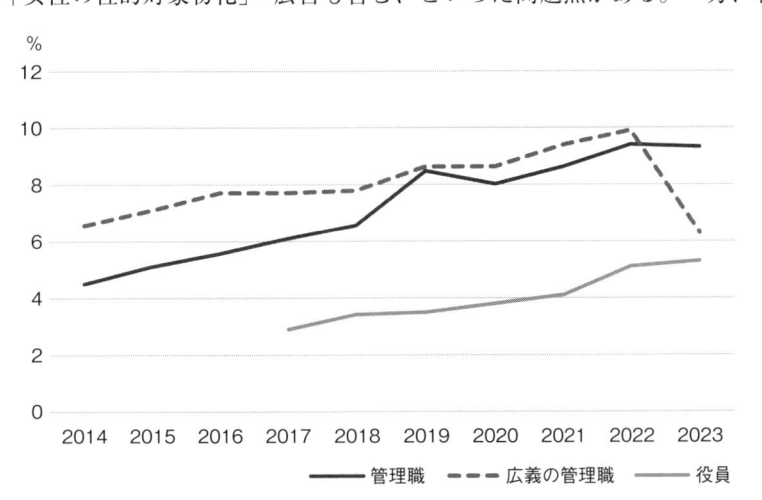

図 8-2　新聞社の管理職・役員に占める女性割合
出典：日本新聞年鑑より筆者作成。

場環境では④「女性従業員層の薄さ」＝絶対数、記者、デスク、管理職、経営者に女性がいない、⑤「女性の働きにくさ」＝記者の性別役割分業、夜討ち朝駆け、記者クラブの存在、男性のライフスタイル中心の取材・編集体制と慣行、男性の意識の保守性・女性蔑視、男性の取材対象からのセクハラ、男性デスクによるゲートキーピング、など構造的問題があると指摘した。

1985年男女雇用機会均等法、95年の国連北京女性会議と、女性問題について新聞はそれなりに活発に報道した[2]。しかし、2000年代、バックラッシュと呼ばれるジェンダー・フリー批判が組織的に展開され、一部の新聞でしきりと報じられ（竹信 2005）、日本における選択的夫婦別姓制度導入や性教育が大きく後退した。一方、新聞社では産休・育休を充実させるなど、女性が働きやすい環境づくりが進み、政治部や経済部などで女性が働く光景が珍しくなくなっていく。とはいえ、長時間労働が常態化、転勤命令もあり「専業主婦を妻にもつ男性たち」をモデルにした記者のキャリア・プランが続いた（林 2011）。

3. 調査の概要

（1）調査の目的

本調査では、行動綱領の戦略目標「意思決定への女性の参加とアクセスを高める」過程を、当事者の経験を通じて抽出することを目指す。①管理職に登用された経緯と本人の受け止め方、②女性が管理職に就く意義、③女性管理職を増やすための課題等について明らかにしていくことを目的とした。

（2）調査の対象

インタビューは、全国紙3社8名、英字紙と通信社各1名、地方紙6社6名の役員・局長経験のある女性計16名から協力を得た（表8-1）[3]。入社年次は1982年から91年で、均等法施行前7名、均等法以降9名となっている。新聞社・通信社での主な役職は取締役7名、監査役2名、執行役員4名、局長3名で、5名が編集局長を経験している（表8-1★）。インタビュー時、

表 8-1　インタビュー協力者一覧（担当部門略、主な役職は在職時）

ID	会社名	入社	主な役職	ID	会社名	入社	主な役職
A	朝日新聞社	1982	取締役	I	共同通信社	1984	常務監事
B	朝日新聞社	1984	取締役※	J	ジャパンタイムズ	1991	執行役員★
C	朝日新聞社	1989	局長級	K	神奈川新聞社	1989	取締役★
D	読売新聞社	1983	取締役※	L	信濃毎日新聞社	1986	取締役
E	読売新聞社	1989	執行役員	M	新潟日報社	1982	取締役
F	毎日新聞社	1984	執行役員※	N	神戸新聞社	1984	執行役員
G	毎日新聞社	1990	局長★	O	沖縄タイムス社	1990	監査役★
H	毎日新聞社	1990	局長	P	琉球新報社	1991	取締役★

全国紙 3 名は新聞社役員を経てグループ会社社長を務めていた（表 8-1 ※）。新聞社は記事を紙面化する編集局、文化・スポーツ事業を担う事業局、広告局、デジタル部門、販売局、総務局などがあり、役員や局長として担当する、あるいは担当した部門は幅広い。

(3) 調査方法と時期（倫理的配慮）

インタビューは基本属性のほか、①管理職登用の経緯②登用された役割③登用の受け止め方④女性登用の意義⑤女性登用の課題の 5 項目について共通で質問し、自由に経験や考えを聞いた。調査時期は 2024 年 4 月 23 日から 7 月 29 日にかけて、職場または都内で、15 名は対面、1 名は Zoom で話を聞いた。1 名あたりのインタビュー時間は 68 分から 173 分、平均 98 分だった。本学倫理審査委員会の承認を得て（委員会承認 23-41）、同意説明書に沿って文書で同意を得、データの扱い、調査の任意性等について説明し、文書で同意を受けて実施した。

(4) 分析方法

分析方法は北本（2023）をもとに、①インタビューデータの書き起こし、②協力者の語りから新聞社の女性管理職について繰り返し現れる内容（テーマ）の抽出、③語りの内容（テーマ・構造）の比較や共通の確認を行い、語りの解釈・分析を行った（北本 2023：76）。〈 〉の中に協力者の

発言を引用し、協力者の ID を文中または（　　）に示した（敬称略）。必要に応じて筆者が ［　　］内に言葉を補った。

4. 調査の結果

（1）意思決定への女性の参加形成過程

1）概要

　協力者はそれぞれに各社で「女性初」を経験する。定期採用や総合職第 1 号として入社し、キャップ、デスク、支局長、論説委員や部長と、行く先々で女性初のキャリアを積む。2012 年、14 年、15 年と全国紙でそれぞれ初の女性役員が誕生し、13 年、英字紙初の女性編集局長が誕生、「全国を対象とする新聞」の編集局長で女性初と言われた。18 年、地方紙に女性編集局長が就く。女性の登用に積極的な社長の意向が働いた結果だと受け止められ、横並びの効果も指摘された。抜擢されて異口同音に「青天の霹靂」と驚くが、先鞭をつけた第 1 世代と後に続いた第 2 世代の間に変化も読み取れた。

2）意思決定への参加と受け止め方

　05 年、生活家庭部長になった F は〈とにかく青天の霹靂。女性部長がいなかったから、新聞社として一人女性部長を作ろうというのは明らか。初を作りたかった。その時、その生活家庭部で女性初のデスクをしていたのが、私だった〉。06 年、文化部員から論説委員に抜擢された L は〈それこそ青天の霹靂。論説初の女性。いっぱい初。人寄せパンダみたいに初ばかり〉だが、〈自分としては本当に成長した〉。

　12 年、全国紙で初の女性取締役が誕生したのは、〈当時の社長に女性役員を作らなくては、というのがあったと思う〉（B）。この年、D は〈一番青天の霹靂〉で、記者・デスク・部長と 20 年以上務めた生活情報部からいきなり文化部長を命じられた。〈部長や役員はだいたい異文化に行く。異文化に行ったときにどうするか、最初に文化部に行ったからよかった〉。2 年後、初の女性取締役メディア局長に就く。〈社長が女性役員を出しましょう、と

言ったらしい。明らかに女性だから登用された〉（D）。〈女性を論説委員会に増やしたいというのは当時の社長の考えだと聞いている。論説委員はそれまでも女性がいたけれど、一人ではなく3人くらいまとめて入れないと力を出しにくいだろうということだったと思う。私には青天の霹靂だったが、3人同時に着任してそれ以降、論説委員会には常に女性が複数いる〉（E）。

　15年、〈正月に社長が「今年は女性を登用します」と宣言していた。何かやるのかな、と思っていた〉ら、自分が女性初の編集局次長にと言われ〈青天の霹靂だった〉（O）。

　19年、〈支社を本社に格上げするので、女性をもっていったら話題になる、という［社長の］戦略〉（N）で、執行役員として新本社代表に就いたというNが09年、社で女性初の経済部長になったときを振り返る。〈全国紙の大阪本社が女性経済部長にしたのを見て「うちでもできるやないか」と思ったのではないか。男性の発想って意外と単純。初めてやるのは怖いけれど、よそでやっていたらうちでもできるかな、と〉。17年、社で女性初の東京支社長になると、地方紙の交流の場で〈別の地方紙の社長が「神戸さん、［東京支社長が］女性になったのですね」とビックリされて。翌年、その地方紙の東京支社長に女性がなった。2人になってすごくうれしかった。その後も女性が支社長に就いている。前例を作ることが大事〉（N）。

3）世代の変化

　全国紙では、男女雇用機会均等法（以下、均等法）施行前に入社した第1世代（ABDF）と、施行後に入社した第2世代（CEGH）との間で、世代の違いが読み取れる。第1世代は各社で「女性初」の道を歩む。Bは草創期のデジタル部門に携わり、買収したデジタルメディア社長、本社取締役としてデジタル部門を牽引し女性初CTO（最高技術責任者）を経て、23年からグループ会社社長に就いている。Aは08年初の事業局プロパーの事業本部長、13年女性初の取締役西部本社代表、17年取締役東京本社代表に就任。16年以降退任までの5年間、女性プロジェクトも担当・推進した（後述、本稿204頁）。Dは14年女性初の取締役メディア局長、取締役事業局長、公益財団法人理

事長を経て、23 年グループ会社社長に。F は前項の部長を経て、15 年執行役員、20 年グループ会社社長と、「女性初」を重ねた。

　女性やマイノリティが能力や実績があっても昇進が制限される見えない障壁があるという意味で、「ガラスの天井」と言い表される。だが、〈私にとって天井はガラスじゃなくて、板かモルタルだった。「ガラスの天井」という表現はアメリカから来た。今の人たちは、先になにかあるか見えているかもしれない。でも私たちのときは、先に何があるか全く見えていない状態だった〉（D）。第 1 世代は登用する側もされる側もいわば手探り状態だった。

　均等法施行を経て、1990 年前後に入社した第 2 世代の経験はやや異なる。C は、女性記者を初めて 2 ケタ採用した中の一人だ。2008 年、女性の先輩が抜けた後に論説委員になり「女、子ども、老人をよろしく」と言われた。20 年編集局長補佐に就くと 5 人中女性は一人。〈常に「モモレンジャー」。女性初ではなかったが、女性枠が空いたらそこにはまる。ゴレンジャーの中に常に一人の「モモレンジャー」がいるのと同じ〉（C）で、「女性初」は外れても〈周りは男性ばかりの中に女性が一人いる〉状況が続く。

　E は先述した論説委員になったタイミングで参加した女性管理職研修が、部長になったときに活きた。〈外部講師から「リーダー像はいろいろある。ぐいぐい引っ張っていくのが古典的なイメージだけど、周りが動きやすくするのも一つのリーダー像」という話があって、すごく安心できた。前任の部長は、自分の方針を示して先頭に立つタイプ。私にはできない。だけど、「みんなが働きやすくする場を作ること、それもリーダーの仕事」であれば、自分はそうしたい〉と受け止めた。その後、執行役員となり〈どんなポジションになっても私が何もわからないでいると、下の人がすごく大変になる。一段上の方たちの仕事を見て準備をすることは大切だと思う〉。第 1 世代にとって「板かモルタル」だった天井が、少なくとも先を見通せるガラスになった。

　H は同期の記者と結婚、2 年間の育児休業をとった。〈キャリアアップは自分で選択した。同期は副部長に上がっていく。夫も当然上がっていく。子どもを育てた時間は尊かった。だけど、転勤できないから上がれないというのは忸怩たる思いがあった。やってみてできないというのはあると思うが、

やるチャンスがないのは残念〉。昇進には他本社への転勤か関連会社への出向が必要とされたが、副部長になるために〈［転勤不要な都内の］関連会社に出向というのは、その会社では私が初めてだった。私が出向した会社では今までそういうルートがなかった。転勤しないでキャリアアップできる方法を自分なりに模索し、「行かせてくれませんか」とお願いした〉。部長に上がる際も転勤せずに経験を生かせるポストを探して自ら働きかけたり、周囲に尽力してもらったりして実現した。〈部長までいけば御の字だと思っていた〉ら、24年局長に。〈局長職になって他本社を知らない人はあまりいない。今は社内のキャリアアップの要件が変わっているが、他本社を経験しなくてもステップアップできるケースとして後輩がみてくれるならいいかな〉（H）。キャリアアップの道を自ら探して、目指したゴールの先にいる。

（2）意思決定へ女性が参加する意義

1）後継を育てる

　協力者たちは決定できる立場についたからこそ、後に続く女性たちの育成、サポートを意識して実行している。〈「自分の次は誰」というのを考えてきた。局長、部長とも3代ぐらい先までは誰が核になるかを考え、育てて負荷をかける。後継を育てるときに女性は意識した。女性は意識して育てないと、男性のようにすんなりとはいかない〉（B）。Eが受けた女性管理職研修（前項）は、Dが女性の人事担当者と企画したものだった。Dは社外の女性記者有志勉強会で講師を務め、「管理職になるのに大切なこと」として〈お金勘定と人事情報。決算書読めるのはどこの部署に行っても必要だし、人事情報は自分の味方がどこにいるか見つけることにつながる。男女関係なく自分の味方を作らないと〉（D）とアドバイスしている。

　〈「これがニュースだよね、これを伝えなくては」というところに男女半々いないと、届けるべきニュースを届けられていないと思っている。次の日の紙面を決める編集会議が日々あり、メンバーは9人いる。私の編集局長時代に2人部長に引き上げて4人、9分の4は女性にした。半分はいかなかったが、まず編集会議から［女性］管理職をきちんと複数いる形にしたいと思ってい

たので、それはできた〉（K）。〈1面コラムや社説を書けるようになるまで数年はかかると思う。次世代の書き手育成のためコラムなどに女性を積極的に登用した。［自身の経験を］アウトプットもしなくてはいけないと思って、編集局報に「管理職って"マネージャー"なんだよ」といったことも書いた。自分に知識がなくて苦労したので［管理職には］どういう心構えやどういうスキルが必要か、意識的に書くようにした〉（M）。

　Aは役員として女性プロジェクトを担当、「ジェンダー平等宣言」（後述、本稿213頁）の実現に奔走した。〈編集局発で現場の記者たちから、「自らの紙面にちゃんと反映させる宣言をすべきだ」という声がでてきた。ただし、現場からだけだとなかなか社としての取り組みにならないので、こちらで組織としての承認をとるべく［役員と］交渉しましょう、と。社長に了解をとり、関係役員にも即座にアポをとり、数日で賛同を得て、取締役会にかけることができた。ただ個別の説得では、即座に賛成する人もいたが、意外と大変だった。反対の人はいない。総論はいい。だけど、時期尚早とか、簡単じゃないとか言うのを説得して同意を取り付けた。影響力を増すためには、一つ一つ孤立して起こっている親和性あるものをつなげて発信した方が、より多くの人に訴求するため、社内各部門代表が入った女性プロジェクトメンバーを活かし、情報共有を図りながら、進めた〉（A）。20年、女性管理職倍増、男性育児休業取得率向上、紙面の「ひと」欄やシンポジウム登壇者を男女どちらの性も40％を下回らないなど、社全体でジェンダー平等を宣言した。〈社自体が後戻りできないように、しっかりと自分たちの中で矜持をもって進んで行く〉（A）。

2）多様性の必要ともたらす変化

　英字紙Jの経験から紹介する。総理官邸記者クラブで各社のキャップによる官邸記者クラブを禁煙にするかどうかの話し合いが行われ、一人で配属されていたJ社の代表として参加した。各社を代表するキャップたちは年上の男性ばかりで、ヘビースモーカーの一人がタバコを吸う権利を主張した後、議論の流れが喫煙を認める方向に傾き始めたときに発言を求められた。妊娠

している先輩が他社の記者にタバコをやめてくれと言えず、下敷きで煙を扇ぐしかなかった実例を話し、〈「これから皆さんの会社にもきっと女性が増えてくると思いますので、その人たちのためにも、今ここできちんと分煙なり禁煙にした方がいいのではないですか」と控えめに言ったところ、会議の場がシーンとなり、結局記者クラブとして禁煙にすることに決定した。議論の場に女性がいなかったら、自分たちの視点でしか議論をしなかったと思う。思い切って発言したことで、将来の女性や子どもたちのことを考えるきっかけになったのではないか〉と振り返る。その後執行役員編集局長を務め、女性が決定権を持つことは〈報道という意味ですごく大事。社会に影響を与える。女性記者が多いことも大事だが、女性記者が書いたことを表に出すのは新聞社、放送局のメディアの幹部が決める。何が外に出ていくか、自分たちの媒体として何を紙面に載せ、何を発信するのか。どんなにすごいスクープをとってきても、1行も載らなければ何も書いていないのと同じ。女性がそこにいることで女性の視点も入った紙面ができる。そして、それを読んだ人が社会の問題を知ったり、心ある人が動かされて何か行動に移したり、そういうことで社会が変わってくると思う〉（J）

〈まだまだマジョリティが男性なので、そこに異分子がいる。ずっと「景色を変えたい」と言い続けている。東京はもうちょっと多様かと思ったら、私が行くところはみんな女性一人。新聞協会も委員は局長とか支社長だから男ばっかり。どうなっているの、この国は、と思って。一人でも女性がいるのは大きい。あえて役員会でも異端児と思って不規則発言している。異端がいることに意味がある。異端じゃいけない、半分にならないといけないと思うが、せめて3割になるまではいないといけないと思っている〉（L）。

〈シンプルに読者の半分は女性。紙面も含めて［新聞社の］政策形成過程が一方の性だけに占められたら、見えなくなる部分があまりにも多すぎる。一方の性だけでは［少数派に対し］ハラスメントも起きやすい。地方では高齢化、少子化、過疎化などの問題がある。弱い立場の人とどうやってともに生きていくかが大事な課題。環境に恵まれた男性は、自分が介護を担うことは想像もしないで、やって来られた。これからの日本で、どうやって地域社

会の中で生きていくかを考えたときに、多様な視点が必要〉（M）。

〈男性だけで意思決定していたら偏る。社会課題が多様化しているのに、同じような意識で同じような環境で育った人たちが意思決定するのは絶対おかしい。女性だけではないが、多様性がすごく大事。多様な立場、考え方、視点を持つ人が入ることで色々な発想がでてくるし、価値観も変わる。これからの社会に一番必要なこと。女性役員が増えてほしいが、男性と同じ考え方や働き方をする人がいくら増えても変わらないので、違う視点を持った女性が増えてほしい。3割はいる。一人じゃ何もできない。私も執行役員として女性一人で入っていたときは、何言っても糠に釘じゃないが、通用しない、わかってもらえない。「またうるさいこと言って」という感じだった〉（N）。

〈日本の企業社会の根本的な問題として、情報やノウハウを共有せず引き継ぎも遅いという独特の文化というか習慣みたいなものと、女性に対する差別偏見、女性嫌悪みたいなものがいまだに根強い。すごく難しいけれど、女性が登用されてよかった、わあ、ということが一つのきっかけとなって、それまでの慣習とか組織の構造が崩れるといいと思う。女性を登用する意味、むしろそっちが大きいと思う〉（D）。

3）固定観念にとらわれない表現・報道

〈2007年、少子化政策に関して女性を「産む機械」にたとえた当時の厚生労働相の発言に「これは変だ」とピンときたのは女性記者だけ。その記事をその日社会部の朝刊デスクだった私と遊軍の女性が見つけ、識者談話を集めるなどして大きな原稿にした。「自転車の子ども2人乗せはダメ」と警告を強める警察庁に、「じゃあどうやって保育園に通え、っていうの」と反発する母親たちの声を報じて、方針を変えさせ［08年］、安全な3人乗り自転車の開発など社会を変える力になってきた。13年、安倍晋三首相が成長戦略として「3年間抱っこし放題」という育児休業推進を言い出したときは、もう反応する仕組みが社内にできていた。こうしたテーマを1面に載せていこうと女性記者たちと立ち上がり、その日のうちに「欲しいのは、みんなが抱っこする社会」と生活実感のある記事を出稿した。その後も加盟社の1面、政

治面の連載企画や論説でこの政策の欠陥を指摘。反対世論を盛り上げ、政策撤回につながった。16年、「保育園落ちた、日本死ね」というツイートを、待機児童問題の象徴としてきちんと取り上げたのも、メディアが女性の活躍する場になったからこその変化といえる〉(I)。

〈小学生新聞編集長になったとき、原稿を頼んでいる外部筆者の8割が男性だった。子どもが読む媒体で、これはダメだと思った。アンバランスすぎて。女性を倍増、筆者［の女男比］を4割6割にした。ショックだったのが、小学4年生の女子から手紙がきて、「自分は恐竜学者になりたい。友だちに言ったら、男子に『女子は恐竜学者なんかなれないよ』と言われた。女の子はなれないんですか」という。これは絶対に許せない。こんな思いを子どもにさせてはいけないと思った。インターネットや著書で女性の学者を探し、担当デスクに執筆交渉してもらった。執筆者の男女比を変えることは、編集長でなければできなかった。イラストレーターさんが女の子に赤いランドセルを背負わせたり、キッチンでママが作ってパパが食べる絵を描いてきたり。申し訳なかったが、書き直してもらった。子どもの新聞だから視覚的に入るものがすごく多い。肌の色も男女も、着ている服も色合いも、「大人が先入観や思い込みを植え付けちゃダメだよ」と私自身も気をつけたし、みんなに言えたのは、編集長のやりがいだったし、言ってよかった〉(H)。

〈紙面として、女の人の意見は必要。言葉遣いだって、差別的な用語に結果的になることってあるじゃないですか。男の人は気がつかないけれど、女性が気づいて注意する。女性が決定権を持って、紙面製作に関わるというのはとても、とても大事です。そこをもっと進めていきたいと思う〉(P)。

18年から編集局長を務めたOが、女性管理職が必要だと〈一番本当に実感したのはデスクの時。女性が3割いると、雰囲気が変わる。沖縄は基地問題が最重要課題で、男性が多いと紙面が基地ばかりになったりする。だけど、例えば、沖縄は貧困、経済格差が大きな問題。今はそれを基地問題より重要視する人が世論調査でも増えているが、ジェンダーの問題とか、保育の問題とかいっても「1面に載せるような重要な問題なのか」という感じになる。女性一人だと「これ重要です」というのが一人しかいない。これが3割くら

いになると、ほかの女性が「いや、これ重要ですよ」とデータも示しながら抜け落ちている点を説明し、もう一人が「私も1面にぜひ必要だと思います」という。「お、雰囲気違ってきた」と思った〉。しばらくして県が全国に先駆けて子どもの貧困問題を全県調査したこともあり、〈ちょっと前まで一から説明しないとわからなかった人たちが、ベースの価値判断で「やっぱり重要問題だよね」とわかるようになった。1面に基地問題だけじゃなくて、沖縄の社会が抱えている色々な問題を載せられるようになっていったのは、女性が増えたからなのは間違いないと思う。女性が増えることで男性のニュースの価値判断に影響を与えて変わってきたということは、デスクのときに感じつつあった。自分が編集局次長になって、さらにそれを推し進めた〉（O）。

(3) 意思決定へ女性が参加するための課題

1) トップや組織の「女性管理職を増やす」意思

〈女性管理職を増やすために必要なのは、会社の政策として強制的に増やすことだ。当然、適性や能力など要件はあるが、方針を決めて取り組んでいく。人事のやり方を昔のキャップと部下とか、先輩後輩とかで決めずに、公平に変えていかないとボーイズクラブの壁は厚い〉（G）。〈当たり前だが、トップと続く人たちの意識改革〉（A）。〈トップなり、トップの周辺［の人］が女性登用の意思を持つ、その意思を持つ動機はともかくとして、意思を持つのがすごく大切だ〉（D）。

〈意思決定過程に女性を増やすには、育てなければならない。意識する人がいないと育たない。育てるためには負荷をかける。自分で全部やるのは得意でも、人に任せ人を動かすことができなくてはダメ。新聞社は裁判記事を書くための研修や、差別をしないための研修はするが、企業経営の研修はしてこなかった。チームで仕事するなどのスキルが抜け落ちたりする。その延長線上にマネジメントがある。OJT（オン・ザ・ジョブ・トレーニング）でやっていればという時代と変わってきている。どう育てるか、人事も考えなければいけない〉（B）。〈私たちのころのように「女性の将来像、展望が見えない」という状況は変わってきたと思う。だが女性を管理職として育てて

いく風土や覚悟がないまま、自助努力だけに任せているのでは、女性は荷が重すぎてつぶれると思う。社全体の中で、女性も管理職にすることを大前提にして、工夫をしないと。自宅近くの支局長にしたケースや、ダブルキャップ制とか〉（M）。

2）管理職に対する女性の意識

〈女性たちの意識というものがすごく大事。優秀な女性がいたから［部長を］頼もうと思ったらノーといった。もう一人の部長候補の男性に頼んだら「やります。僕でいいですか」と気持ちよく言ってくれた。やりたくない人とやりますという人がいたときに、無理やりやらせるのではなく、「やります」という人に任せますよね。その構図が世の中の色々なところにあると思う。自分にボールが回ってきたとき、向こうから来たということは自分に能力がある、ということだから、それをとる。責任を任されたら受ける、ということが大事。女性は石橋をたたいて渡る感じで、8割方自信がないと受けないが、男性はボールが来たら、チャンスだと思ってやる。その違いが課題〉（J）。

〈管理職って楽しいよという話をしている。自分だけでやるのではなくて、チームで動く力、自分だけでできないことがチームだとできる。今だって私は手を動かせない。でも、チームだから形になる。経験してみるとか、話をしてみるとかが大事だと思っている。みんなやればできるのに〉（L）。〈案ずるより産むが易し。管理職が「俺について来い」という昭和的リーダーである必要はなくて、むしろ、マネージャーであれば、女性の方が向いている〉（M）。〈女性も何をするかだけじゃなくて、風景が変わることの意味を考えた方がいい。ふだん男だけのところに一人いるだけで風景が変わることに気づいてもらえばいい。風景を変える意味はすごく大きい〉（D）。

3）長時間労働と転勤

協力者のうち10人は子どもがいる。子育てと仕事の両立には苦労や工夫があった。〈二人目が生まれたときに両親が手伝ってやってもいいぞ、といったものだから、実家近くに引っ越して、それからはもう両親に〉（F）、〈夜

勤は土日にしてもらって、妹に泊まりにきてもらった。妹はフルタイムで仕事しているが、早く出産したので「もう家を空けても平気よ」と言ってくれた〉（K）など周囲に支えられた。もちろん夫が子育てを担ったケースもある。

夜勤がない職場に異動した例では、〈文化部に異動、自分の子育て経験を紙面に反映できて楽しかった。子育て中の記者がわずかだったので、ある意味特別扱いされて上司に恵まれた。6時に帰っていいと言われて、当時は携帯を持たされ始めたときで、どこでも仕事できるから、自宅でも仕事したし、子どもが寝てからさんざん働いたこともあるが、[突発事件対応など]発生物がないだけ楽。自分の都合で調整できたので仕事を続けることができた〉（L）。

Iは子育てしながら昇進に伴う転勤をこなした。〈「デスク［として地方］に出られるかい？」と聞かれて、福岡なら［夫の実家に］おじいちゃんおばあちゃんがいるから、小学校1年の子連れでデスクとして転勤し、夫は［東京に］残った。日曜出番の時は［夫の実家に］子どもを預けて出勤したが、義理の父母が元気だったからよかった。支局長になるとき子どもは中学2年で本人がお父さんと東京に残ると言うので、私一人で盛岡に支局長として行った。支社次長として大阪に行くとき、息子は社会人になって私一人で行った。[振り返ると]アメリカ留学1年と福岡は子連れ、盛岡2年と大阪3年は単身赴任、東京にいる間はずっと［子どもと］一緒。[社内結婚の]夫は私の福岡勤務が終わったら鹿児島勤務で、夫婦同居期間は短い〉（I）。

新聞社には夜勤が必須の部署もある。紙面のレイアウトを決める整理部の朝刊制作は常に夜中が山場だ。Pは子どもが小学校2年生のときに整理部に異動し、半年間、夜勤が続いた。〈あるとき、[社の]玄関から夜7-8時くらいに「お客さんが来ている」というので行ったら、夫が娘と手をつないで会社の玄関にいる。どうしても、ママが仕事しているのを見たいと何日も駄々こねていたけど、今日は来てみた。娘はこんな［ふくれた］顔して立ってる。マシンの前に座らせて、「ママはこうやって新聞作っているんだよ、締め切りが12時だからね」と、先輩たちは見て見ぬふりしながら、30分くらい説明して本人が納得したから、玄関で夫に引き渡して「またねー、朝ごはん食べようね」って帰した。その光景をたまたま後輩の女性が見ていて、彼女も

泣いちゃって。後輩に子育てって大変だよって見せてしまったみたいで後で反省した。辛かったが半年経って一応習熟したのと、デスクたちが気を使ってできるだけ夕刊の仕事を多めに回してくれて昼帰れるようになって、ちょっと落ち着いたかな。デスクが「明るくて賢いお母さんだったら、子どもはついてくるから大丈夫」って言った。いつもすまないねぇ、とじくじくじめじめしているよりは、あんたもこんな運命さあ、って言ってた方が子どもは納得するかもしれないと思って、私の気分も少し楽になった〉（P）。

　Jが報道部長に就いたのは、子どもが2歳のときだった。固辞したが「君が全部やろうと思わなくていいから、人に振ればいいんだよ。そうやって部を回していくのがマネジメントだ」と言われて引き受けた。〈夜勤もあるけれど、1時間くらいの休憩がある。その時間をめがけて夫が自転車に娘を乗せて会社に来てご飯を一緒に食べて帰る、ということをやってくれた。別の新聞社に勤めているママ友とは、"夜勤バーター"もやった。お互いの夜勤シフトがわかったらカレンダーを照らし合わせて娘を預け合った。お互い、娘たちにご飯を食べさせてお風呂にいれるところまでやって、迎えにきたパパにひき渡す。子どもは私がいなくてもお友だちの家に遊びに行けるとなったらルンルンして寂しい思いをしなくて済む。相手のパパにとっても、娘のご飯もお風呂も済んでいるから、あとは家に連れて帰って歯磨きして寝かせるだけ。楽ちんですよね。互助会みたいだった。知恵は絞るといろいろ出てくるもの。急には民間企業のサービスや公的な援助は得られない。急な仕事で娘を保育園に迎えに行けなくても、「今すぐ来て」という風にはいかないので、パパママ友だちには本当に助けてもらった〉。

　そうして両立していたJだが、〈後輩たちから「全部自分でやらないでください。私たちがやりますから」と言われて、自分の至らなさをさらけ出していたのかと思いつつも、その気持ちがすごくうれしかった。体裁を繕っている場合でもないし、もっと仕事を部下に任せなければいけない、と原点に帰った。何かあったときに対応できるようにベテラン記者もデスク［業務］を交代でやるベテラン記者登用制を提案した。最初は「えっ、記者にデスクをやらせるの？」みたいな感じだったが、部長になったことはすごく大きく

て、「部長がそういうなら、やってみるか」と言ってみんな一生懸命やってくれた。私がいち平社員で提案したことだったらできなかった。記者がデスク作業を経験することで、自社の記者が書いてきたニュースを通信社の記者はどう書いているかなど、他社の記事と見比べながら編集作業に携わったことによって編集者としても育ったし、原稿を客観的に見る機会も得たことで、自分で原稿を書く時の参考にもなり、記者としてもすごく成長した。出産して復帰した女性たちもデスクとして働いてもらっていたので、彼女たちの子どもが急に熱をだしたという時には、代わりにベテラン記者にシフトに入ってもらうこともでき、シフトに穴を開けないで済んだ〉。Jはその後執行役員編集局長となり外国人を初めて部長に登用、退職した女性をデスクとして再雇用するなど職場の多様性を広げた。

　Pは組合の女性部長になり、就学前の子どもがいる人は夜勤職場を断れるという覚書を会社と交わす。さらに、役員となって柔軟な働き方の導入に取り組み、子育て期は広告部署で過ごしたシングルマザーを本人の希望で記者に戻し、デスクにした。〈男性が決めていたキャリアアップじゃなくてちょっと寄り道してもいい、ゆとりを持たせる。ずっと走っていたらきつい。でも、脱落するのはもったいない。これだけ女性記者が増えると特別な配慮はできないし、男性記者だって妻も働いていて子育てもイーブンな負担をしている訳だから、配慮ではなくて「ステップ制度」。家庭と新聞社の仕事を両立できないと転職する男性記者もいた。世の中は変わってきて、意識も変わってきて、[家事育児を] 2 人で分担するのが当たり前だし、男性だって今の新聞社の長時間労働のストレートな道を歩むのは苦しい。仕事を続けられないのは能力がないからとか、やる気の問題とかではない。子どもが小さい時期に自分で見てあげられると満足度が高まって、また記者職に戻ったときにちゃんと仕事してくれると思うし、戻らなくていいと思ったとしてもその部署でちゃんと仕事してくれる。新聞社はいろいろな職場があるから〉（P）。24 年 5 月、女性管理職比率 31% を達成した。

5. まとめ

(1) ジェンダー平等宣言・DEI 宣言

20 年、朝日新聞が「ジェンダー平等宣言」を発表した[4]。続いて、23 年共同通信「ダイバーシティー・エクイティー＆インクルージョン（DEI）宣言」、24 年 2 月「毎日新聞 DEI 宣言」、5 月「神奈川新聞社 DEI 宣言 2024」と広がっている（表 8-2）。30 年に管理職の女性比率を、共同通信 20％、朝日新聞 24％、毎日新聞 25％、神奈川新聞 30％ をそれぞれ目指すとしている。取材対象者、シンポジウム登壇者の男女比なども数値目標で盛り込んでいる。

東証プライム市場上場企業では役員に占める女性割合について 30 年 30％ 以上を目指すとされている[5]。機関投資家が投資判断に女性活躍状況、なかでも女性役員比率をチェックしており、女性役員ゼロの経営トップに対して反対する姿勢を示すケースがでていることから、上場企業では女性役員を増やす機運が高まっている。しかし、〈新聞社は上場されていない。テレビも外資規制があるし、メディアはいわゆる経済の側からの外圧がおこりづらい。株式会社でも株主のチェックが入らない〉（J）。

表 8-2 各社宣言にみる女性管理職比率 30 年度目標

宣　言	目　標	管理職比率以外の主な目標
朝日新聞ジェンダー平等宣言（2020）	約 12％（20 年）から少なくとも倍増	男性育休取得率向上、「ひと」欄・シンポジウム登壇者男女 40％ を下回らない。女性のいない会議を作らない、部門別女性登用の数値目標、男女格差「見える化指標」、年収男女比較
共同通信 DEI 宣言（2023）	20％（24 年 9.7％）	職員の女性比率 33％（24 年 25.8％）、女性離職率半減、記事・コンテンツに登場する人、講演会登壇者 26 年度までに男女同数に近づける
毎日新聞 DEI 宣言（2024）	25％（23 年度 14.5％）	社員女性比率 40％、有識者・取材対象者男女均等、デジタル読者女性 50％、有給休暇取得率 100％、男性育休取得率 100％、役職者 30 代社員割合増
神奈川新聞社 DEI 宣言 2024	30％（24 年 11.2％）	社員女性比率 30％（24 年 19.3％）。年次有給休暇取得率、男性育休取得率、男女給与比率、障害者雇用率、キャリア採用比率、サイト読者男女比等を公表

加えて、荻野（2024）は、日刊新聞法[6] により主要紙は取締役会の承認を株式譲渡の条件とし実質的に経営陣の裁量に委ねられていると指摘する。日刊新聞法には、言論の自由の確保のために外部資本による圧迫を少なくする必要があるという肯定的な見方もあるが、日刊新聞法のもとでは経営陣の意に沿った形で取締役会が運営され、株主によるガバナンスが効かない。これが内向きの経営、旧来の体制を温存する風土を培い、役員の女性や社外取締役の少なさにつながり、「主要紙の取締役会において女性の存在感は極めて薄い。多様性を重視する海外主要紙と比較をするまでもなかろう」（荻野2024：315）。

　ロイター研究所の Women and Leadership in the News Media 2023 によれば、デジタルニュースやテレビを含む編集責任者の女性割合が、20-21 年と日本はゼロで、調査対象 12 か国中最下位だった。22 年 9%、23 年 17% と増えているが、アメリカ 44%、フィンランド 36%、イギリス 35% などと比べて著しく低い。日本の女性ジャーナリストの比率は冒頭で見た通り増えつつあるが、各国平均 40% を大幅に下回り最下位だ。こうした状況にあって、各社がジェンダー平等・DEI 宣言に目標値を明記し、各種指標を毎年公表することは、対外的に開かれたガバナンスにつながると評価できる。女性の意思決定への参加を促すことを期待したい。

（2）特集・表現の取り組み

1）国際女性デー

　16 年、沖縄タイムスが「女性デスク駆ける」という特集を組み、見開きで女性デスクたちの仕事ぶりを報じた。〈デスクで女性が増えて 3 割になっている、と盛り上がって、まだ地方紙でそんなに女性［デスクは］多くないから紙面作れるはずだと、春の新聞週間で企画した〉（O）。3 月 8 日の国際女性デーが日本に浸透し始めるのは、この翌年のことだ。

　17 年 3 月 8 日、朝日新聞が「Dear Girls」を展開した。1 面に黄色いミモザの写真とグテーレス国連事務総長の寄稿、政治、国際、スポーツ、社会面など計 11 ページに女性の記事、見開き特設面に国内外の女性たちのメッセー

ジと黒柳徹子さんらのインタビュー。日本ではさほど浸透していなかった国際女性デーを強く印象付けた。発端は14年から16年にかけての長期企画「女が生きる　男が生きる」だった。直後の16年秋、世界経済フォーラム（WEF）のジェンダー・ギャップ指数で日本が先進国最低水準と発表され、何かできないかと女性有志で企画を練った。男性デスクからも積極的な協力があり、「Dear Girls」の紙面が誕生、前項の宣言もこの企画に携わった記者たちが「足元からの多様性が必要」と経営陣に求めたことで実現した。20年から「Think Gender」にタイトルを変える。

　国際女性デーの特別紙面は、他紙に広がる。23年日本新聞博物館で開かれた企画展「多様性　メディアが変えたもの、メディアを変えたもの」では全国紙4紙、地方紙21紙の23年国際女性デーの紙面がずらりと並んだ。〈女性だけがジェンダーの記事をだすのは変えていきたい。国際女性デーについては、男性もぜひ書いてください、と呼びかけている〉（G）。

2）都道府県版ジェンダー・ギャップ指数

　地方紙などに記事を配信する共同通信は、22年から国際女性デーに合わせて都道府県版ジェンダー・ギャップ指数を発表している。三浦まり上智大学教授ら研究者で「地域からジェンダー平等研究会」を組織し、WEFにならって都道府県ごとに指数化した（山脇 2023）。WEFは政治、経済、教育、健康の4分野だが、健康の代わりに行政分野を加え、24年版で指標を確定し、経年変化を追っていく。

　編集局各部の調整役となるニュースセンター整理部長に初めて女性が就いたのをきっかけに、各部に呼びかけて、毎年国際女性デーに合わせてジェンダー関連記事を配信したところ、21年の森喜朗元首相による女性蔑視発言でジェンダー平等への関心が高まったことを受け、地方紙でも国際女性デー報道が盛り上がった。そこで、学術的な裏付けがあり、中立・公正なデータを提供し、地方紙が地域の課題を深堀していけるようにと指数化に取り組んだ。指数は地方紙に情報提供し、地方紙が独自に地域の問題を取材して国際女性デーに紙面化している。

例えば、24 年に行政、教育、経済の 3 分野で全国最下位となった北海道では、北海道新聞が農業協同組合・漁業協同組合の女性役員の割合が著しく低いことに注目、改革の動きとともに紙面で伝えた（久保田 2024：28-29）。

　指数は「地方の女の子、女性たちは性別と地域の『二重の格差』の影響を受けている」（共同通信社会部ジェンダー取材班 2024：84）ことを見える化した。若い女性が流出し、人口減が深刻な地方で、課題を提起、地域で解決策を検討する循環が生まれ始め、地方紙の女性記者のエンパワメントにもつながっている。都道府県ごとの各年データはサイトでわかりやすく表示され、分野別ランキングも知ることができる。今後、地方紙の横連携などで、日本の地方のジェンダー格差解消に結びつくことが期待される。

3）　ガイドブック

　日本新聞労働組合連合会は 22 年、『失敗しないためのジェンダー表現ガイドブック』を出版した。きっかけは、19 年に中央執行委員の 3 割以上を女性にするクオータ制「特別中央執行委員」制度を設けたことだった。1 期と 2 期の引継ぎの際に「ウェブニュースで性的なものを連想させる見出しを直すよう何度か訴えたが、担当者が反応してくれなかった」という声がでて、「会社で響かないなら、全体で示せる指針を自分たちで作って社外から響かせよう」と制作に着手した。加盟各社からジェンダー平等への配慮が欠けた記事やイラストなどを集め、「現場の声を反映させた」（吉永 2022）ガイドブックとして出版したところ、増刷を重ね、韓国版の翻訳も進んでいる。

　朝日新聞は社内向けにジェンダーガイドブックを 02 年から作成している（24 年 4 月 23 日朝日新聞朝刊）。「役割分担の偏りを固定するような表現は避ける」「積極的に男女平等を促す表現を編み出していく」ために、例えば、野球の捕手を「女房役」と呼ぶのは「『夫が主体で妻はそれを支える役目』という役割分担をたとえに使った表現」と問題点を指摘、同紙からは姿を消した。23 年の内閣改造で副大臣・政務官が全員男性であることを写真入りでわかりやすく報じたように「当たり前の光景」を疑うことで可視化できる問題はまだ多いとして「単なる言い換えマニュアルではない」ことを前提に、

24 年改訂版では、記事や企画の構想段階から気をつけたい点を盛り込み、広告や主催イベントも対象にしている。

22 年、日本経済新聞が極端に豊満なミニスカートの女子高生を描いた漫画単行本の全面広告を掲載し、国連女性機関（UN Women）が未成年女性を性的対象とすることを肯定しているとして抗議した（ハフポスト日本版 2022）。広告の掲載可否を決めるプロセスにも女性の視点は欠かせない。

(3) 今後の課題

長く取材者も編集者も男社会だったマスメディアには、大きく分けて①書き手も読み手も主体は男性で、女性は書かれる客体であるという「対象化」、②男性と女性で違う書き方をする「二重基準」、③女性の問題が扱われない「不在」、という 3 つの問題があった（飯田 2014：32）。

本調査で協力者たちは全国紙、地方紙、通信社で「書き手」として参加し、ニュース価値判断をするデスク、あるいは紙面全体の責任者である編集局長へと「主体」になる過程がそれぞれの立場から語られた。

「読み手」としてはどうか。「特に若者の読者離れが深刻化していると言われる。実際には若者に先行して女性の新聞離れは進んでいて、1993 年の『新聞接触度』は、18 歳〜 29 歳の女性の場合、（中略）他の層と比べて際立って低い数値を示していた」(清水 2012:20)。新聞協会の 2019 年新聞オーディエンス調査によると「毎日接触」する割合は男性 52.3%、女性 47.7% だった。男女年代別に見ると、毎日接触している割合は 10 代を除いて男性が多く、「全く見聞きしない」割合は全世代通じて女性が多かった（図 8-3）。

新聞通信調査会のメディアに関する全国世論調査（2023 年）で「情報源として欠かせない」と思うメディアは、男女ともインターネット＞民放テレビ＞ NHK ＞新聞の順だが、新聞を「欠かせない」と思う割合は男性 37.9% に対し、女性は 32.5% と低い。〈顧客目線がない。読者はどこに来るのか。たぶん同じ等質集団だとそれを口にださないでいた〉（B）。読み手としての女性は、くらし・生活面以外でどこまで意識されてきたか。日本では身近な生活必需品の購買の意思決定権を妻が持っていることは様々な調査で明らかだ。

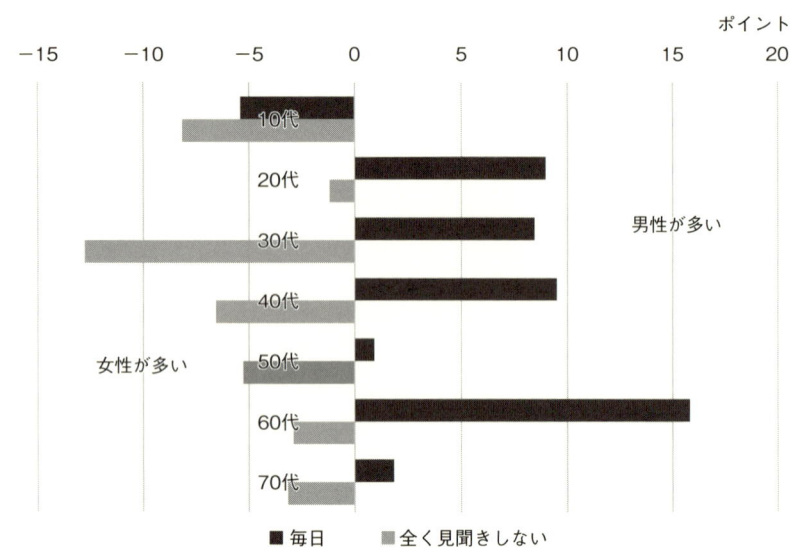

図 8-3　新聞接触率の男女差（10 代は 15 ～ 19 歳）
出典：2019 年新聞オーディエンス調査から筆者作成。

月額 4 ～ 5,000 円、1 日あたり 150 円程度で新書 1 冊分の情報が入手できる新聞購読が真っ先に家計から削られ、〈新聞は小学校の教科書には載っているが、家にないから、遠いぜいたく品〉（H）になってしまったのではないか。

　国際女性デー報道は、長年「不在」だった女性たちの存在を可視化した。24 年 3 月 8 日の 1 面トップ「運転女性　負傷率 1.45 倍」（毎日新聞）、「単身の高齢女性 4 割貧困」（朝日新聞）など女性視点でとらえた社会の問題は、国際女性デーに限らず日常的に存在している。アメリカで 20 年、女性ジャーナリストたちが「ほとんどすべての主要記事はジェンダー視点で書かれている」（城 2022：10）オンラインメディア「The19th」を立ち上げたことからも、男性主導のメディアで見過ごされる課題が多々あることがわかる。日本ではアメリカよりもはるかに女性記者が少なく、意思決定の場に女性が少ないことを本稿で見てきたが、それが日本で女性の課題を見えないままに封じ込め、ジェンダー・ギャップ解消を遅らせる一因になってきたのではないか。

　メディアに関する全国世論調査で、NHK に次いで新聞は信頼度が高い。年代別にみると 50 代以上は新聞が 2 位だが、40 代以下では新聞の信頼度が

メディアの中で一番高かった。〈意欲を持った人たちを育てて、あなたの仕事が世の中で役に立っている、と実感できるようにしていくのが、この業界の課題〉(E)。半数は女性が担い手となって不思議はない。〈[新聞は] 民主主義社会の根底を守っていく機関だと思う。アメリカの地方紙がなくなって、いつのまにか議員の給料があがっているとか。権力の監視という意味で責任がある〉(H)。発行部数の減少が続くが、より多くの女性が意思決定に参加することで掘り起こし、届けられるニュースは多い。新聞が今も、これからも、社会を変える力になりうると期待したい。

謝辞

　　　本インタビュー調査へご協力、ならびに原稿をご確認くださいました (あいうえお順に) 秋山理砂さん、飯田裕美子さん、大西弘美さん、岡本峰子さん、木村葉子さん、小島明日奈さん、坂口佳代さん、島洋子さん、大門小百合さん、福士千恵子さん、町田智子さん、村上早百合さん、森沢真理さん、与那嶺一枝さん、ほか 2 名の皆様に心から御礼申し上げます。あわせて、各社のジェンダー・DEI 担当の皆様、尾高泉・日本新聞博物館前事務局次長に資料のご提供やご支援を賜り、感謝申し上げます。

注

1) 1995 年 9 月 4 日、北京会議が開幕した日、沖縄で女子小学生が米兵に乱暴される事件が起きた。琉球新報、沖縄タイムスが事件を伝えると、北京会議に参加するために前年に結成された NGO 北京 '95 沖縄実行委員会の女性たちが強い抗議の声を上げ、抗議行動が全県に広がった。新聞報道が県民運動の一つのきっかけとなった。

2) 村松・藤原 (1996) によると、北京会議の記事は 1995 年 8 月 30 日から 9 月 15 日までの会期中とその前後を含めて、毎日新聞 152 本、読売新聞 133 本、朝日新聞 129 本掲載されたが、新聞社がニュースの価値判断で最も重要と位置付ける朝刊 1 面トップには 3 紙とも一度も掲載されなかった。人民日報をはじめ、ニューヨーク・タイムズ、ワシントン・ポスト、アル・アハラム (エジプト)、ネーション (タイ) などが世界女性会議をトップ扱いしたのとは扱いが異なっていた。「女性とメディア」が行動綱領の重大問題領域の一つであるが、その点についての 3 紙の記事はごくわずかで、「その重要性についての

新聞社の認識は不十分」（村松・藤原 1996：203）だった。

3）日本の新聞は、全国を取材・販売エリアとする全国紙と、1 県もしくは複数の県で取材・配布するブロック紙・地方紙がある。地方紙は沖縄県などを除き、戦時下の新聞統合により「1 県 1 紙」（平野 2009：286）体制が続く。記事を新聞社やテレビ局に配信する通信社のうち、共同通信社は全国の新聞と NHK が設立し、一般社団法人の組織形態をとっている。

4）朝日新聞は、女性リーダー育成のために 22 年、「ジェンダー平等宣言＋（プラス）」を策定、①女性のいない会議を作らない、②部門別に女性登用の数値目標を設けるほか、社内の男女格差を可視化する「見える化指標」を設け、部門をまたぐ会議の参加者の女性比率、部門別・職位別の女性比率等のデータを収集、公表し、女性社員が役員・部長に同行するジョブシャドーイング研修を実施している。

5）東証プライム市場上場企業の役員に占める女性の割合は第 5 次男女共同参画基本計画で 25 年までに 19%、さらに女性版骨太の方針で 30 年までに 30% 以上とする目標が設定されている。日本経済団体連合会も 30 年に女性役員比率 30% を目指すよう呼びかけている。

6）正式名称は「日刊新聞紙の発行を目的とする株式会社の株式の譲渡の制限等に関する法律」で、議員立法により 1951 年に施行された。第 1 条「日刊新聞紙の発行を目的とする株式会社にあっては、定款をもって、株式の譲受人を、その株式会社の事業に関係のある者に限ることができる。この場合には、株主が株式会社の事業に関係のない者であることとなったときは、その株式を株式会社の事業に関係のある者に譲渡しなければならない旨をあわせて定めることができる」と規定され、経営陣が株主を選べる。

引用文献（著者姓アルファベット順）
朝日新聞ジェンダー平等宣言
　（https://www.asahi.com/corporate/csr/11215225，2024/09/10 アクセス）
地域からジェンダー平等研究会
　（https://digital.kyodonews.jp/gender-equality/，24/09/10 アクセス）
第 4 回世界女性会議　行動綱領（総理府仮訳）
　（https://www.gender.go.jp/international/int_norm/int_4th_kodo/，24/09/10 アクセス）
ハフポスト日本版(2022)「国連女性機関が『月曜日のたわわ』全面広告に抗議。『外

の世界からの目を意識して』と日本事務所長」
（https://www.huffingtonpost.jp/entry/story_jp_6257a5d0e4b0e97a351aa6f7,
24/09/10 アクセス）

林香里（2011）『〈オンナ・コドモ〉のジャーナリズム　ケアの倫理とともに』
　岩波書店 東京

平野恭子（2009）「新聞の経営(1)──労務、技術・製作体制」『新訂 新聞学』日
　本評論社，286-300

飯田裕美子（2014）「仕事と生活の両立支援が報道を変える 女性総合職記者、30
　年目に思うこと」『Journalism』（286），28-35

城俊雄（2022）「女性だけで立ち上げた米メディア『The 19th』ラムショー
　CEO に聞く『男性主導』で見過ごしていた課題　女性や LGBTQ の視点でと
　らえなおす」『Journalism』（388），4-11

神奈川新聞社 DEI 宣言 2024
　（https://www.kanaloco.jp/company/outline/dei_sengen.html，24/09/10 ア
　クセス）

Kirsten Eddy, Amy Ross Arguedas, Mitali Mukherjee, and Rasmus Kleis
　Nielsen（2023）Women and Leadership in the News Media 2023:Evidence
　from 12 Markets, the Reuters Institute for the Study of Journalism
　（https://reutersinstitute.politics.ox.ac.uk/sites/default/files/2023-03/Eddy_
　et_al_Women_and_Leadership_2023.pdf，24/09/10 アクセス）

北本佳子（2023）「エッセンシャルワークを担う福祉従事者に関する研究」『昭和女
　子大学女性文化研究叢書　第 13 集　コロナ禍の労働・生活とジェンダー』御茶
　の水書房，71-96

共同通信 DEI 宣言
　（https://www.kyodonews.jp/saiyou/aboutus/dei.html，24/09/10 アクセス）

共同通信社会部ジェンダー取材班（2024）『データから読む都道府県別ジェン
　ダー・ギャップ』岩波ブックレット 東京

久保田昌子（2024）「自分らしく生きられる社会へ──差別や偏見解きほぐし理
　解広げる」『新聞研究』（866），28-31

毎日新聞 DEI 宣言
　（https://www.mainichi.co.jp/dei/，24/09/10 アクセス）

村松泰子・藤原千賀（1996）「北京世界女性会議はどう報道されたか」『ジェンダー
　からみた新聞のうら・おもて：新聞女性学入門』，188-209

内閣府男女共同参画局（2024）『男女共同参画白書令和6年版』. 122-123
（https://www.gender.go.jp/about_danjo/whitepaper/r06/zentai/pdf/r06_07.
pdf, 24/09/10 アクセス）

内閣府男女共同参画局（2023年7月末時点）「上場企業における女性役員の状況
（業種別一覧）」『女性役員情報サイト』
（https://www.gender.go.jp/policy/mieruka/company/pdf/sangyo_list2023.
pdf, 24/09/10 アクセス）

日本新聞協会（2015-2024）『日本新聞年鑑』日本新聞協会

日本新聞協会（2019）新聞オーディエンス調査
（https://www.pressnet.or.jp/adarc/data/audience/report2019.html, 24/09/
10 アクセス）

荻野博司（2024）「新聞社におけるガバナンスの現状と問題点――『日刊新聞法』
の観点から」『日本経営倫理学会誌』31（0）, 309-321

清水真（2012）「新聞・女性・そしてインターネット：ジャーナリズム変容の源泉」
『昭和女子大学女性文化研究叢書 第8集 女性と情報』御茶の水書房, 19-46

新聞労連ジェンダー表現ガイドブック編集チーム（2022）『失敗しないためのジェ
ンダー表現ガイドブック』小学館 東京

新聞通信調査会（2023）「第16回メディアに関する全国世論調査」
（https://www.chosakai.gr.jp/wp/wp-content/themes/shinbun/asset/pdf/
project/notification/yoron2023houkoku.pdf, 24/09/10 アクセス）

竹信三重子（2005）「新聞の中のジェンダーと女性問題報道の後退」『ムーブ叢
書 ジェンダー白書3 女性とメディア』明石書店, 200-213

田中和子・諸橋泰樹（1996）『ジェンダーからみた新聞のうら・おもて：新聞女
性学入門』現代書館 東京

山脇絵里子（2023）「『地域からジェンダー平等』に挑む」『新聞研究』（852）,
28-31

吉永磨美（2022）「取材先との関係性 性被害の背景に表現、職場環境 足元か
ら見直しを」『Journalism』（388）, 12-17

参考文献（著者姓アルファベット順）

キャロライン・クリアド＝ペレス（2020）『存在しない女たち：男性優位の世界
にひそむ見せかけのファクトを暴く』河出書房新社 東京

林香里・田中東子編（2023）『ジェンダーで学ぶメディア論』世界思想社 東京

笠間亜紀子（2018）「ハラスメントは重大な人権侵害：働きやすい職場環境への取り組み」『新聞研究』（804），16-19

笠間亜紀子（2013）「男女ともに働きやすい職場環境を目指して：読売新聞で取り組む女性記者サポート」『新聞研究』（746），48-50

メディアで働く女性ネットワーク編著（2020）『マスコミ・セクハラ白書』文藝春秋 東京

森沢真理（2014）『地方紙と戦争』新潟日報事業社 新潟

坂田桐子（2024）『女性リーダーはなぜ少ないのか？リーダーシップとジェンダー』ちとせプレス 東京

島洋子（2016）『女性記者が見る基地・沖縄』高文研 東京

The19th（https://19thnews.org/，24/09/10 アクセス）

山口智美・斉藤正美著・ポリタス TV 編（2023）『宗教右派とフェミニズム』青弓社 東京

与那嶺一枝（2021）「多様なジャーナリズムのために意思決定の場に『面』で女性を」『Journalism』（372），4-9

編集後記

　本書（叢書 14 集）の執筆・編集が行われた 2024 年は、第 4 回世界女性会議（1995 年）で北京宣言及び行動綱領採択から 30 周年の前年であった。

　そのおよそ 10 年前、第 59 回国連女性の地位委員会が「北京＋20」として 2015 年（3 月 9 日〜20 日）に国連本部（ニューヨーク）で開催され、北京宣言及び行動綱領、女性 2000 年会議（第 23 回国連特別総会）での成果文書についてのレビューと評価が出され、17 の目標と 169 のターゲットを含む「持続可能な開発目標（SDGs）」が採択された。

　国内では 2015 年 8 月の「女性活躍推進法」の成立、「第 4 次男女共同参画基本計画」の策定が進む中、女性文化研究所（以下、本研究所）では北京行動綱領の 12 の重大問題領域の一つであった「女性の教育と訓練」から「女性の職業的自立と包括的キャリア教育・キャリア支援に関する研究プロジェクト」の研究成果を中心に『女性文化研究叢書 10 集　女性とキャリアデザイン』をまとめた。そこでは、本学独自のキャリア教育（コア科目）、社会人メンター制度、インターンシップのほか、長期勤続女性キャリア、企業評価、リーダーシップ等の観点から、女性の人材育成に関して豊かな研究成果を上げた。そこから約 10 年が経ち、はじめにも述べたように、北京宣言及び行動綱領採択からも 30 周年という節目を間近にして、2023 年 4 月の『女性文化研究所叢書第 14 集』第 1 回企画・編集委員会では、「北京行動綱領から 30 年——達成された成果と残された課題——」を全体テーマに決定した。また、北京行動綱領の 12 の重大問題領域から執筆者が個別にテーマを決定し、全般（総説）、「B. 女性の教育と訓練」（第 1 章・第 2 章）、「C. 女性と健康」（第 3 章・第 4 章）、「F. 女性と経済」（第 5 章）、「G. 権力及び意思決定における女性」（第 6 章）、「H. 女性の地位向上のための制度的な仕組み」（第 2 章・第 7 章）、「J. 女性とメディア」（8 章）、「K. 女性と環境」（第 2 章）を担当することとなった。

　実際の本書論文構成としては、冒頭の坂東論文「総説　北京会議から 30

年——達成された成果と残された課題——」に続いて、今井論文「第1章　北京宣言・行動綱領から見た国際協力——タンザニア Sakura Girls Secondary School の取り組み——」、粕谷・志摩論文「第2章　女性の生涯に亘る「教育・訓練」の継続的な学習の仕組み」、近藤・野副パーソンズ・高田・小川論文「第3章　女性と健康——性と生殖にかかわる課題を中心に——」、小西論文「第4章　DOHaD 概念に基づく生殖年齢女性とその次世代の健康」、八代論文「第5章　女性のキャリア追求と子育て両立可能な制度への改革——日本の雇用慣行、保育制度、公共政策の視点から——」、北本論文「第6章　子どもを産み・育てることの意思決定に関する研究——特別養子縁組の養親に焦点を当てて——」、武川論文「第7章　家族法の進展と残された課題——父の位置づけと国の責任——」、稲澤論文「第8章『女性とメディア』をめぐる進展と課題——日本の新聞社・通信社女性管理職調査から——」という国内外の調査等に基づく全9本を掲載することができた。

　上記の構成から確認できるように、従来の叢書では社会科学系や人文科学系の研究を中心とした構成が多かったが、今回の研究では健康科学系の研究も加わり、本学および本研究所のジェンダーにかかわる研究者層と研究チームの多彩さが確認できる。現在、男女共同参画社会の実現や女性活躍等が求められている中で、本学をはじめとする女子大学や本研究所の果たす役割はますます大きいと言える。本書の成果を世に問うとともに、さらなる研究の深化・進化を目指していくことが本研究所の課題と認識している。

　本書刊行の調査研究プロジェクト実施のため、「女性問題図書目録刊行会」様から本研究所にご寄付いただいた 844,000 円（2022 年度）を使用させていただいた。記して謝意を表したい。

　最後に、第3集『女性文化とジェンダー』（2002）刊行より 20 年有余、本叢書で長らくお世話になりました御茶の水書房の橋本盛作社長、編集担当の小堺章夫氏に心から感謝申し上げます。

『女性文化研究叢書第 14 集』編集委員会

執筆者紹介 （執筆順）

坂東眞理子 （ばんどう まりこ）　総長　生活機構研究科／全学共通教育センター特別特任
　　　　　　　　　　　　　　　　教授／女性文化研究所員

今井　章子 （いまい あきこ）　福祉社会・経営研究科／グローバルビジネス学部 教授
　　　　　　　　　　　　　　　　現代ビジネス研究所長／女性文化研究所員

粕谷美砂子 （かすや みさこ）　生活機構研究科／人間社会学部 教授
　　　　　　　　　　　　　　　　国際文化研究所員／女性文化研究所員

志摩　園子 （しま そのこ）　生活機構研究科／人間社会学部 特任教授
　　　　　　　　　　　　　　　　国際文化研究所長／女性文化研究所員

近藤　渚 （こんどう なぎさ）　帝京平成大学 助教
　　　　　　　　　　　　　　　　女性健康科学研究所 客員研究員

野副パーソンズ 美緒 （のぞえ ぱーそんず みお）　国際連合世界食糧計画 （WFP）
　　　　　　　　　　　　　　　　ナイジェリア事務所事業部レジリエンス課長

高田　健二 （たかだ けんじ）　独立行政法人国際協力機構(JICA)／島根県立大学 客員
　　　　　　　　　　　　　　　　教授／海士町グローカル・フロンティア大使

小川　睦美 （おがわ むつみ）　副学長　生活機構研究科／食健康科学部 教授
　　　　　　　　　　　　　　　　女性健康科学研究所員／女性文化研究所員

小西　香苗 （こにし かなえ）　生活機構研究科／食健康科学部 准教授
　　　　　　　　　　　　　　　　女性健康科学研究所員

八代　尚宏 （やしろ なおひろ）　元生活機構研究科 特命教授
　　　　　　　　　　　　　　　　現代ビジネス研究所特命教授

北本　佳子 （きたもと よしこ）　生活機構研究科／人間社会学部 教授
　　　　　　　　　　　　　　　　女性文化研究所副所長

武川　恵子 （たけがわ けいこ）　福祉社会・経営研究科／グローバルビジネス学部 特命
　　　　　　　　　　　　　　　　教授／女性文化研究所長

稲澤　裕子 （いなざわ　ゆうこ）　元全学共通教育センター 特命教授
　　　　　　　　　　　　　　　　現代ビジネス研究所特別研究員

※大学名の記載がない肩書はすべて昭和女子大学のもの

企画・編集委員一覧

委員長　武川　恵子（福祉社会・経営研究科特命教授　　女性文化研究所長）
　委員　北本　佳子（生活機構研究科教授　　　　　　　女性文化研究所副所長）
　　　　伊藤　　純（生活機構研究科教授　　　　　　　女性文化研究所員）
　　　　川畑　由美（文学研究科教授　　　　　　　　　女性文化研究所員）
　　　　志摩　園子（生活機構研究科特任教授　　　　　女性文化研究所員）
　　　　粕谷美砂子（生活機構研究科教授　　　　　　　女性文化研究所員）
　　　　今井　章子（福祉社会・経営研究科教授　　　　女性文化研究所員）

編集事務担当　土舘優子（女性文化研究所課長）

昭和女子大学女性文化研究叢書　第14集
北京行動綱領から30年 ——達成された成果と残された課題——

2025年2月25日　第1版第1刷発行

編　者　昭和女子大学
　　　　女性文化研究所

発行者　橋　本　盛　作

発行所　株式会社　御茶の水書房
〒113-0033 東京都文京区本郷5-30-20
電話 03-5684-0751
FAX 03-5684-0753

Printed in Japan

印刷・製本　モリモト印刷（株）

ISBN978-4-275-02190-8 C3036

昭和女子大学女性文化研究叢書　第三集
女性文化とジェンダー
昭和女子大学女性文化研究所【編】
A5判　二一〇頁　価格　四八〇〇円

昭和女子大学女性文化研究叢書　第四集
ベーベルの女性論再考
昭和女子大学女性文化研究所【編】
A5判　三一〇頁　価格　五六〇〇円

昭和女子大学女性文化研究叢書　第五集
輝く女性たち──光葉の三五名
昭和女子大学女性文化研究所【編】
A5判　二四八頁　価格　二六〇〇円

昭和女子大学女性文化研究叢書　第六集
女性文化と文学
昭和女子大学女性文化研究所【編】
A5判　三〇〇頁　価格　四五〇〇円

昭和女子大学女性文化研究叢書　第七集
女性と仕事
昭和女子大学女性文化研究所【編】
A5判　三四六頁　価格　四六〇〇円

昭和女子大学女性文化研究叢書　第八集
女性と情報
昭和女子大学女性文化研究所【編】
A5判　二八四頁　価格　四六〇〇円

昭和女子大学女性文化研究叢書　第九集
女性と家族
昭和女子大学女性文化研究所【編】
A5判　二一〇頁　価格　四六〇〇円

昭和女子大学女性文化研究叢書　第十集
女性とキャリアデザイン
昭和女子大学女性文化研究所【編】
A5判　二四八頁　価格　四六〇〇円

昭和女子大学女性文化研究叢書　第十一集
ダイバーシティと女性──新しいリーダーシップを創る
昭和女子大学女性文化研究所【編】
A5判　二〇六頁　価格　四〇〇〇円

昭和女子大学女性文化研究叢書　第十二集
女性リーダー育成への挑戦──昭和女子大学創立一〇〇周年記念出版
昭和女子大学女性文化研究所【編】
A5判　二〇四頁　価格　三八〇〇円

昭和女子大学女性文化研究叢書　第十三集
コロナ禍の労働・生活とジェンダー
昭和女子大学女性文化研究所【編】
A5判　一七六頁　価格　三八〇〇円

御茶の水書房
（価格は消費税抜き）